熊月之　主编

【第4辑】 上海史国际论丛

生活·讀書·新知 三联书店

Copyright © 2020 by SDX Joint Publishing Company.
All Rights Reserved.

本作品版权由生活·读书·新知三联书店所有。
未经许可,不得翻印。

图书在版编目(CIP)数据

上海史国际论丛.第4辑/熊月之主编.—北京:生活·读书·新知三联书店,2020.1
　ISBN 978-7-108-06737-1

Ⅰ.①上…　Ⅱ.①熊…　Ⅲ.①上海-地方史-丛刊　Ⅳ.①K295.1-55

中国版本图书馆CIP数据核字(2019)第293731号

责任编辑　韩瑞华
封面设计　储　平
责任印制　黄雪明
出版发行　生活·讀書·新知 三联书店
　　　　　(北京市东城区美术馆东街22号)
邮　　编　100010
印　　刷　常熟市文化印刷有限公司
版　　次　2020年1月第1版
　　　　　2020年1月第1次印刷
开　　本　720毫米×1020毫米　1/16　印张 18.5
字　　数　300千字
定　　价　69.00元

目 录

专题研究

海派文化源流及其声名毁誉 　　　　　　　　　　　　　　　熊月之　3
重塑中国小说：美查之申报馆(1872—1892)　　[美]叶凯蒂　著　季凌霄　译　36
揭示自然规律：中国海岸气象学(1869—1912)　　[英]毕可思　著　严斌林　译　107
上海的美国人：移民、持续性和流动性　　[美]兰姆生　著　张　生　校译　127
大上海的小组织
　　——"保卫中国同盟"上海分会考述　　　　　　　　　　徐锋华　158
耶稣会制图师在中国：潘国光与松江府地图(约 1661 年)
　　　　　　　　　　　　　　　　　　　[比]高华士　撰　赵殿红　译　167

史料辑译

上海开埠初期英国驻沪领事馆档案选译　　　　　　　　　薛雄戈　译　181
上海批发买卖麝香
　　——来自 1891 年环球旅行的回忆
　　　　　　　　　[俄]吉哈米洛夫　著　金俊开　译　高　俊　校　213
"费唐报告"备忘录　　　　　　　　　　　　　费唐　著　王　敏　译　224

会议综述

近代中国口岸城市外语文献调查与研究会议综述　　　　　　袁家刚　271

专题研究

海派文化源流及其声名毁誉

熊月之

如果海派文化也算是一种地域文化,那么环视寰宇,没有哪一种地域文化(诸如齐鲁、燕赵、岭南或巴蜀文化),像海派文化这样遭受那么多的冷嘲热讽、嬉笑怒骂,毁誉的差异也没有这么霄壤云泥,俨若敌国。

海派文化尽管是到近代才产生、昌盛的,但它并不是横空而来,无根而起,而是像其他地域文化一样,有其滋生土壤,有其长流渊源。江南文化便是海派文化的前世,太湖流域则是其家乡,而近代上海城市则是刺激其枝繁叶茂的独特园囿。

一 从吴越文化说到江南文化

学术界对于近代以前上海所处地域文化,有两种称呼,一称吴越文化[①],一称江南文化。"吴越文化"这一名称出现以后,其含义就有广狭之分:广义的吴越文化,与今人习用的江南文化基本同义,范围或更为广大;狭义的吴越文化,则主要在考

---

① 对于"吴越文化"一词的含义演变,董楚平等人有细致的梳理:"吴越文化"这一名词,开始出现于20世纪30年代。当时,卫聚贤等史学家在南京、苏州、上海、杭州、湖州等地,发现一些新石器、印纹陶、玉器等上古时代的遗物,提出"中国文化起源于东南"的新说,并把这种上古时代的江南文化称为"吴越文化"。1936年在上海成立的"吴越史地研究会"选蔡元培为会长。1937年出版一本《吴越文化论丛》。抗日战争爆发以后,吴越文化的研究停顿下来。20世纪50年代以来,长江下游地区的田野考古工作成就斐然,考古学者又使用起"吴越文化"一词,但含义与30年代有所不同。30年代的"吴越文化"泛指上古时代(包括新石器时代与金属时代)的江南文化,现在考古学界使用的是吴越建国以后的青铜文化,不包括新石器文化。"现在,吴越文化这个概念,事实上已出现广义与狭义之分。广义的吴越文化囊括古今,狭义的吴越文化限于秦统一中国以前,甚至限于青铜时代。两者只有时间幅度上的广狭之分,并无价值取向上的是非之别。"见董楚平等撰:《中华文化通志·吴越文化志》导言,上海人民出版社,1998,第3页。

古学界使用,其指称时间亦限在秦统一中国以前。综合考虑"吴越文化"名称之广狭不同应用范围,细察古代上海地区文化演变的轨迹,分析近代上海文化特点与古代上海地区文化的渊源,我以为,如果将近代以前江南地区文化分为吴越文化与江南文化两个阶段,更为确切,更易于揭示这一地区文化的历史特点。具体地说,以六朝为分界,六朝以前称吴越文化,以后称江南文化①。

细究江浙地区文化特点,会发现其许多方面是因六朝以后,特别是南宋以后,大量北人南迁而形成的。六朝以后,这一带文化发生明显转型,价值取向由尚武趋于尚文,民风由勇武刚烈变为温文儒雅,士大夫崇尚宽衣博带,大冠高履,体羸气弱,肤脆骨柔。到鸦片战争时期,湖南人魏源研究武备问题,说是江南民多柔弱,谁想在这里挑选精兵猛将,无异于求鱼于山、求鹿于原。所言或有些绝对与夸大,但明清时期江南民风远较北方或湖广一带文弱则是事实。

吴越文化古朴、野蛮而刚强,但也有文雅与柔顺的一面。七千年前河姆渡原始艺术中,陶器、象牙骨器上雕刻的物象线条,均以弧线、圆圈线和卷曲线为主,形成细腻、柔和、生动、传神的艺术风格,表现出温和、潇洒和内敛的性格。比河姆渡文化晚两千多年的良渚文化,审美情趣也以简洁明快为特色。至于商末周初吴地的

---

① 江南,泛指长江以南,各时代含义有所不同。春秋、战国、秦汉时一般指今湖北的江南部分和湖南、江西一带。唐代贞观年间设江南道,为全国十道之一,辖境相当广阔,东临海,西至蜀,南极岭,北带江,相当于今浙、闽、赣、湘等省及苏、皖的长江以南,湖北、四川的江南一部分。开元年间,分为东西两道,江南东道治所在苏州,西道治所在洪州(今南昌)。唐代之道,虽然属于监察区,但已具有行政区域某些特征。宋置江南东西二路,治所分别设在江宁与洪州。宋朝之路,已是正式行政区域。清顺治年间设江南省,治所在江宁府,康熙年间分置为江苏、安徽二省。近代所说"江南"的范围,学术界有多种界说,内涵有所不同。本文沿用李伯重、范金民、陈国灿等人的概念,即大体上相当于长江三角洲范围,包括明清时期南直隶的苏州、松江、常州、镇江、应天(江宁)府,浙江省的杭州、嘉兴、湖州,及清代雍正年间从苏州析出的太仓州,凡八府一州。这一地区亦称太湖流域,在地理、水文、自然生态以及经济联系等方面,形成了一个整体。见李伯重:《江南的早期工业化(1550—1850年)》,社会科学文献出版社,2000,第19页;范金民:《明清江南商业的发展》,南京大学出版社,1998,第1—2页;陈国灿:《江南城镇通史·总论》,《江南城镇通史》第一卷,上海人民出版社,2017,第3—4页。当然,文化区域与行政区域、经济区域有联系又有区别。行政区域有明确的地理边界,经济区域受自然禀赋与物产等因素限制,也有相对稳定的边界,文化区域的边界则相对模糊些。研究文化区域,必须考虑到流动中的人的因素。比如,白居易、苏东坡就籍贯而言,都不是狭义的江南人,但是他们在江南有诸多活动、作品,讲文化江南少不了他们。清代陶澍、林则徐都不是江南人,但是他们长期在江南为官,有很多重要建树,直接参与并影响了江南文化的发展。唐甄、魏源都不是江南人,但他们长期在江南一带生活,研究江南文化也少不了他们。按照小江南的定义,李渔是浙江兰溪人,算不上江南人,但是他长期在杭州、金陵生活,研究江南文化也不能忽略他。这些曾经在江南生活的官员、文人,即使离开了江南,江南文化在他们身上依然有所表现与影响。所以,江南文化的边界呈网络状。这个网络以江南地域为核心的,以在这一地域活动的人的流动为连线,向外扩展。

青铜文化,无论是造型优美的鸳鸯形樽,还是标新立异的飞鸟盖双耳壶和稀疏简略的饕餮纹,"从铜质的熔炼到器物造型及花纹装饰等方面,均体现出生动活泼、富于革新的精神"①。从上古吴人处事方式、行为准则方面,也可以看出灵活、柔顺的一面。泰伯来吴以后采取的一系列措施,就很灵活。他对于中原文化与所谓荆蛮文化之间巨大的差距,不是采取居高临下的态度,不是采取激烈的对抗式处理方式,不是采取取而代之主义,而是尊重当地文化,努力调整自己的行为方式,促进文化融合,入乡随俗,断发文身,从而开创出一片新的天地。不难想象,如果泰伯以强势文化高人一等的姿态,强令荆蛮民众改变习俗,那么江南文化的品质可能就是另外一番气象。事实上,周秦时代中原人对江南土著多持鄙夷态度,这也是先秦时期关于江南历史文字记载很少的根本原因。

江南文化由南移的中原文化与本地的吴越文化融合演变而来,其刚烈一面一直或明或暗,或强或弱地存在。这不光表现在蒙元军队南下,在江南遭到顽强抵抗,常州以2万义军抵抗20万元军的围攻,坚守半年,被誉为"纸城铁人";也不光表现在清兵南下,江阴、嘉定、松江、浙东都爆发了气壮山河的抗清斗争,涌现了侯峒曾、黄淳耀、陈子龙、夏完淳、张煌言等一批抗清英雄。有学者认为,吴文化特点是刚柔相济:"自新石器时代起,吴文化的发展始终贯穿着刚柔相济这条主线,而以六朝为界,这条主线又可分为前后两个不同特色的阶段。前一阶段是以刚为主,以柔为辅,外刚而内柔;后一阶段则表现为外柔而内刚,以柔的面貌展示自己,以刚的精神自律自强。"②这种看法比较圆通。

二 江南文化特点

六朝以后的江南,特别明清时期的江南,是中国经济、文化最为发达的地区,在经济结构、文化风格方面,有不同于北方的鲜明特点:

其一,民性聪慧灵活、刚毅而坚韧。江南胜地,钟灵毓秀,气候温润,水域众多,河渠纵横。六朝以后,中国北方人口持续南移,人民治理水患的能力大为增强,江南资源得到了很好的开发、利用,逐渐成为全中国经济重心③。江南文人作品,包括

---

① 徐茂明:《论吴文化的特征及其成因》,《学术月刊》1997年第8期。
② 徐茂明:《论吴文化的特征及其成因》,《学术月刊》1997年第8期。
③ 关于中国历史上经济重心南移的问题,学术界原先一般认为时间在唐朝中后期,现在较新研究成果表明,这一转移在六朝的宋齐之交之际已经实现。

诗词、文章、书画,每每表现出秀丽、婉约、轻灵、善变等特点,与齐鲁的儒雅、敦厚,燕赵的刚直、豪爽形成鲜明的对比。与此同时,在长期与江河湖海搏风击浪的斗争中,江南人养成勇敢、强毅、坚韧的品性。魏晋以后,尽管江南上层社会普遍崇尚文教,但下层民风还是勇悍刚强的。江南诸多文人表现出来的豪迈、旷达、洒脱之风,如东晋王羲之,唐代骆宾王、贺知章、张旭,明代徐光启、杨廷筠、陈继儒、陈子龙等,其实是强毅、坚韧特性的变形。

其二,崇文尚贤,重视教育。江南自然禀赋卓越,其地人民谋生较易,温饱问题解决以后,便特别重视精神生活,重视文化。东晋以后江南士族多以文才相尚。梁武帝萧衍、昭明太子萧统、简文帝萧纲、梁元帝萧绎都才华横溢,能诗能文。唐宋以降,崇文重教,一直是江南文化最鲜明的特征。江南寺庙林立,宗教文化昌盛,是江南人重视精神生活的突出表现。明清时期的江南,是中国文化最为发达的地区。科举考试中,江南人成绩最为优秀,状元、榜眼等多出于这一地域。科举考试之外,凡与文相关的方面,文赋诗词、书法、绘画、音乐、雕刻、园林,江南均很发达。

其三,重视实践理性,发展商品经济。宋代以后,棉、丝、盐、茶在江南经济中占有相当高的比例。明清时期的江南,由于人口密度高,不同区域自然禀赋有所不同,形成了一个多样化、专业化、精细化、有着充分市场的经济结构,已有粮食、棉花与蚕桑产区的专业分工。粮食产区面积最广,涉及苏州、松江、杭州、嘉兴、湖州、常州、镇江七府,棉花产区以松江为主,蚕桑产区以湖州为主。蚕桑区的中心是苏州、湖州、嘉兴、杭州四府交接地区,尤以湖州的乌程、德清,嘉兴的桐乡、石门和苏州的吴江等地最为发达。茶、苎麻、蓝靛、漆、桐、柏、竹、木、渔、盐等,也都有专业化生产,甚至植桑与养蚕也有分工。乌镇曾有远近闻名的桑叶市场,有些农户从养蚕产业链中独立出来,专门种植桑树、生产桑叶、运输桑叶、销售桑叶而不养蚕。手工业生产的专业化程度也很高,丝织、棉纺、陶瓷、制糖、酿造、造纸、矿冶、五金等,各有专家。学术界研究成果表明,宋代以后,江南地区士大夫多兼农桑之业,亦农亦商、士商一家的情况相当普遍,商贾地位不断提高,传统的士—农—工—商的顺序,实质上已经是士—商—农—工了。① 对于宋代以后商人地位的变化,清代沈垚说:

宋太祖乃尽收天下之利权归于官,于是士大夫始必兼农桑之业,方得赡

---

① 余英时:《士与中国文化》,上海人民出版社,1987,第 531 页。

家,一切与古异矣。仕者既与小民争利,未仕者又必先有农桑之业方得给朝夕,以专事进取,于是货殖之事益急,商贾之势益重。非父兄先营事业于前,子弟即无由读书以致身通显。是故古者四民分,后世四民不分。古者世之子恒为士,后世商之子方能为士。此宋、元、明以来变迁之大较也。天下之士多出于商,则纤啬之风益甚,然而睦姻任恤之风往往难见于士大夫,而转见于商贾,何也? 则以天下之势偏重在商,凡豪杰有智略之人多出焉。其业则商贾也,其人则豪杰也。为豪杰则洞悉天下之物情,故能为人所不为,不忍人所忍。是故为士者转益纤啬,为商者转敦古谊。此又世道风俗之大较也。①

与商人地位提高相一致,一些读书人也比较注重治理生计。常州著名绅士赵翼辞官回乡以后,便开设当铺,置办鱼塘,出租土地,很会治理生计。常州的庄家、恽家等缙绅大族,没有一家不讲究实际,不注重生活质量。大学者顾炎武也是理财好手。他四处游走,每到一处,都很注意那里的土地问题,发现什么地方有开发价值,就在那里投资垦地。垦好了,交给朋友或门生去经营,然后再到别的地方寻觅新的发展空间。在江北的淮安,山东的章丘,山西的雁门之北、五台山的东面,他都垦过田。海宁人陈确(1604—1677)明确认为,学者都应该懂得治生,读书、治生是"真学人本事,而治生尤切于读书"②。

对于这方面,钱泳(1759—1844)有两段话,很能反映他们义利兼顾的心态:"银钱一物,原不可少,亦不可多,多则难于运用,少则难于进取。盖运用要萦心,进取亦要萦心,从此一生劳碌,日夜不安,而人亦随之衰惫。须要不多不少,又能知足撙节以经理之,则绰绰然有余裕矣。"③"商贾宜于富,富则利息益生。僧道宜于贫,贫则淫恶少至。儒者宜不贫不富,不富则无以汩没性灵,不贫则可以专心学问。"④这种财富观,相当实在,既不是唯利是图,也不是耻于言利,而是适可而止,恰到好处。

其四,重视实学,分工细密。重视实践理性的同时,必然重视实学。这里所说

---

① 沈垚:《费席山先生七十双寿序》,《落帆楼文集》卷二十四。转见余英时:《士与中国文化》,上海人民出版社,1987,第520页。
② 《陈确集》,中华书局,1979。关于"治生"问题,余英时在《中国近世宗教伦理与商人精神》中有详细讨论(见《士与中国文化》第八章),其中所引论述治生重要性的学人,如沈垚、陈确、唐甄、陆楫,多为江南人,唐甄是四川人,但一生大部分时间生活在苏州。
③ 钱泳:《履园丛话·臆论》,中华书局,1997,第183页。
④ 钱泳:《履园丛话·臆论》,中华书局,1997,第183页。

的实学,主要指面向社会、关心现实的经世之学与认识自然、改造自然的科技之学。在面向社会、关心现实的经世之学方面,明清两代江南学者都相当突出。明代东林党人的那副著名对联"风声雨声读书声声声入耳,家事国事天下事事事关心",是江南读书人关心社会现实的生动写照。顾炎武著《天下郡国利病书》等书,为倡导经世致用之学的杰出代表。长期居住在苏州的唐甄(1630—1704)所著《潜书》,对社会积弊提出多方面的批评,在清代思想史上留下重要一页。

在认识自然、改造自然的科技之学方面,江南学者成就很高。晚明时期,利玛窦等西方传教士来到中国,带来西方自然科学,包括天文、数学、地理等方面,中国兴起学习西方科学技术的热潮,最突出的代表是徐光启(1562—1633)、杨廷筠(1557—1627)、李之藻(1565—1630),这三人被称为明末天主教"三大柱石",徐是上海人,杨、李是杭州人。他们没有因为那些学问来自西方,就漠视、轻视甚至仇视,而是认真分析,虚心学习,意志坚定。其中,徐光启与利玛窦等人合作,翻译了《几何原本》等众多西书,编写了《崇祯历书》等书,涉及天文、历算、数学、地理、物理、哲学等方面。他提出的"欲求超胜,必先会通;会通之前,先必翻译"①,是对待西方文化最为大气、理性的态度,代表了当时中国对待西方文化的最好水平。李之藻在引进西学方面的影响,仅次于徐光启。他与传教士合译了《同文算指》《圜容较义》《名理探》《寰有诠》等著作,在西方数学、地理学、逻辑学输入方面,贡献甚大。杨廷筠与艾儒略合译《职方外纪》,为明清之际综合介绍世界地理各书中最为翔实的一部。跟着这一传统下来的江南学人,最著名的是王锡阐(1628—1682),吴江人。西洋历法传入以后,朝廷、学术界聚讼纷纭,几番讨论。王锡阐对其进行深入研究,仔细验证,历时三十年。正因为有此一丝不苟的精神,他发现、纠正了西方历算学的一些错误和不精确之处。笔者对明末以后科技学者的分布情况做了一个统计:阮元等人所编的《畴人传》(包括续编、三编与四编),共收明末以后的各地天文、数学方面的学者220人,籍贯确切可考者201人,其中江苏75人,浙江44人,安徽32人,江西12人,其他省份均不超过10人。②江南人占了一半以上,这充分说明江南地区科技人才众多而密集。

江南学者重视实学的一个重要方面,便是注重到社会现实中做调查研究,从调

---

① 徐光启:《历书总目表》,载王重民辑:《徐光启集》卷八,中华书局,1963,第374页。
② 熊月之:《西学东渐与晚清社会》,上海人民出版社,1994,第79页。

查中获取、验证、修正知识。在这方面,徐霞客(1587—1641)、顾炎武与顾祖禹,最为突出。徐霞客历时三十多年,不畏艰辛,不顾危险,到全国各地旅行考察,留下极其丰富的实地考察资料。他以科学精神治地理学,一切以实测为基础,前无古人!顾炎武之治学,有一半时间在各地旅行,考察、观察。他旅行时,照例用两匹马换着骑,另外用两只骡子驮着书籍和日用品,所至厄塞,即呼老兵退卒询其曲折,或与平日所闻不合,就到坊肆中将行李打开来,进行对照、修改。他的《天下郡国利病书》和《日知录》等名著,都是这样一边考察一边修改出来的。他在《日知录》中讨论制度、风俗等内容,很多得自调查所得。无锡人顾祖禹(1631—1692)著《读史方舆纪要》,历时二十一年,十易其稿,他的方法与顾炎武一样,将考察实践中所得资料,与文献对照,"舟车所经,亦必览城郭,按山川,稽道里,问关津,以及商旅之子,征戍之夫,或与从容谈论,考核异同"①。这是道道地地的科学精神。这部书被当时学者称为"数千百年绝无仅有之作"。梁启超认为此书在研究方法上是"治地理学之最好模范"②。

重视实学,必然重视日用技艺。明清时期,江南读书人特多,但科举考试录取名额有限,大多数富余读书人,将精力投放到日用技艺方面,专精一技,专擅一长。专精一技,不但能获利,也能出名。诚如袁宏道所说"凡艺到精极处,皆可成名"③。那篇日后收入中学课本的《核舟记》,脍炙人口,生动地描绘了江南精妙绝伦的雕刻艺术。苏绣、顾绣、南京云锦、常州梳篦、绣衣、绣鞋、丝毯、编织、玉器、红木雕刻、竹雕、石雕、湖笔、剪纸、灯彩、泥塑、紫砂茶壶、苏式家具,在江南都发展到极致,让人叹为观止。

其五,注重物质生活,讲究物质享受。与经济发达相伴而来的,是江南人讲究物质生活。唐宋以后,江南人相当讲究物质生活。明清江南人讲究排场,追求新奇,已是普遍现象。明洪武年间,朝廷曾对庶人服饰做过很多规定,包括服饰不许用黄,不得僭用金绣、锦绣等,其靴不得裁制花样,首饰、钗、镯不许用金玉珠翠等。但到明代中后期,江南士人的服饰,早已冲破朝廷规定,一改布素而追求绮罗锦绣,颜色趋于华丽鲜艳,质地追求丝绸绫罗,式样追求奇异翻新,妇女饰物以金银为美,

---

① 顾祖禹:《读史方舆纪要》,总叙二。
② 梁启超:《中国近三百年学术史》,载朱维铮校注:《梁启超论清学史二种》,复旦大学出版社,1985,第202页。
③ 《袁宏道集笺注》卷五。夏咸淳:《晚明士风与文学》,中国社会科学出版社,1994,第124页。

镯环以贵为美,以多为胜。

厌常喜新,去朴从艳,天下第一不好事,此在富贵人中之家且犹不可,况下此而贱役长年、分止布衣食素者乎!余乡二三百里内,自丁酉至丁未,若辈皆好穿丝绸、绉纱、湘罗,且色染大类妇人。余每见惊心骇目,必叹曰:此乱象也。①

熟闻二十年来,东南郡邑,凡生员读书人家,有力者尽为女人红紫之服,外披内衣,姑不论也。余对湖州太守陈公幼学曰:近日老朽改古诗一首。太守曰愿闻。余曰:昨日到城市,归来泪满襟。遍身女衣者,尽是读书人。②

服饰的纹饰也出现了团龙、立龙等龙形纹饰,逾越名分。妇女的饰物,首饰以金银为美,镯环必珍珠宝石,以贵为美,以多为胜。富裕人家如此,贫苦人家也被卷入这个潮流,"不论贫贱富贵,在乡在城,俱是轻裘,女人俱是锦绣,货愈贵而服饰者愈多"③。范濂曾说:"余最贫,最尚俭朴,年来亦强服色衣,乃知习俗移人,贤者不免。"④胥吏、屠贾、倡优等下层人士竞相效尤。时人以布为耻,绫缎绸纱,争新色新样,"间有老成不改布素者,则目指讪笑之"⑤。

饮食方面,明初还比较俭朴,到明中后期,奢侈成风:"肆筵设席,吴下向来丰盛。缙绅之家,或宴官长,一席之间,水陆珍羞,多至数十品。即庶士及中人之家,新亲严席,有多至二三十品者,若十余品则是寻常之会矣。"⑥城市流行在戏馆宴客,"居人有宴会,皆入戏园,为待客之便,击牲烹鲜,宾朋满座"⑦。"吴门之戏馆,当开席时,哗然杂遝,上下千百人,一时齐集,真所谓酒池肉林也,饮食如流者也。尤在五、六、七月内天气蒸热之时,虽山珍海错,顷刻变味,随即弃之,至于狗彘不能食。"⑧

---

① 李乐:《见闻什记》卷十。见张荷:《吴越文化》,辽宁教育出版社,1991,第167页。
② 李乐:《见闻什记》卷十。见张荷:《吴越文化》,辽宁教育出版社,1991,第167页。
③ 钱泳:《履园丛话》卷七《骄奢》。
④ 范濂:《云间据目抄》卷二《记风俗》。
⑤ 黄印:《锡金识小录》卷一《备考上·风俗变迁》。
⑥ 叶梦珠:《阅世编》卷九《宴会》。
⑦ 顾禄:《清嘉录》卷七《青龙戏》。
⑧ 钱泳:《履园丛话》卷七《骄奢》。

在这种讲究吃穿、追求享乐的奢侈风气中,上海地区也不例外。自宋以来,上海地区除了个别时期,或因倭患,或因闭关,商业受到影响,风气由奢向俭稍有敛缩,绝大多数时间里,风俗崇华黜素。据记载,在明代中后期,上海风俗由俭入奢。崇祯《松江府志》称:"吾松正德以来,日新月异,自俭入奢。"《云间据目抄》称:

> 吾松素称奢淫黠傲之俗,已无还淳挽朴之机,兼以嘉隆以来,豪门贵室导奢导淫,博带儒冠,长好长傲。日有奇闻叠出,岁多新事百端。牧竖村翁竞为硕鼠,田姑野媪悉恋妖狐。伦教荡然,纲常已矣。①

特别是清代康熙以后,海禁开放,贸易兴隆,粤闽晋商帮寓居上海,衣必华鲜,食必精细,日日酒宴,夜夜笙歌,夸富斗豪,愈演愈烈。

在这种讲究物质生活的奢侈风气中,上海地区的人似乎走得更远,想得更深。最典型的是明代上海学者陆楫,他专作奢侈有益论,从个人与社会两方面进行论述。他认为,从一人一家而言,崇俭自是美德,"自一人言之,一人俭则一人或可免于贫;自一家言之,一家俭则一家或可免于贫"。但是,就整个社会而言,崇俭则未见得有益。因为没有繁盛的消费,就不能刺激兴旺的生产,没有兴旺的生产,必然影响大众的生计。他的结论是,传统的崇俭恶奢观念并不完全正确,禁奢崇俭并不能使民富裕,而奢侈倒能促进经济繁荣,对于社会发展有积极意义。② 这种见解,不但在江南,即使在整个中国古代经济思想史上,也是空谷幽兰,极为罕见、珍贵,有学者认为它与英国古典经济学先驱者曼德维的观点相似。③

其六,勇于挑战传统,张扬个性自由。诚如梁启超所说,中国南方"其气候和,其土地饶,其谋生易,其民族不必惟一身一家之饱暖是忧,故常达观于世界以外。初而轻世,既而玩世,既而厌世,不屑屑于实际,故不重礼法;不拘拘于经验,故不崇先王。又其发达较迟,中原之人,常鄙夷之,谓为蛮野,故其对于北方学派,有吐弃之意,有破坏之心。探玄理,出世界;齐物我,平阶级;轻私爱,厌繁文;明自然,顺本

---

① 范濂:《云间据目抄》卷二《记风俗》。
② 陆楫:《蒹葭堂稿》卷六,第2—5页,载《续修四库全书》集部,别集类,第639—641页。
③ 曼德维(Bernard de Mandeville,1670—1733)认为,"在蜜蜂的社会里面,罪恶与奢侈,若是行着的时候,这个社会就非常之繁荣;若是代以道德和简易生活,他们的社会,就不能不衰微了"。见张荷:《吴越文化》,辽宁教育出版社,1991,第174页。

性：此南学之精神也"①。明清江南挑战传统纲常名教，反映追求声色货利的小说、传奇、歌谣、戏曲长盛不衰。吴县人冯梦龙创作改编"三言"即《喻世明言》《警世通言》《醒世恒言》，乌程人凌濛初整理编写"二拍"即《初刻拍案惊奇》《二刻拍案惊奇》，浙江兰溪人李渔写《十二楼》等一批言情小说，都是其中的代表。明清时期艳情小说多出在江南，在社会上流传极为广泛，"支言俚说，不足供酱瓿，而翼飞胫走"②。这些小说谈吃穿，谈情色，谈游玩，谈雅好，所表现的思想、情趣、格调，与官方倡导的东西大异其趣，也是对官方倡导的压抑人性的意识形态的反弹。文学史研究的成果表明，江南盛行艳情小说，与这个地方经济发展、社会结构、民情风俗有内在联系，作者主要是江南文人，故事发生的地点也主要在江南，如扬州、苏州、杭州，"这些地方自明代中期以来工商业特别繁荣，是盐业、纺织业、铸造业、图书业的中心，而随着商品经济的活跃，在秦淮河及南运河两岸的歌楼画舫应运而生。这些地方是富商大贾集聚之处，市民力量较大，封建统治相应地薄弱，风俗趋于淫靡，逐渐形成春画与艳情小说的发源地而向全国扩展。清代严禁淫书淫画便是以这一带为重点清查对象的"③。

以上六点，综合反映了江南文化中重视人、重视人的价值、重视人性自由发展、重视满足普通百姓的物质与精神需求的特点。崇实、重商、重民、精致、开放，这是中国传统文化中自管子、墨子、商鞅、荀子，直到南宋陈亮、叶适等人所主张的重视民生日用、重视实用实效的实学精神的弘扬，是中国文化自身滋长出来的现代性。到了近代上海，这些特点获得进一步的发展与升华，成为近代海派文化中重利性、大众性、世俗性与开放性特点的直接先导。

三 "海派"得名、污名与正名

对于海派文化，在不同时代、不同领域、不同语境下，各有不同的内涵。

对"海派"一词如何理解，学术界见仁见智。其义有广狭之分，也有先后之别。狭义的海派，指绘画、京剧、文学等具体文化艺术中的上海流派，其源起于晚清绘画中的"海上画派"和京剧中的海派，后扩展到文学中。广义的海派，是狭义海派的放

---

① 梁启超：《论中国学术思想变迁之大势》，上海古籍出版社，2006，第20页。
② 凌濛初：《初刻拍案惊奇·序》。
③ 谢桃坊：《中国市民文学史》，四川人民出版社，1997，第238页。

大、延伸,不光指戏曲、绘画、文学、音乐、雕塑等文化艺术方面,也包括饮食、服饰、住宅建筑、居家装潢、娱乐等生活方式方面,如海派菜肴、海派服饰、海派住宅、海派家具、海派娱乐等,还蔓延到整个行为方式、价值观念、审美情趣的所有方面,成为一种包容极广的文化类型和文化风格。

"海派"之名自其诞生起,到20世纪三四十年代,基本为贬义词,以30年代为甚;80年代、90年代所说海派,基本为中性词;21世纪所说海派,则基本为褒义词。[①]海派内涵的这种变化,既与上海这座城市在全国的地位变迁有关,也与人们对于上海历史文脉的理解变化有关。

一方水土养一方人,一方水土孕育一方文化。中华大地,幅员辽阔,气象万千,差异很大。东部与西部,南方与北方,沿海与内地,平原与高山,水乡与丘陵,各不相同。由于不同的自然禀赋,不同的社会结构,不同的人文历史,形成了一个个自具特色的区域文化,所谓齐鲁、燕赵、巴蜀、湖湘、荆楚、岭南、吴越等,为其荦荦大者。这些区域文化,或以儒雅见长,或以豪放著称,或刚烈,或坚毅,或粗犷,或精细,或厚重,或机灵,色泽斑斓,相得益彰,共同构成中华文化的壮丽画卷。

一地的风土民情,要成为具有鲜明特色、独立风格、独特气派,在全国范围内众所公认的地域文化,如同上述齐鲁、巴蜀文化之类,至少要具备四个条件,即较大的规模、较长的历史、较为鲜明的特点与较大的影响。其中,"较大的规模"包括比较众多的人口数量与较大的地域范围,人口太少、范围太狭都不足以形成独特的地域文化,作为文化主要载体的人口数量尤为重要。近代以前,上海地区(今上海市境域)虽然已有悠久的人文传统,有誉满天下的文学家、科学家、艺术家,有行销邈远的土产品、工艺品,尽管其时已有"云间画派"之类艺术流派出现,但从总体上说,是笼罩在更大范围、更高系统的吴越文化和江南文化之中,尚未构成足以与齐鲁、巴蜀文化相提并论的全国性地域文化。

海派得名,已有一个多世纪。最早出现于绘画界,然后是京剧界,再后来是文学界。翻查历史,无论是绘画、京剧方面,还是文学方面,海派之名都不是上海流派自封自命的,而是由别的流派、非海派的同行讥讽和贬斥而来。但是,其始也同,其终则异。时至今日,绘画界、京剧界自认海派者不乏其人,海派经过了讥讽、默认、

[①] 2015年,中共上海市委关于"十三五"规划建议中指出,上海要"传承中华文化精髓,吸收世界文化精华,弘扬海派文化品格,着力提升核心价值观感召力、理论成果说服力、宣传舆论影响力、文化产业竞争力,基本建成国际文化大都市"。

张扬三个阶段。文学界则没什么人自认海派,海派一直是个贬称。尽管人们普遍认为张资平、叶灵凤、刘呐鸥等是海派,但没见什么人出来高举海派的旗帜。其他领域,如哲学、史学等,似乎与京海之争无涉,没有听说有海派哲学、海派史学之名。

1. 从"海上画派"到"海派"绘画

海派绘画或海派画家,由"海上画派"衍化而来。据绘画界研究,"海上画派"并非传统意义上的具有相同风格和相同技法、前后传承的艺术流派,而是含有多种艺术流派的无派之派。上海在开埠以后的三四十年间,快速成为远超苏州、杭州的著名大都市,文化市场空前繁荣。上海周边的画家,带着吴门派、浙派、扬州派、金陵派、虞山派及毗陵派的遗风走进上海,如杨伯润传扬虞山派脉绪,齐学裘带来石涛气息,张熊带来恽南田及吴门画派的传统,任伯年带来陈老莲风格,朱梦庐带来华新罗气韵。诸多不同的流派,在上海兼容相处,联袂结社,蔚为壮观。他们各有来路,在艺术上并未形成某种统一的风格。"从被公认的几位海派领袖人物的艺术风格来看,彼此之间似乎有些风马牛不相及,无法把他们归结到某一流派。"①任伯年与吴昌硕画风不同,任俗吴雅。虚谷、胡公寿、高邕之等,也个性鲜明,不能归入一派。有些画家前后风格也有很大变化。以世所公认的海派画家任伯年(1840—1896)而论,就是如此。他出生于浙江萧山,父亲是一位民间美术家,善画喜神之类。青年时代,他投身太平军,失败后流落宁波、苏州等地,成为职业画家,擅画人像。他先向任渭长、任阜长兄弟学习陈老莲风格,到上海后依附于执画坛牛耳的胡公寿,学得胡氏犀利活泼画法,法书亦类之,轩名亦仿之。胡的轩名"寄鹤",任便自命其轩曰"倚鹤"。他看到自己的花鸟画和朱梦庐有很大差距,便向朱学习。记录这段同光年间寓居上海的画家活动的杨逸(1864—1929),在所编《海上墨林》一书中,统称他们为"沪上画家",这一称呼后来衍化为"海上画派",进而被简约为"海派"②。从名实关系上看,三个名称内涵各有不同,"沪上画家"仅指生活在上海的画家而已,而"海上画派""海派"则已有这些画家自成流派之意。从实际情况看,这三个名称有三点相同,即这些画家都生活在上海,都以卖画谋生,都努力迎合买画顾客的

---

① 郑重:《百里溪札丛》,东方出版中心,2013,第101页。
② "海派"名称最早出现的确切时间尚不清楚。1899年,张祖翼跋吴观岱画:"江南自海上互市以来,有所谓海派者,皆恶劣不可暂注目。"见李铸晋、万青力著:《中国现代绘画史——晚清之部》,文汇出版社,2003,第82页。从张的口气看,"海派"之名到此时已众所周知,则其出现当更早。据丁羲元考证,日本美术史家大村西崖1915年写成第一部《中国美术史》,已将海派分为"前海派""后海派"。见《中国近代画派画集·海上画派》序文《论海上画派》,天津人民美术出版社,2002。

需要。①

寓沪画家不同时期有不同代表人物,也有不同时代特点。美术研究者将其分为三期:"19世纪40年代至50年代为海派形成期,可称为前期海派,代表画家有朱熊、张熊、任熊、王礼等人。60年代至90年代为海派成熟期,可称为盛期海派,代表画家有胡远、虚谷、朱偁、赵之谦、蒲华、钱慧安、任薰、任颐等人。20世纪初至30年代,为海派的后继期,可称为后期海派,代表画家有吴昌硕、吴庆云、高邕、任预、倪田、王震等人。"就艺术特点而言,前期海派中尽管"也有少数人学习西画方法创造新画种,如吴友如绘制石版画《点石斋画报》,然而尚未形成强有力的绘画潮流,画坛依然是传统水墨画占据主流地位"。盛期海派"吸收着传统文化中金石、书法和民间绘画的营养,借鉴西方绘画中某些技法因素,进行了改良和革新,建立起有新意味的艺术风格,使传统绘画迸发出新鲜的活力"。后期海派以革新传统的成绩赢得极高的声誉,但已不能代表中国绘画发展的主导方向。画坛出现多方向探索、多元化发展的新局面,中国绘画由此进入从古典传统向现代艺术的急剧转化时期。②

2. 京剧海派从边缘走向中心

京剧中的"海派"一开始便是与"京派"相对应而出现的。京派早先被称为"京朝派",与外江派为对应名称。所谓外江,泛指京师以外。就艺术水准而言,为宫廷服务的京朝派,自然高于外江派。"京派伶人有昆曲底子,外江伶人多梆子底子……京派既以昆为底,故其唱务求字韵之准确,制腔之美善,其做务求神情之娴雅,表情之入理。外江伶人既以梆子为本,故不论唱做,力求火爆,音节粗厉,了无余味,其做工更不论情理,一以火气为胜。两派不特唱做迥异,即锣鼓场子,亦各有不同。"③京伶称外省之剧为外江派的同时,亦称其为"海派"。在北京土话中,"海"作为形容词时,本指"不靠谱",类似于上海话的"野豁豁":

海者,泛滥无范围之谓,非专指上海也。京师轿车之不按站口者,谓之跑

---

① 本段资料参见郑重:《百里溪札丛》,东方出版中心,2013,第100—101页。
② 单国霖:《画史与鉴赏丛稿》,浙江大学出版社,2013,第117页。丁羲元亦作如此分期:"其一自19世纪50年代至60年代,即开埠至太平天国时期;其二自19世纪60年代末至19世纪末年,即同光之交太平天国以后,至中日甲午战争以后;其三自20世纪初至30年代,即清末至民初。"见《中国近代画派画集·海上画派》序文《论海上画派》,天津人民美术出版社,2002。
③ 非禅:《京派与外江根本不同之点》,《上海画报》1928年第310期。

海。海派易唱做力投时好,节外生枝,度越规矩,为京派所非笑。①

"海"字是北平的土语,是带点儿下流、堕落成流氓的意味。通常说某某人变成海派了,那就等于说那个人学得下流,染了一身流氓气了。②

同光以后,京师之外最大城市为上海,外江派中最有势力者亦为上海,上海地名中又含"海"字,于是,原为外江剧泛称的"海派"渐成上海派专称。

民国初年,剧评界述及"海派",多为贬义,每与"恶习"相连。③ 有评论称:

若沪上京剧之所谓海派者,专以点缀之工,掩饰其技艺之短,直无一可取之异派,宜比之于道家之有旁门也。……譬如歌曲,正宗尚行腔,重板眼,海派则专以花腔取胜。倘能悦耳动听,走腔脱板,非所计也。又如武术,正宗尚功架,重解数,海派则专以迅疾欺人,在台上多绕数匝,或持械多闪几手,亦能称事。下而至于被服,在正宗虽一鞋一带之微,咸有定数,而海派则满身花绣,光彩照人,张冠李戴,不以为病。且一戏而数易其衣,亦足以夸长于侪辈。此风至今犹然,实违戏情,殊不足取。④

但是,海派京剧的出现绝非偶然。1926年,《新闻报》刊载马凡鸟文章,对海派京剧做了相当正面的评价:

近年来上海旧剧界中有一种最流行的调子,不用说,谁都知道就是联弹。欢迎的人,说它好听,反对的人,说它野狐禅。这也许是各人的眼光不同,我们暂时不必加以论断。现在且先说说联弹的创始问题,换一句话,就是联弹究竟

---

① 徐珂:《清稗类钞》第11册,戏剧类,中华书局,1984,第5027页。
② 韩侍桁:《论海派文学家》,写于1933年11月,发表于1934年9月上海良友图书公司初版《小文章》,转见马逢洋:《上海:记忆与想象》,文汇出版社,1996,第46页。
③ 比如:1918年有剧评称王又宸戏博而不纯,腔调令人讨厌,"盖以其在沪久,故沾染海派恶习深",见《东篱轩谈剧》,《申报》1918年11月6日第14版;1920年有剧评称赞李桂芳演技与品行,"其居沪已久,而未沾染丝毫海派恶习,实为难能",见《歌坛剩语》,《申报》1920年4月12日第14版;1922年有文章评论京剧名伶小翠花的演技,赞赏之余,加一句"岂一般海派草率从事者所能望其项背",见《记翠》,《申报》1922年6月14日第18版。
④ 菊屏:《海派之京剧》,《申报》1925年2月28日第7版。

是海派发明的呢,还是京朝派所原有的……这样看来,联弹在京朝派中早已有了,并不是海派发明的,不过京朝派的联弹,比较得简单,人数也少,自从海派的兴起以后,他们精益求精,将以前简单的少数人的,扩充而为复杂的多数人的,于是,向来在京朝派中不为观众所注目的对唱,从此得了一个联弹的美名,而受观众热烈的欢迎了。这种新兴的联弹在剧艺中是否谨严,那是另一个问题,但是我们却不能不承认这是旧剧史上一种进化的现象啊![①]

十年后,戏剧学家张庚发表《旧戏中的海派》,对海派京剧的来龙去脉、艺术特点、社会反响,做了系统的梳理与清晰的论述,予以很高的评价。他直截了当地指出"所谓海派,是上海味儿的京戏,这名词多半创自剧评家也说不定"。这名词的创制,"用来和正统的京戏对立的时候,带着多量的轻蔑,却是可以肯定的"。文章写道:

> 上海最初的京戏,和北平的京戏是并没有什么区别的。后来连台戏盛行,戏院都自排新戏,才造成了特殊的派别。像《宏碧缘》《狸猫换太子》等戏,小达子、小杨月楼、麒麟童等人,都是海派中的纪念碑。这京戏的特殊派别,的的确确足以称为一个派别。它不仅仅是注意到布景,而且也编了不少新戏,破坏了正统派的规则,大胆而且胡乱地向旧戏的舞台输入了多量新鲜的、为正统批评家所摇头的东西。
>
> 尽管正统批评家如何轻蔑它,不承认它的地位,它却获得了多量的观众,造成了势力,与京派形成分庭抗礼的局面,这点正是正统派的伶人、观众和剧评家所最嫉恨而没有办法的地方。的确,从京派的眼光中看来,海派是"不学无术"的:他们在唱工上既不讲究韵味,在咬字上尤其错误多端,在身段上不依照严格的规矩,而自行加上一些不伦不类的东西。最主要的,他们只知道卖好观众,而不怕识者耻笑,与他们所自来的渊源态度完全相反。
>
> 但京派的人们不知道,这些地方正是海派之所以成立、扩大,把京派挤成偏安局势的原因。京戏,本来老早要死灭的了,如果不是海派从京戏以外输入

[①] 马凡鸟:《论联弹非创自海派》,《新闻报》1926 年 8 月 16 日第 2 版。马凡鸟即马彦祥(1907—1988),马凡鸟为其笔名,浙江鄞县人,生于上海,1925 年入复旦大学中文系,1928 年毕业,为戏剧导演、戏剧活动家、理论家。

新鲜的血液,而仍旧抱持着它宁为阳春白雪的态度,恐怕老早成了昆曲第二,精致是精致了,然而观众却不能不从客座中走得只剩下一些——不,恐怕只有出现在"陈府堂会"这种场合的唯一可能了。这些客观的事实,剧评家一辈子也不会了解。因此,那拥有洗练技巧的正统派永远不会而且也不能转换方向,因为否则就得破坏传统,跳出京戏本质的圈子之外。①

张庚指出,海派京戏之所以会在上海出现,这是因为观众的变化。上海观众是暴发户的市民阶层,加上没有优雅根底的买办阶级,再加上人数最多、左右娱乐路线最有力的小市民,这些人都是无法懂得原有京戏艺术三昧的群体。在观众结构上,上海"已经去掉正统派的一个重要支柱,贵族地主的有闲的眼睛和耳朵"。这是上海与北京的根本不同。张庚精辟地论述了海派京戏与上海城市人口之间的有机联系,指出上海这些观众,也跟一切人类一样,需要一种事务生活之外的游憩生活。京戏既然以一种固有艺术的姿态出现在上海,人们也就自然而然地去接近它。但是,一经接触,市民阶层便会按照自己的趣味、爱好、欣赏能力去影响和改造京戏。他们"不满意于他们所不了解的韵味,也没有功夫去研究那些功力深刻的咬字身段的问题"②。张庚指出:

> 市民进戏园的目的不是为了欣赏,而是为了愉快。如果是一段曲折的故事,对于他们的效果要比技巧的高下合他们的口味得多。他们宁愿得到不通过思索即可感受的刺激,不愿再在不得已的疲劳之外,加下寻来的疲劳。海派的基础,就不能不建筑在这上面;他们就不能不抛弃了需要根底才能认识的技术,而从外表的刺激、情节、机关布景、演作的夸张、噱头等等上面去用功了。③

就京戏的传统而言,海派对于京戏并没有功绩,技巧上海派并没有发展它,反而破坏了它,但从另一方面看,"它否定了京戏,发展了一种新的市民的戏剧,展开了自己的特性,在整个戏剧史上,是一个演变"。就思想层面而言,周信芳所演《明末遗恨》有明显的民族思想,所演《韩信》有明显的个人主义,这些都是与封建观念

---

① 张庚:《旧戏中的海派》,《生活知识》1936年第2卷第4期。
② 张庚:《旧戏中的海派》,《生活知识》1936年第2卷第4期。
③ 张庚:《旧戏中的海派》,《生活知识》1936年第2卷第4期。

对立的东西,而恰恰是为小市民代言的东西。①

从海派京剧诞生阶段看,社会褒贬不一,褒者自褒,贬者自贬。从较长时段看,褒者渐多,贬者渐少。1935年,便有评论认为,海派京剧对于京派来说,既是破坏,更是创新,是艺术发展内在规律使然:

> "海派戏"最大的特色,就是在做工方面,故意地超越了正统京剧的范围,更牵就地迎合着中下级群众的嗜好,甚至于不惜带些"滑稽",这在京朝派看来,自然是"大逆不道",而上海乃至各地的中下级群众,却不顾到大人先生们的摇头而欢迎它。
>
> 海派更有一个大的特色,就是科学的利用,好像所谓机关布景的应用,是最明显的,最近更利用电气电影等帮助,来演出京剧。
>
> 无论何种艺术,在发展到最高度的时候,就要变化。在文学上,诗的变为词,词的变为曲,都是明证。自然变化的方向绝不是无条件的,许多起自民间的"在野艺术"和"在朝艺术"结合,而成了另一种艺术,是常常在历史上看到的。②

评论者从京剧演变历史来分析艺术发展规律,指出京剧当初兴起,便是对昆剧的否定与发展,"但当京剧起来的时候,许多墨守的人,也曾经像有些人骂海派戏那样骂的,而京戏终于夺昆剧之座。那么,将来焉知海派京戏不夺尽京朝派的座呢?不是麒麟童的戏正大受欢迎了吗"③?

事实证明这位评论者的正确。不少时候,上海既有海派京剧演出,也有京派京剧演出,出现海派与京派一比高低的局面。结果,每每海派更能吸引观众。有报道称:

> 每次从共舞台或大舞台的门首经过,客满牌总是高高地挂着,铁门也早就给拉上了。——这是在上演的时间。——不挂客满牌当然也有,不过,那是极难得碰到的。再看那些专聘京朝派名角演出的戏院,反而是客满牌难得挂上,

---

① 张庚:《旧戏中的海派》,《生活知识》1936年第2卷第4期。
② 王孙:《论京派海派》下,《社会日报》1935年9月29日。
③ 王孙:《论京派海派》下,《社会日报》1935年9月29日。

有时挂着也不过是虚张声势而已。那么,这些专演连台机关布景戏的共舞台与大舞台究竟具有些什么优点而能吸引这样多的观众呢?一本戏一演便是一个多月,而卖座始终旺盛。①

曾有人对于海派京剧为何能吸引观众的问题,到演出现场做考察研究,对演员进行采访,得出了一项综合目标与三点具体措施的经验。综合目标是,以满足观众需求为宗旨。"戏剧是娱乐的一种,它最大的目的不过是观众们看后身心愉快,以恢复日间工作的辛劳,所以我们就根据了这个原则去做。"三点具体措施,一是精心制作剧本。"首先,我们便从剧本方面着手,若是演来演去老是那几出戏,观众终会发生厌弃的时候,所以,编制新剧本便是第一件工作,剧本的内容便要顾到观众的需要,观众们需要写什么我们便采用作剧本的内容,而且务必穿插些有趣的成分在内,这就是所谓噱头。社会有些什么新奇的玩意儿,都穿插在戏中,好像最早期的西洋歌舞、魔术等。甚至真马、真牛、真狗、真蛇等动物都搬上舞台,这些都不过是想引起观众们的兴趣。也许有人会说我们胡闹,这些我们都不能顾及,只是尽我们的能力使观众满意就算了。剧本的材料不仅取之于历史或稗官野史,有趣味的社会新闻我们也采取为剧本材料上演,只要观众欢迎满意,我们的责任便算完了。"二是讲究唱做功夫。这儿的演员都是从小苦练出来的,"演员的唱做也绝不输于他人,因为各人的观点不同,所以各人所走的路也就不一样。戏剧表演的动作是要比较夸张的,同时也要把剧中人的个性描摹得细腻尽致,无论在唱方面,在做方面,我们都极卖力地演出,这样使得观众们对于演员发生好感"。三是注重灯光布景。"观众视线的欣赏,不但是演员的演技、故事的展演、鲜艳的服装,对于布景的欣赏更是其需要,而且布景对于舞台面的美化有很大关系。所以,我们不惜工本去制造,每本戏里的布景都要费去巨额的金钱和许多位布景师无数心血去设计。"同时,把灯光在话剧里的功能,搬到了剧中。"利用了灯光,日出日落,星月闪电,白天、黄昏、晚上等景象,都可以从舞台上见到。灯光更能加浓戏剧性,譬如悲惨的场面,欢乐的场面,我们用的灯光就不同了。因为角度的不同,光度的强弱,能使剧情更加浓厚。"与此相一致,有些地方单靠灯光布景还不够,便加插电影。②

---

① 程诗:《海派的连台戏》,《杂志》1943 年第 12 卷第 1 期。
② 程诗:《海派的连台戏》,《杂志》1943 年第 12 卷第 1 期。

海派京剧不但在上海备受追捧,而且在全国各地广受好评,在京派大本营的北京也大受欢迎。时称:"迨于清室既亡,帝制推翻,人的关系先随之消灭,而外江戏逐渐来京。其来自沪上者,昔日谓之海派,近且大受欢迎,如真山真水,五色电光,均为都中人士所未习见,故民国以来演戏者,不能不趋迎时尚,凡所新编者,无不采取外江演法,以资号召。"①

海派京戏受到欢迎,"海派"在京剧界扩而至于整个戏曲界,也就名随实转,成为正面名词。

3. 文学"海派"恶名由来

在文学界,"海派"之名一出现,就是恶名。清末民初,上海出现迎合市民趣味的文学作品与刊物,以才子佳人情节为主,说其哀情、艳情、惨情、苦情,后来扩展到社会生活诸多方面,包括黑幕、娼门、家庭、武侠、神怪、侦探、滑稽、公案等。因以《礼拜六》杂志最为著名,故被称为"礼拜六派"或"鸳鸯蝴蝶派"。对此类派别,不同时期的评价颇为不同;但是,在20世纪30年代的文学界,特别是京派作家眼里,被归为海派的早期。

"海派"文学、"海派"作家之恶名昭彰,与1933年至1934年文学界对于海派、京派的讨论和论争有关。对于那场论争,学术界已经有很好的研究,对于论争的起因与过程、京沪两地文人生活环境、参与论争作家之间的关系、沈从文个人经历与论争的关系、鲁迅对于论争的态度等,都有细致的梳理与深入的讨论。② 这里仅将论争的梗概缕述如下:

1933年10月18日,生活在北平、对上海一些文人做派早已厌恶的沈从文,在《大公报》发表《论文学者的态度》,批评一些作家对文学是"玩票白相"的商业化态

---

① 周志辅:《北平皮黄戏前途之推测》,《剧学月刊》1933年第2卷第2期。
② 这些成果主要有:杨义《京派和海派的文化因缘及审美形态》,《海南师范学院学报》1996年第1期;高恒文《鲁迅论"京派""海派"》,《鲁迅研究月刊》1997年第8期;周葱秀《关于"京派""海派"的论争与鲁迅的批评》,《鲁迅研究月刊》1997年第12期;徐美恒《关于鲁迅论"京派""海派"》,《鲁迅研究月刊》1998年第12期;倪文尖《论"海派"话语及其对于上海的理解》,《华东师范大学学报》(哲学社会科学版)1999年第6期;吴投文《沈从文与"京派""海派"论争》,《中州学刊》2002年第1期;黄德志《对立与冲突的公开化——重读20世纪30年代京派与海派的论争》,《鲁迅研究月刊》2005年第6期;黄德志《论1930年代京派与海派作家的文化心态》,《南京社会科学》2010年第3期;吴述桥《论"第三种人"在京海之争中的角色及影响》,《文艺争鸣》2011年第11期;丁帆《对两种文化流派的深刻批判——重读鲁迅〈"京派"与"海派"〉〈"京派"和"海派"〉》,《东吴学术》2012年第1期;王爱松《"何徐创作问题"风波与京海派论争的终结》,《天津社会科学》2012年第6期;邓小红《读师陀的〈"京派"与"海派"〉》,《平顶山学院学报》2015年第4期。

度,不敬业,不专业,不明白他分上应明白的事情,不尽他职务上应尽的责任,偷懒取巧,做一点儿事便沾沾自喜,自画自赞。这些人常常以放荡不羁为洒脱,以终日闲谈为高雅,不在作品成绩上努力而在作品宣传上努力。沈从文尽管公开申明,他所批评的是文学界的一种风气,所指作家并不限于上海,说是"这类人在上海寄生于书店、报馆、官办的杂志,在北京则寄生于大学、中学等种种教育机关中。这类人虽附庸风雅,实际上却与平庸为缘"。这类人"或在北京教书,或在上海赋闲,教书的大约每月皆有三百至五百元的固定收入,赋闲的则每礼拜必有三五次谈话会之类列席"①。但结合他以前文章对上海文化人、文坛风气的公开批评,所使用的"海派""新海派"等名词,文学圈内人都心知肚明,他批评的主要是上海文人。②

沈文发表两个月后,即1933年12月,生活在上海的杜衡(苏汶),在《现代》杂志上发表《文人在上海》一文,予以反驳。苏汶批评以地域划分作家,认为那样做法就像嘲笑别人的姓名或者籍贯一样庸俗无聊。他指出上海也有认真写作的作家,不能将所有生活在上海的作家都归入海派,不能"不问一切情由而用'海派文人'这名词把所有居留在上海的文人一笔抹杀"。苏汶从城市生活环境角度为上海作家辩护,指出上海商品经济中文人生活的不稳定性影响到文化心态的不稳定,"文人在上海,上海社会的支持和困难,自然不能不影响到文人,于是在上海的文人,也像其他各种人一样,要钱。再一层,在上海的文人不容易找副业(也许应该说正业),不但教授没份,甚至再起码的事情都不容易找,于是上海的文人更急迫地要钱。这结果自然是多产,迅速地著书,一完稿便急于送出,没有闲暇在抽斗里横一遍竖一遍地修改。这种不幸的情形诚然是有,但我不觉得这是可耻的事情"③。对于海派文化研究而言,苏汶文章有一个特别价值,就是道出了"海派"这一称呼在文人心目中恶意的程度,以及这一称呼在文学界与京剧界的对应关系:"新文学界中的'海派文人'这个名词,其恶意的程度,大概也不下于在平剧界所流行的。它的含义方面极多,大概地讲,是有着爱钱、商业化,以至于作品的低劣、人格的卑下这种意味。"④

1934年1月10日,针对苏汶的文章,沈从文发表《论"海派"》,对海派予以更加

---

① 沈从文:《论文学者的态度》,《大公报》1933年10月18日。
② 黄德志:《对立与冲突的公开化——重读20世纪30年代京派与海派的论争》,《鲁迅研究月刊》2005年第6期。
③ 苏汶:《文人在上海》,《现代》1933年第4卷第2期。
④ 苏汶:《文人在上海》,《现代》1933年第4卷第2期。

严厉的批判。他认为人们对海派缺少尊敬及予以歧视是理所当然的,不但理所当然,而且还很不够,过于恕道。他直接将当下的海派与名声已经很臭的礼拜六派挂起钩来,说是"'海派'这个名词,因为它承袭着一个带点儿历史性的恶意,一般人对于这个名词缺少尊敬是很显然的。过去的'海派'与'礼拜六派'不能分开,那是一种东西的两种称呼。'名士才情'与'商业竞卖'相结合,便成立了我们今天对于海派这个名词的概念"。他连用四个"这就是所谓海派"或"也就是所谓海派"的排比句,列举海派种种恶劣表现,诸如:投机取巧,见风转舵;冒充风雅,吟诗论文;吃吃喝喝,哄骗读者;思想浅薄可笑,伎俩下流难言;栽害友人,邀功牟利;渴慕出名,无所不为。

沈从文明白地表示,所谓海派,是指文坛一种风气,并不是说所有生活在上海的作家都是海派,诸如茅盾、叶绍钧、鲁迅,以及大多数正在从事于文学创作杂志的编纂人,"他们即或在上海生长,且毫无一个机会能够有一天日子同上海离开,他们也仍然不会被人误认为海派的"①。但是,沈认为海派习气起源于上海,在上海表现尤烈,北方尽管也有海派,但还不至于如上海那么稀奇古怪。他还号召"北方作家""北方文学者"起来扫荡海派的恶风气,肃清海派的坏影响。显然,沈是站在"北方作家"的立场,居高临下地审视、批判海派,具有明显的职责感和优越感。② 这么一来,引得许多生活在上海或不生活在上海但不能苟同沈的观点的人站出来讲话,如曹聚仁、徐懋庸、师陀、陈思、韩侍桁等③,从而引起更为热烈的讨论。曹聚仁等或认为京派与海派各有千秋;或认为海派也有值得肯定之处;或认为京派与海派均有劣迹,二者实无互讥之资格;或强调"海派"恶称仅适用于生活在上海的一部分作家;或批评沈从文将"商业竞卖"与"名士才情"结合起来加在海派身上不妥,认为"商业竞卖"可算是海派特征,而"名士才情"恰恰是京派的特征;更有质询"海派"究竟包括哪些人。

针对多样化的反应与不理解的质询,沈从文于1934年2月21日发表《关于"海

---

① 苏汶:《文人在上海》,《现代》1933年第4卷第2期。
② 黄德志:《对立与冲突的公开化——重读20世纪30年代京派与海派的论争》,《鲁迅研究月刊》2005年第6期。
③ 这些文章有:陈思《京派与海派》,《涛声》1933年第2卷第26期;韩侍桁《论海派文学家》,写于1933年11月,《小文章》原载;曹聚仁《京派与海派》,《申报自由谈》1934年1月17日;徐懋庸《商业竞卖》与"名士才情",《申报自由谈》1934年1月20日;毅君《怎样清除"海派"》,《申报自由谈》1934年2月10日。

派"》一文,对自己的观点做了些澄清,指出所谓海派是指"'装模作样的名士才情'与'不正当的商业竞卖'两种势力相结合"①,并再次强调他所说的海派,是包含了南方与北方两地而言的,并非专指上海,这就从根本上把一部分在上海的文人排除在海派之外,也堵住了"谁是海派"的提问。此后,他没有再发表关于这场论争的文章。

在这场论争过程中及稍后,作为当时左翼文学的精神领袖,在京沪两地都有多年生活经历的鲁迅,接连发表《"京派"与"海派"》(1934)、《北人与南人》(1934)与《"京派"和"海派"》(1935)三篇文章,从地域差异、人文传统等方面,深刻揭示了中国地域文化特点以及地域歧视的由来,分析了北平与上海这两大城市的社会结构与历史传统的差别,论述了京派与海派的实质。他指出"所谓'京派'与'海派',本不指作者的本籍而言,所指的乃是一群人所聚的地域,故'京派'非皆北平人,'海派'亦非皆上海人",地域文化最终造成了不同的流派:"北京是明清的帝都,上海乃各国之租界。帝都多官,租界多商,所以文人之在京者多近官,没海者近商。近官者在使官得名,近商者在使商获利,而自己亦赖以糊口。要而言之,不过'京派'是官的帮闲,'海派'是商的帮忙而已。……而官之鄙商,固亦中国旧习,就更使'海派'在'京派'眼中跌落了。"②这一论断,言简意赅,足称经典。

那场关于京派与海派的论争,持续时间不到两年,最后其实是不了了之。③ 但是,这场论争,对于"海派"恶名的传播,起到了难以估量的作用。

首先,这场论争卷入学者之多,出人意料。除了前面述及的一些作家,在沈从文发表《关于"海派"》,不再回应相关争论之后,还有不少作家在继续这一话题,胡

---

① 沈从文:《关于"海派"》,《大公报》1934年2月21日。
② 鲁迅:《"京派"与"海派"》。
③ 至于为什么会不了了之,原因至为复杂,其中既与沈从文批评对象的复杂性、不明晰性有关,也与生活在上海的作家队伍复杂性有关。吴述桥、王爱松等人的研究表明,在上海新文学作家概念中,海派是指鸳鸯蝴蝶派作家如周瘦鹃、张恨水等,但是鸳鸯蝴蝶派作家却没有一个人出来回应来自北方的批评。出来回应的苏汶等人,并不是沈从文要批评的对象,苏汶的回应又有曲解沈从文意思的地方,这便使得问题更加复杂化。苏汶貌似为海派作家鸣不平,提出"京派"和"海派"问题,实际主导了话语的发展方向。朱光潜晚年在谈到这场论争时便说:当年所谓的"海派"主要指"左联"。闻一多也有类似回忆。苏汶等人正是与左联有矛盾的所谓"第三种人",他们趁着两派论争之机,发掘个别左联作家的"抄袭"问题,要把"海派"恶谥加之左翼。这样,所谓的论战,就变得相当复杂、混沌。鲁迅对此心知肚明,所以他的三篇文章均从大处着眼,高屋建瓴,说清了道理,又避开了琐碎的争论。参见吴述桥:《论"第三种人"在京海之争中的角色及影响》,《文艺争鸣》2011年第11期;王爱松:《"何徐创作问题"风波与京海派论争的终结》,《天津社会科学》2012年第6期。

风、姚雪垠等人的文章都是此后发的。① 直到1945年,《中华周刊》还发表《海派与京派》文章②,1947年杨晦还发表《京派与海派》③,重提此前的讨论。

其次,在争论开展的那段时间,上海、北京等地众多报刊都介入或报道此事。特别是上海的一些小报,原本就以披露社会奇闻秘事、耸动视听为能事,遇此文人相互辩难的难得一遇的事件,自然机不可失,大肆渲染。兹将笔者所见的1934年所发表的文章(除了前面已述及的《申报自由谈》与《大公报》),依篇名、报刊名、发表时间或期号顺序,列举如下:

《海派文人》,《时代日报》1934年1月20日;

《略谈"海派"》,《中学生文艺月刊》1934年第1卷第2期;

《海派京派之争、何徐创作问题》,《读者月刊》1934年第1卷第4—5期;

《文坛上平派与海派大战》上、中、下,《福尔摩斯》1934年2月1日至3日连载;

《"海派"与"京派"》,《时代日报》1934年2月8日;

《文坛海派观》,《福尔摩斯》1934年2月14日;

《海派与京派的末日》,《汗血周刊》1934年第2卷第13期;

《"海派"的由来》,《青年评论》1934年第2卷第15期;

《海派文人与京派文人煞尾》,《社会日报》1934年3月9日;

《海派文人内战新局面》一至五,《福尔摩斯》1934年3月17日至20日连载;

《京派海派之争》,《社会日报》1934年3月26日;

《我也谈谈海派》,《社会日报》1934年3月31日;

《最近文坛上的"海派"与"京派"》,《文艺战线》1934年第3卷第1期;

《关于"海派"》,《新垒》1934年第3卷第2—3期;

《曾今可也谈海派》,《新垒》1934年第3卷第4期;

《海派文人忏悔录》一至六,《福尔摩斯》1934年4月2日至7日连载;

《谈海派文人的礼义廉耻》,《社会日报》1934年4月13日;

《海派与新作家》,《社会日报》1934年4月28日;

---

① 这些文章有:古明(胡风)《再论京派海派及其他》,《申报自由谈》1934年3月17日;隽君《我也谈谈海派》,《社会日报》1934年3月31日;秀侠《京派人们的丰采》,《春光》1卷3号,1934年5月1日;姚雪垠《京派与魔道》,《芒种》第8期,1935年7月1日。

② 风:《海派与京派》,《中华周刊》1945年第2卷第2期。

③ 杨晦:《京派与海派》,《文汇丛刊》1947年第4期。

《京派欤海派欤》,《社会新闻》1934年第6卷第14期;

《海派发源之考证》,《社会日报》1934年6月25日;

《曾今可不认"海派"》,《摄影画报》1934年第10卷第10期;

《近来文坛有所谓海派京派之互讦》,《十日谈》1934年第20期;

《沈从文大骂景海派,将组织"中立派"》,《摄影画报》1934年第10卷第11期;

《海派文人与官派文人》,《骨鲠》1934年第19期。

这些文章,有的是平实报道,有的则偏袒一方,有的断章摘句,有的添油加醋,有的道听途说,有的火上浇油。《摄影画报》在《文艺界特讯》通栏大标题下,以《沈从文大骂京海派,将组织"中立派"》的题目,渲染两派的争论。文章称沈从文挑拨京、海两派关系,"各方面对他都有些不满,京派说他是'胡适屁股',海派又骂他'滑头大家'。因此,沈从文老羞成怒,大发牢骚,在平津各报上说'京海各派'他都不想高攀,因为他不是南方北地人"①。有的文章故意歪曲沈从文意思,将"海派"与"上海文人"画等号:"自从沈从文以'海派'头衔赐给上海文人以后,上海文人被各地文人骂得真是合着旧小说上'一佛出世二佛涅槃'的形容语。"②最起劲的是小报《福尔摩斯》:先在1934年2月1日至3日连载《文坛上平派与海派大战》上、中、下三篇;1934年3月17日至20日,开辟《文坛战讯》专栏,以《海派文人内战新局面》为题,连载4期;1934年4月2日至7日,再以《海派文人忏悔录》为题,连载6期,大爆海派文人内幕。文称:"他们自起纷扰后,无非恐怕被人看作'海派',所以各人都想逃出这'商业竞卖'的'无聊文派'之营寨,大家遂不约而同,都起来争论谁是'海派'的问题。"涉及的地域,包含上海、南京、杭州、镇江等;涉及的书报,有《申报自由谈》《文化列车》《大晚报》《时事新报》《每周文化》《现代出版界》等。"闹来闹去,无非是大出海派之丑、大丢海派的脸,笑话连篇,臭不可闻。"③

经这次论争,一个显而易见的后果,即在文学界,"海派"名声更丑、更恶、更坏,成为彻头彻尾、彻里彻外的恶名。

4. 文学"海派"去污与正名

综上所述,"海派"在绘画、京剧、文学三个不同领域出现的背景、得名的过程各

---

① 志:《沈从文大骂景海派,将组织"中立派"》,《摄影画报》1934年第10卷第11期。题目中的"景海派",似为"京海派"之误,原文如此。

② 凡平:《海派与新作家》,《社会日报》1934年4月28日。

③ 狂者:《海派文人内战新局面》(一),《福尔摩斯》1934年3月18日。

有不同,在各领域的含义也有所不同。随着时间的推移,"海派"在绘画、京剧两界的含义逐渐优化,成为正面名词。在文学界、学术界,自1937年七七事变以后,京沪两地作家、学者的生活空间、生活环境发生很大变化,京海之别与京海之争也逐渐淡化了。魏京伯在1939年便谈到这点:

> 唱戏中分为海派与京派,这名词后来借用到学术上,凡是在上海教育文化上工作的人称为海派,凡在北京教育文化上工作的人名为京派。但全面抗战以来,北京的文化人一部到长安去,一部到昆明去,一小部来到上海,留一小部分在北京;上海的文化人也有一部分到外地去了;现在的京、海二派亦不成其为派了。是以京派、海派已成考古上名词。①

抗战爆发以后,虽然有人在回溯历史时还会谈到京海之争,但现实中并不存在如同此前的那样争论。抗战十四年中,上海整个城市,尽管先前华界沦陷、租界沦为"孤岛",后来租界被日军占领,上海文化界人士在抗日救亡方面,表现相当英勇顽强。即使当年或明或暗地被讥刺为"海派"的一些人,也多有相当不错的表现,在民族大义方面并无愧色。再者,经过抗日战争的风雷激荡,京沪两地昔日的许多差异也逐渐模糊起来,"昔时北平的'帝都多官',上海的'租界多商',到今天也模糊了分际,今日之官无不商,商亦非官不办,那么,旧日依此以作分野的京派、海派,今日也弄成混沌一统,谁都用不着忘其所以,枉分清浊了"。②

"海派"之名本来就笼罩和联通绘画、京剧、文学三个领域。抗战爆发以后,海派绘画、海派京剧方面都相当繁荣,在这些领域,海派已是正面含义。抗战胜利以后,学术界出现了比较正面评价上海城市地位、正面评价上海近代文化的声音。其中,最突出的是杨晦与夏康农。

1947年至1948年,杨晦与夏康农在《文汇丛刊》等杂志上发表多篇文章,均从历史唯物主义立场出发,辩证地分析上海城市、海派学者、海派文化的历史作用及地位与影响。

杨晦在《京派与海派》中认为,讨论京派、海派问题,不能就文化谈文化,而必须

---

① 魏京伯:《海派与京派产生的背景》,《鲁迅风》1939年第16期。
② 夏康农:《是该提出人民派的称呼结束京派与海派的无谓纷争的时候了》,《文汇丛刊》1947年第4期。

结合城市经济社会特点来讨论,"所谓京派与海派的这个问题,在表面上看起来,不过是在北平,就是从前的北京,生根的那些人,以正统派自居。对于像上海这样都市的文化文艺活动,认为是左道旁门,所以名之为海派,也就带着一种轻视和嘲讽的意味,似乎并没有多大道理",但是,联系北京与上海这两个城市的历史及其象征意义,京派与海派的分野与争论,这就是个相当有文化深意的问题,是个值得深入讨论的问题。①

杨晦指出,北平是中国的故都,是中国旧社会的政治文化中心;上海是新兴都市,"是由于工商业的发达而先成为全国经济中心,继而就是文化也取北平而代之,成为全国的中心了"。上海之成为中国经济、文化中心,并不是正常发展的结果,而是在特殊的国际环境下成长起来的。在上海城市身上,有两道鲜明的标记,一是半殖民地性,二是资本主义性。那些京派人物,对于欧美资本主义社会的文化也都很崇拜,那么他们为什么要贬抑、攻击海派呢?杨晦从中国文化传统的演变、京派与海派的社会基础的不同,鞭辟入里地论证了京派如何继承中国士大夫传统,海派如何因与商业结缘,合朝气与罪恶于一身,从而在京派眼里跌落了身价。他指出,中国封建社会虽然已经腐烂衰落,然而过去曾经有过光华,这些光华都集中在首都,"而在这样的首都,所谓政治文化的又都掌握在所谓士大夫的手里。而这些士大夫又大多是'学而优则仕'的那样人物。学和官不分地构成了当时的统治阶层,于是也就成为一般社会的崇拜对象,成为旧封建社会的理想化身。这是许许多多的年代遗留下来的传统观念。一直到现在,并不能完全打破,照旧有形无形地在一般人心目中存在着"。京派作家就生活在这样的地方,其生活及态度也继承了士大夫传统。"承袭着旧日士大夫余绪的名流学者、教授作家之流,其中自然也有不少由于镀金而欧化了的新士大夫或洋士大夫,不过,这差不多只是门面的装潢而已,货色并没有多大差异。不但这些新士大夫是这样的自尊自重,而且他们在社会里所取得的地位也正是旧士大夫一般的荣宠。这些新士大夫在北京,是在旧社会的基础上,建立起他们新的社会地位,可以说是因利而又乘便。"京派作家所主张的为知识而知识,为艺术而艺术,不承认作家可以成为专业,不指望作品的稿费收入来维持生活,反对为作品做宣传,在骨子里与传统士大夫完全一致。"总而言之,凡是在工商业都市以一个作家的资格而出入于社会里,以作品当商品来出售的种种现象,我

---

① 杨晦:《京派与海派》,《文汇丛刊》1947年第4期。

们的京派都目之为海,而加以诟病,加以讥嘲。这完全是从士大夫的传统承袭来的,没有什么新鲜的东西。"①

杨晦指出,上海的情形则完全两样。上海是新兴的工商业都市。构成这个都市的,下面基础是工人和店员,站在上面的是洋行的买办、商店的老板、工厂的厂主。在这上下层之间,钻来钻去地活跃着一些自由职业者以及流氓瘪三等种种人物,他们必须用种种手段来争生存。这里是金钱的王国,只要有钱,别的都是次要的;在这里,只要会赚钱,别的都算不了什么本领。"中国旧日读书人的那一套,或者是士大夫的那一套,在这里,就完全失掉了它本身的光辉,不能发挥半点的作用,特别是文艺作家之流,哪怕是洁身自好,并且自视颇高的,到了这里,只有被踩在金钱的脚下,被贬在流氓瘪三的群里去讨生活。"在北平所说的那类名流学者,一到上海,站在"上海闻人"的面前,就不能不跌落他们的身价,暗淡了他们的光彩。②

在比较了京派、海派的特点之后,杨晦指出,从历史发展趋势看,京派代表的是过去,海派代表的是未来,京派注定要没落,海派则有着光明的前途。"随着封建社会的注定要崩溃,而所谓士大夫也注定要没落的,是带着他们的一切高尚名贵一齐没落的呀!这也就是我们所谓京派作家的注定的命运。至于所谓海派的作家呢,虽然是跟工商业都市的兴起一样,是挟带着污浊和罪恶的,却要从这种污浊和罪恶里逐渐成长,壮大起来,有着他们的进步性,有着他们光明的前途。"

杨晦的分析,与鲁迅十多年前对于京派与海派特点的评价高度一致,也可以说,杨晦是继承了鲁迅的观点与思路。值得称道的是,杨晦没有到此为止,也不是对京派与海派各打五十大板了事,而是将京派何以自命不凡、何以鄙视海派的问题,置于新文化运动的跌宕起伏、新文化人物活动轨迹当中来考察。他说,一般人认为,五四新文化运动发生在北京,是北京的光荣,这其实是不明就里的皮相之见:"五四运动确是发生在北京的,这好像是京派的光荣成绩。其实不然。五四运动正是海派的势力伸张到北京去,突破了京派的士大夫传统的结果。所以,等到后来伸张到北京的海派势力一部分又南下了,另一部分留在北京的,好像江南之橘,到了淮北就变成了枳的情形一样,反倒接受了士大夫的传统,于是,所谓京派的声势才

---

① 杨晦:《京派与海派》,《文汇丛刊》1947年第4期。
② 杨晦:《京派与海派》,《文汇丛刊》1947年第4期。

张大起来,这才造成了后来京派、海派的论争。"①在《论文艺运动与社会运动》一文中,杨晦对此说得更为透彻:

> 要知道,五四运动的爆发虽然在北京,而这一运动的来路和基础,却可以说是在上海。因为蔡元培先生的出长北京大学,当时颇有将江浙一带,以上海为中心的文化活动,扩大或者说是伸展到以北京为中心的北方的形势。同时,也就是在上海形成的社会运动,随文化扩展到北京去了。这样,才发展为五四运动的。以北京为中心的北方社会,在当时可以说并没有发展到能发生这样一次运动,也就是说,这一运动在北方的客观条件并不够。于是,只有反过来由这种上层反映的文化文艺运动,转而影响这个社会的发展了。②

杨晦指出,当新文化运动精英南下以后,所谓京派的内涵已经发生了根本性变化,"在京派挟着五四运动的余威,威吓海派的时候,正是五四运动的精神对于京派的学者作家已经失去,五四运动的内容对于他们已经空虚,只剩下一个空壳,供他们玩弄或者用一个他们最爱用术语,供他们欣赏的时候。换句话说,这时候,他们已经差不多回到了旧日士大夫的路上,捧出旧日士大夫的传统,当作他们新油漆过的招牌了"。与此同时,海派的内涵也有所变化,"至于被京派讥嘲过的海派,这时候,早随工商业的进步,社会运动的发展,虽然还难免携带着上海滩上的泥沙,虽然还不能不使他们的作品商业化,在文化市场上找求销路,却已经从滩上的泥沙里拔出脚来,通过所谓文化商场,肩起文化的使命,奔上社会变革运动的道路。这岂是一顶海派的帽子就可以把面目给蒙蔽住的"③?

杨晦是眼光广阔、思考深沉的学者。他在分析上海与北京在新文化运动兴起过程中所起不同作用时,特别联系这两个城市的历史文化特点,指出新文化运动虽然爆发在北京,但其酝酿却早在二十年以前的上海:"中国一般所说的新文艺,当然是以五四运动为起点,其实,中国有新文艺运动早在五四的前二十年,戊戌维新的失败以后。这当然是以上海为根据地。这是因为中国近代社会生活发生的变动,

---

① 杨晦:《京派与海派》,《文汇丛刊》1947年第4期。
② 杨晦:《论文艺运动与社会运动》,《大学》1947年第6卷第1期。
③ 杨晦:《京派与海派》,《文汇丛刊》1947年第4期。

在上海这样的新兴都市里，已经反映到当时上层知识分子的意识上去。就是语言文字的改革，也是在戊戌政变后，不久，就由王照等发动过。"①他还联系上海与北京这两个城市的性质，分析新文化运动为什么没能取得完全胜利的社会原因，认为上海是半殖民地性质，而北京是半封建性质：

> 五四运动是爆发在北京的。北京是当时中国的政治文化中心，也是封建的旧社会的大本营。这也可以说，上海在当时是代表中国社会特殊性质的半殖民地的一面，北京却代表半封建的另一面。由于上海的社会条件所唤起的文化要求，由于上层知识分子的号召，在北京造成了一种运动——五四运动；于是这次运动，由于北京的特殊条件，发生了全国性的影响，具有全国性的意义。这固然使五四运动的意义扩大而且加强起来；然而，这也正使五四运动的理想与实际，一开始，就伏下了脱节的病根。②

夏康农在《是该提出人民派的称呼结束京派与海派的无谓纷争的时候了》一文中，也明确指出："既然我们都接受'社会的物质基础决定意识形态'的说法，那么，同在动荡不安中生活的中国这两大都会，上海就较北平之更能把握着、指引着文化进展的重心，也是很显然的道理了。诚然如你所说，'海派的作家…是挟带着污浊和罪恶的，却要从这种污浊和罪恶里逐渐成长、壮大起来'，这本来是西方一般的市民阶层当政的国度里的常轨；像北平那样愈趋愈近于没落的古老帝都，轻容易见不着一两柱烟囱的，其文化生活的营养反转间接仰仗着污浊和罪恶的哺喂，则其衰弱阳萎，愈趋愈剥蚀得只剩下装腔作态的空壳子，是很容易理解的事情嘛！"在夏康农看来，一个国家如果正常发展，引领这个国家政治、经济、文化前进方向的必然是首都，而不是别的城市，但在中国则不然，因为中国城市的性质并不是中国独立决定的，而是受国际环境特别是受列强左右的。这样，上海这样城市的功能，就变得相当复杂，既是最大外贸港口，又是全国经济、文化中心：

> 假使中国够得上算是一个康强自主的国家，那么，由于对外需要而开辟

---

① 杨晦：《中国新文艺发展的道路》，《文讯》1948年第8卷第2期。
② 杨晦：《中国新文艺发展的道路》，《文讯》1948年第8卷第2期。

的上海,其对中国的地位宜乎只能相当利物浦之于英国,马赛之于法国,至多也只相当于横滨之于日本。作得到这样的地步,北平就够得上相当于人家的伦敦、巴黎或东京,无疑地居全国政治、经济、文化等等全面的领导地位;则是所谓"海派"也者决然不能够成为与"京派"可以抗衡的对立名词,更不必说测度全国呼吸所关的指趋了。不幸我们不是这样的情形,代表着注定要崩溃的封建社会的故都,被外来势力强迫代为建立起来的洋场揶揄播弄得不成形象;上海以一切新兴的污浊与罪恶逐时进迈也就逐时敲紧了那挽悼北平的丧钟。

夏康农联系新文化运动酝酿、演变的历史,认为光荣的五四运动,"策动于想起衰振废的北平,而作为那运动的文化信号的《新青年》,本来诞生于上海的,也就随之移转到了北平"[1]。《新青年》之北移,新文化运动之开展,吸引了原在上海活动的刘半农等,振刷了京派文化的内容,给京派文化带上耀眼的光环。原先生活在北京的一些旧派文人,亦以气概不凡的京派自居。于是,所谓的京派,也就变得新旧混杂,不伦不类。这样的京派高调登场,正暴露出其色厉内荏,暴露了他们是"集结了财运的与旧有的保守文化之大成者"。正是这一批京派人物,在激荡的中国,"尤是容易暴露其衰弱、伪善与冥顽,因为它宁愿更退守封建的蜗壳,顾不得连外洋的京派都在怜悯他们了"。与这类京派形成对照的,"直接浸在污浊与罪恶中翻腾辗转的上海,倒还总在那里追求新的生命。这里毕竟还有多年'大英'统治的流风余韵在!鲁迅先生之不见容于北平,十九年曾经一度归省却终于废然而返到上海,奋其光辉绚烂的战斗余年,单这一点就是京海间消长之迹的最雄辩的说明"。总体而言,在夏康农看来,京派是保守的,海派是进取的,京派是寄生的,海派是自立的,京派是"待人喂养的金丝雀,海派却宁近于风雨中觅食的海鸥"[2]。

夏康农对于京、沪两大都市特性的分析,对于上海较北平更能把握、指引文化进展重心的表述,对于海派文化既蒙受恶名又朝气蓬勃的洞悉,均相当深刻,也为"海派"之去污与正名,提供了坚实的学理基础。

---

[1] 夏康农:《是该提出人民派的称呼结束京派与海派的无谓纷争的时候了》,《文汇丛刊》1947年第4期。
[2] 夏康农:《是该提出人民派的称呼结束京派与海派的无谓纷争的时候了》,《文汇丛刊》1947年第4期。

杨晦、夏康农都是当时学术界很有地位的学者①，他们的观点在一定程度上反映当时文化人对于上海城市与海派文化的一般看法。他们对于京派、海派的评价，是对于20世纪30年代京、海之争尘埃落定多年之后的冷静思考，是对此前"海派"被污名化的一次严肃的去污与正名。

特别值得指出的是30年代京派对于海派的批评，其矛头所指，是包括活跃在上海左翼作家的，而杨晦、夏康农并不属于那一群体，并非当事人，因此他们的评析也更为客观、公允。

5. 近代海派文化特质

近代海派文化，就其表象而言，任伯年等人的写实通俗画，吴友如等人的社会风情画，郑曼陀、杭稚英等人的月份牌广告，刘海粟的率先使用人体模特儿，周信芳等人的改良京剧、连台本戏、机关布景，刘雪庵等人所作风靡一时的《何日君再来》《夜来香》等歌曲，《礼拜六》等报纸期刊连载的言情小说、黑幕小说，凸显女性曲线的旗袍，适应复杂人群口味的改良菜肴，表现形式各有不同，或为绘画、戏曲，或为音乐、文学，或为服饰、饮食，但都有以下四个共同点，一是趋利性或商业性，二是世俗性或大众性，三是灵活性或多变性，四是开放性或世界性。四点之中，最根本的一点是趋利性，其他世俗性、灵活性与开放性的基础仍是趋利。因为趋利，所以绘

---

① 杨晦(1899—1983)，辽宁辽阳人，1917年考入北京大学哲学系，积极参加五四运动，是"火烧赵家楼"的直接参与者。1920年毕业，到沈阳、太原、河北、山东等地教书。1925年秋，在北京与冯至、陈炜谟等组织文学团体沉钟社并出版刊物，之后，在京津等地任教，从事创作和翻译，有《老树的阴凉下面》《除夕》等真实反映社会生活的剧本。1933年写出了优秀多幕历史剧《楚灵王》。抗日战争爆发时在上海同济大学附设高中任教，因宣传抗日受迫害，后被迫离校，流落于广东、广西。1941年至1946年先后在陕西城固西北联合大学和重庆中央大学任教。1947年后到上海、香港等地任教。新中国成立后一直执教于北京大学中文系，长期担任系主任和文艺理论教研室主任。夏康农(1903—1970)，湖北省鄂城县人，1921年赴法国里昂大学留学，先学习法学，后攻读动物学，获动物学硕士学位。1926年回国，历任武昌第四中心大学理学院教授兼武汉卫戍司令部中校秘书，1928年到上海，任上海劳动大学农学院教授、暨南大学教授等职，与张友松一起主办文艺刊物《春潮》月刊。1931年九一八事变后，先后担任中法大学教授、生物系主任、理学院院长和北平大学农学院农业生物学系教授等职。1943年随中法大学由北平迁至云南昆明，继续担任教授兼理学院院长。1944年加入中国民主同盟。1945年在昆明与李公朴、闻一多等一起从事民主革命活动。1947年只身到香港，1948年至辗转奔赴东北解放区，此后到北京，被聘为北京大学生物系教授。著有《鳜鱼头骨的解剖》《中国硬骨鱼类心脏的比较解剖》《比较解剖学实验讲义》《实验科学方法》等，译有《茶花女》和《实验科学方法论》等。他深通文史，博闻强识，在《文汇丛刊》《文萃》周刊和《文萃》丛刊发表过多篇政论文章，影响颇大。参见唐振常《关于夏康农先生》，载唐振常著，唐明、饶玲一编：《唐振常文集》第四卷，上海社会科学院出版社，2013，第116—118页。

画要迎合普通买主的胃口,画通俗、写实的内容,画时装美女。因为趋利,所以要改良各地移到上海的菜肴,改造各地传入上海的戏曲,以适应来自五湖四海移民的需要。因为趋利,所以要写普通民众喜闻乐见的小说、歌曲,要演有趣好看、吊人胃口的连台本戏,写跌宕起伏、引人入胜的连载小说。因为趋利,所以要不断花样翻新,不断追逐世界潮流,不断制造时尚。于是,美术、音乐、戏曲、小说等文学艺术不再单纯是传统意义上文以载道的工具,同时也是一种商品,要适应市场、创造市场、扩大市场。

综合而言,近代海派文化,是以明清江南文化为底蕴,以流动性很大的移民人口为主体,吸收了近代西方文化某些元素,以追逐实利为目的、彰显个性、灵活多变的上海城市文化。

6."海派"沉寂、重提与新解

新中国成立以后,上海城市经济结构、社会结构与城市功能均发生巨大变化,特别是在国际两大阵营冷战态势下,在中央集权的高度计划经济体制下,上海与国际、国内的联系方式和流通渠道,上海城市发展的外部环境与动力机制,都发生了根本性变化,近代意义上的"海派"已失去了原先存在的土壤,"海派"的声音也归于沉寂。尽管上海人在文学艺术方面,在工艺制作方面,在生活方式的某些方面(饮食、服饰、家具等),还留有一些海派文化的痕迹,但总体上人们不以"海派"相加或自炫。

改革开放以后,逐步实行社会主义市场经济,全国各地区域特点日趋明显,各种地域文化竞展风采,上海地域文化也越来越受到人们重视。上海在近代以前并无特指的地域文化名称,于是,人们想到了"海派"。20世纪80年代中后期,上海文化界有人提出"重振海派雄风""高举海派旗帜",引发了学术界对"海派文化"持续数年的讨论。"海派"一词颇为走红,诸如海派菜肴、海派服饰、海派昆剧,还有不止一家商店以"海派"为招牌的。

其实,80年代上海城市的经济结构、社会结构,上海在全国的地位、在全世界的影响,都与三四十年代截然不同。这时的上海,因此前长期负重前行,各种城市病突显,交通高度拥挤,住房极度困难,污染相当严重,经济发展速度一度低于全国平均水平。这时提出的海派,看上去是接续三四十年代的海派,其实更大程度上是赋予海派新解,是要找回城市自信。于是,30年代没人肯接的海派旗帜,过了50年,到20世纪80年代,不但有人愿意接,而且要高举。历史上海派之得名,特别是30

年代的那场讨论,原是别处人外加,而80年代的重提则是上海人自找。

至于2015年以后,中共上海市委、市政府正式将"弘扬海派文化品格"写入文件,将"弘扬海派文化品格"列为建设国际文化大都市的举措之一,这里的"海派"已是去污以后赋予新解的"海派",这里的"海派文化"实为上海地域文化或上海城市文化的同义词。

(熊月之,复旦大学特聘教授、上海社会科学院历史研究所研究员)

重塑中国小说:美查之申报馆(1872—1892)

[美]叶凯蒂 著 季凌霄 译

  1898 年,百日维新失败之后,以"新小说"之名,现代小说宣告其在中国降生。①近来的研究(包括我本人的)强调了何种社会与政治因素,使小说得以成为中国文学与社会转型的推动力量。② 小说具有讨论国家与社会议题、推进改革的潜力,这对提升这一文类(genre)的地位是至关重要的。同时,撰著小说也承应了小说作者对新事物与现代事物的寻求。③

  而这一发展只有在具备一系列物质与文化条件时才可能发生。但是迄今为止,与小说发展直接有关的物质与文化条件尚未引起太多关注,本文将对此进行探

---

① 这项研究持续多年才得以完成,最初构想是作为我的近著(Catherine Vance Yeh, *The Chinese Political Novel: Migration of a World Genre*, Cambridge: Harvard University Press, 2015)的一部分,不久又独立成文。我的研究得到了许多学者的支持与帮助。特别感谢海德堡公共领域研究小组,很多年前,正是在海德堡,这一研究开始萌芽;2005 年,我在那里做了一次报告,头一次给出了系统的研究提纲。感谢哈佛大学的伊维德(Wilt Idema)教授,他阅读了这项研究的初稿并提出了许多非常宝贵的建议;感谢大阪经济大学的樽本照雄教授与我分享了晚清出版小说的电子文档;感谢上海华东师范大学的陈大康教授,他给了我一份晚清小说出版的分类统计细目,对我所研究的这段时期提供了线索;感谢《跨文化研究》(*Transcultural Studies*)的两位匿名评审,他们的评论和批判性的建议帮助我改进并且让研究的焦点更为集中;感谢约翰·斯蒂文孙(John Stevenson)帮我对此文早先的版本进行了编辑。而我最深挚的感谢归于瓦格纳(Rudolf Wagner),没有他的支持,这项研究几乎不可能完成。蒙惠于他对《申报》、申报馆及其经理美查的基础性研究(其中许多仍未出版),以及他对每一稿所提出的有益的评论与建议。

② Milena Doleželová-Velingerová, ed., *The Chinese Novel at the Turn of the Century*(Toronto: University of Toronto Press, 1980);陈平原:《二十世纪中国小说史》,北京大学出版社,1989,第 27 页;Yeh, *The Chinese Political Novel*.

③ David Wang, *Fin-de-siècle Splendor: Repressed Modernities of Late Qing Fiction, 1848 - 1911*(Stanford: Sanford University Press, 1977),pp. 1 - 52.

讨。① 这里,新的物质条件包括:新式出版机构,它们运用当时最先进的印刷技术,并且有意识地培养对于小说市场潜力的商业意识;一家中文报刊出版机构,它具备全国乃至国际性的发行网络,能将关于小说的资讯、广告与评论传播给中国读者。而使小说这一文类得以提升的文化条件包括:由新式城市知识人(new-style urban intellectuals)组成的日益壮大的发声群体,在他们眼中,中国是与"世界"联结的,中国正面临危机,而他们则试图寻找解决之道、寻找能够表达与传播其理念的新渠道。他们将上古中国或是同时代"西方"和日本等"文明"国家理想化,从中找到了他们的宏图基点。除此之外,一个不断扩展的阅读公众(public readership)正在形成之中。他们熟悉报纸这类新媒介,寻求消闲阅读,并且对全球新时尚和新风潮持开放的态度。

在中国,所有这些条件在上海公共租界(Shanghai International Settlement)成形,这里是中国与世界连接的首要"接触区域"(contact zone)。许多重要的文化中介者(cultural brokers)从不同国度汇聚于此,这里的媒体每天都与世界建立着联系。

19世纪,在国家制度、工程学、科学、语言、宗教、意识形态和文化方面发生了诸多相互密切交织的、跨文化共享的(transculturally shared)转变。小说作为一种引领性的文类而兴起便是上述转变之一。在欧洲,这一转变出现于19世纪早期;而根据布拉格结构主义学派一项重要却常常被忽略的早期研究,在诸多亚洲国家包括中国,小说文类兴起于1870年代至1910年代之间。② 从这样宽泛的概括中可以看出,小说兴起的过程中存在着一种跨文化的相似性;然而,不同环境下这一过程的动力与能动者(dynamics and agents)必须分开检视。

本研究将讨论以下问题并与现有研究展开批评性的对话:在中国,小说的兴起是否跟欧洲一样伴随其艺术、文化、社会地位的提高?果如此,那么小说的兴起跟书籍印刷及销售的市场驱动力之间,有着怎样的关系?是否存在着关于小说的观念重构(conceptual reframing)以支撑小说的新地位?如有,主要推动者(agents)是谁?在1900年之前上海中文出版事业的发展进程中,外国人扮演了什么样的角色,是什么激励了这些出版人?他们对于小说出版的选择标准是什么,这些标准又如何

---

① 对于19世纪最后几十年里中国与国际图书市场的发展讨论尤少。对此议题较近的讨论,参见 Cynthia Brokaw and Christopher A. Reed, eds., *From Woodblocks to the Internet: Chinese Publishing and Print Culture in Transition, circa 1800 to 2008* (Leiden: Brill, 2010)。

② 关于这一过程,参见以下具有开拓性的研究:Oldrich Král and Zlata Cerná, eds., *Contributions to the Study of the Rise and Development of Modern Literatures in Asia*, 3 vols. (Prague: Oriental Institute in the Publishing House of the Czechoslovak Academy of Sciences, 1965-1970)。

根据读者的反应而进行调整？是什么维持了他们的出版事业，是补贴还是由市场成功所反映出来的读者兴趣？19世纪晚期，精英群体日益认为，要使中国在危机中找到一条出路，就需要借鉴"文明"国家的经验或是已经被忘却的、被边缘化的本土资源。小说如何配合这一认知？哪类小说有助于小说地位的提升，是西方小说的中文译作，或是以翻译为基础的中文仿作，还是援用本土文化资源的作品？这些中国小说如何日益显示其为跨文化"现代性"（transcultural "modernity"）的一个组成部分？

19世纪晚期，上海最重要的商业小说出版机构是申报馆，其创始人与经理美查（Ernest Major，1841—1908）是一位英国人。这在一定程度上限制了我们对19世纪晚期上海商业小说出版情况的了解。因为在以国家为中心的历史编纂框架中，外国人的中文出版活动被归为"文化帝国主义"（cultural imperialism），未得到充分的研究。①

幸运的是，与上面所列之研究问题相关的材料并没有全然湮灭，一些材料甚至已经电子化了。研究的第一步是确认1872年至1890年间，由外商所有并经营的申报馆所出版的中文小说数量。根据《中国文言小说书目》所收集的资料，不仅在晚清时期，且就整个清代而言，1872年才成立的申报馆是出版小说最多的机构——这里指粗泛定义的小说文类。②

申报馆涉足出版之际，出版市场因长期战乱呈现出衰颓的局面。而其他的出

---

① 例如，中国一般的出版史往往用很长的篇幅对中国出版机构进行详尽的介绍，而关于申报馆就只有简短的记录，常常归于这样的标题之下"由…成立的报纸/出版机构""外国人（不包括传教士）［创办的报刊、书局等］"。见叶再生编：《中国近代现代出版通史》，华文出版社，2002。在潘建国对上海地区出版机构的研究中，干脆忽视了早期申报馆在小说出版方面的成就，他的分析从1907年开始，而此时申报馆已为华人收购。潘建国：《清末上海地区书局与晚清小说》，《文学研究》2004年第2期，第96—110页。申报馆报刊包括画报的研究情况更好一些，这在很大程度上归功于海德堡大学研究小组的研究成果。参见 Natascha Vittinghof（Mrs. Gentz），*Die Anfänge des Journalismus in China*（Wiesbaden: Harrassowitz, 2002）; Andrea Janku, *Nur leere Reden: Politischer Diskurs und die Shanghaier Presse im China des späten 19. Jahrhundert*（Wiesbaden: Harrassowitz, 2003）; Barbara Mittler, *A Newspaper for China? Power, Identity, and Change is Shanghai's News Media, 1872-1912*（Cambridge: Harvard University Asia Center, 2004）; Rudolf Wagner, ed., *Joining the Global Public: Word, Image, and City in Early Chinese Newspaper, 1870-1910*（Albany: State University of New York Press, 2007）。其例外是，陈大康开创性的论著肯定了申报馆小说出版事业的贡献与影响。在这之后，一些更年轻的学者，在这一"禁区"中看到了突破口，并且就此主题发表了重要的实证研究。例如，文娟：《申报馆与中国近代小说发展之关系研究》，华东师范大学博士学位论文，2006。在这篇博士论文的基础上，文娟也发表了一系列重要的文章，本文将援以参考。

② 就清代来说，列于书目中的549部小说，70部（12.8%）是由申报馆出版的，尽管申报馆出版小说的时间不到20年；其后是商务印书馆。1900年之后，商务印书馆才在图书市场中占有举足轻重的地位。参见袁行霈、侯忠义编：《中国文言小说书目》，北京大学出版社，1981，第345—434页。

版机构,却在申报馆成功展示了这一市场的潜力之后,才开始跟进。随后,上海发展成为中国主导性的大型媒体中心,这既是申报馆革新性运营的结果,也归因于它设在受到外国保护的上海租界。申报馆并未因袭中国的出版模式,而是摸着石头过河,从成功与失败中汲取经验。我们也可以假设,很多情况下,美查年轻时见识过的伦敦出版界可能对他产生了影响。另外,日本亦足资引鉴。1870年代至1880年代,日本的政治小说以及日译西文小说获得了爆炸性的增长。

我自己对申报馆出版小说的统计,[①]以及最近出版的多卷本1840年至1911年《中国小说编年史》确证了上述观点。[②] 从1873年到1892年,申报馆以单行本的形式出版了约85部文言和白话小说,[③]其中有57部是首次出版的新作品,39部是稀见旧小说,其中有一些在申报馆印行之前被认为已经遗失。[④] 这期间,申报馆每年平均出版小说4到5部。1840年至1873年这段停滞时期,整个中国每年平均出版的新创小说少于2本(不包括对散佚旧小说的重印)。[⑤] 根据陈大康的统计,1875年至1895年间,全国出版的新小说有78部;对比来看,1873年至1892年间,申报馆出版的新创小说超过55部。这一时期,中国所出版的新创小说中大约70%出自申报

---

① 见附录。
② 陈大康:《中国近代小说编年史》,人民文学出版社,2014。申报馆在其期刊上以连载的形式出版小说,特别是在《点石斋画报》(1884—)上。关于这些小说,参见 Rodulf Wagner, "Joining the Global Imaginaire: The Shanghai Illustrated Newspaper Dianshizhai huabao," in Wagner, *Joining the Global Public*, pp.145-147. (中文翻译,即鲁道夫·瓦格纳:《进入全球想象图景:上海的〈点石斋画报〉》,《中国学术》2001年第1期。)
③ 这不包括申报馆对自己早先出版小说的重印。
④ 这里的统计包括了从1872年至1890年由申报馆出版的所有虚构类作品(fictional works),但不包括由其初版之后重印的小说。这里将选择计入"小说"(fiction)这一类目的标准基于《申报馆书目》中的三类:"新奇说部类""章回小说类""新排院本类";包括了在《申报》上刊出的翻译小说,并不包括申报馆文学杂志《瀛寰琐纪》《寰宇琐纪》《四溟琐纪》中的虚构类作品,但计入了翻译小说《昕夕闲谈》,因这部小说同样以书籍的形式出版过。参见陈大康:《打破旧平衡的初始环节——论申报馆在近代小说史上的地位》,《文学遗产》2009年第2期,第117—200页。在第119页,陈指出申报馆重印原已传世的作品共39种。这一点,亦可参见其重要的近作《中国近代小说编年史》第1卷,人民文学出版社,2014,第11页。使用陈的数据的一个问题是,他的统计中不包括重印的小说,仅将首次出版的新小说计入。也就是说,不包括申报馆重印的39部旧小说。而如果没有申报馆的努力,这些小说也许就不会留存下来,也不可能在当时的图书市场上流通。除此之外,一些虚构作品,例如传奇、弹词,因为不符合新世纪的小说标准,所以不予统计在内。
⑤ 根据陈大康的统计,1851年至1861年这11年间出版了20部小说,1862年至1874年这13年间出版了21部,1875年至1884年这10年出版了34部,1885年至1894年这10年间出版了44部。他的统计只包括首次出版的新小说。参见陈大康:《中国近代小说编年史》第1卷,人民文学出版社,2014,第93页。

馆。同样,申报馆在出版绝版、稀见或散佚小说方面,也占据了相似的主导地位。①这些数字表明,1872年至1889年间,申报馆可以说占据了市场的绝对主导地位。1889年,美查回到英国,申报馆亦渐不再以书籍或连载的形式出版小说(直到1907年才又重新开始连载小说)。因此,如果我们希望了解中国近代小说的发展状况,便应该将注意力聚焦于这家出版公司。

  申报馆所引入的创新举措包括各类推销小说的策略,对于上海乃至全中国来说是首创,但在欧洲已经不是什么新鲜事。由此引发的关键问题是,美查与申报馆是否扮演了文化中介者的角色,即他们是否经选择而确立(而非发明)了适宜中国的出版物类型?这种中介行动可能涉及一系列广泛的领域,包括小说的选择、副文本(paratext)的插入、编辑的原则、与作者的关系、与中国雇员合作的形式、书籍出版与报纸之间的互动、远程邮购申报馆印刷产品的付费方法,以及以石印技术对水墨画、书法文本和拓本进行复制。然而最重要的是,这种中介活动对小说之文化、小说之美学和社会地位的再调整可能产生的影响。由于美查是在上海租界创立并经营申报馆的,也由于小说在这一时代日渐成为世界的重要文类,如果从跨文化共通的发展中来看中国的情况,那么我们就能更好地在一个全球语境中理解中国小说的兴起。

  为此,关于申报馆如何出版与销售小说及其在管理方面的创新,我们应该利用相对可靠的材料和近来的一些研究。②陈大康和其他一些学者强调了,申报馆首创性地引介了中译西文小说和连载小说,并且系统性地使用了石印技术、金属活字(metal fonts)、印刷机等等,这些都有助于为"新小说"的兴起创造适宜的物质条件。③瓦格纳(Rudolf Wagner)认为,申报馆的这一系列出版策略与创新之举,使得传统中

---

① 因为不同的统计标准,要给出绝对准确的数字是困难的。如果将1872年至1877年出版在《瀛寰琐纪》及之后的文学杂志上的短篇作品计入在内,申报馆出版小说的数量则更多。
② 对于申报馆在理念上、制度上与管理上的创新,瓦格纳做过细致的研究。申报馆发展出了一个由博学的知识人组成的网络,雇佣他们作为新书的编辑或点评者;申报馆也强化了图像作为信息传递者的角色,并且为其印刷产品发展出了一个全国性的发行网络。参见"Joining the Global Imaginaire",第108页及其他各处。
③ 关于这一主题的研究很多是由上海华东师范大学的学者完成的。参见陈大康:《打破旧平衡的初始环节——论申报馆在近代小说史上的地位》,《文学遗产》2009年第2期,第117—200页;陈大康:《报刊文学与商业交换规则——以〈瀛寰琐纪〉的出版史为分析个案》,《学术月刊》2006年第5期,第124—127页;刘颖慧:《插图与晚清小说的传播——以晚清〈申报〉小说广告为例》,《文史综合》2006年第11期,第120—122页;刘颖慧:《晚清小说广告研究》,华东师范大学博士学位论文,2011。关于申报馆对现代印刷技术的使用,同样可参见Christopher A. Reed, *Gutenberg in Shanghai: Chinese Print Capitalism, 1876-1937* (Honolulu: University of Hawai'I Press, 2004), pp. 80-81。

国文化在现代都市环境中获得了较高的社会接受度,显示了小说出版的商业潜力,对日后上海建设成为中国新的媒体中心,影响深远。① 一些内地研究者对申报馆各类创新之举释为仅仅由利益驱动的这一论断,显得脆弱而论据不足;并且这一论断妨碍了我们对蕴含在申报馆小说出版中的观念、美学和社会关系进行细致的分析。②

诚然,要进行这方面的研究,相关的材料较难获得。比如说,已知的材料中没有日记或档案记录下关于小说选择过程的讨论,也没有见到当时关于小说的文论能够系统地呈现小说选择的文化背景。但是,如果阅读申报馆出版的小说,就会发现它在小说选择方面存在着一致性;并且申报馆之《申报》所刊登的书籍告白,以及《申报馆书目》(以下简称《书目》)和《申报馆书目续集》(以下简称《书目续集》)中对小说的描述也相当一致,足以让小说选择的理念框架浮出水面。本研究将从这些间接材料中梳理出申报馆的文化与商业策略。

一 申报馆的小说出版

1872 年对于近代中国小说发展来说是具有重要意义的一年。这一年,《申报》创立,并随即开始刊行翻译与摘译小说。③ 同年,申报馆的文学杂志《瀛寰琐纪》创刊并开始连载小说;中文出版机构申报馆成立,在出版报纸与杂志之外,迅速开始出版书籍。从 1872 年开始到美查返回英国,小说或者更宽泛地说虚构作品(fiction),在申报馆出版事业中占了相当大的比重。

早在 1873 年,申报馆便开始出版长篇小说。第一部便是连载于《瀛寰琐纪》上的翻译小说《昕夕闲谈》(*Night and Morning*,1841),原作者为利顿。④《瀛寰琐纪》

---

① Rudolf Wagner, "Commercializing Chinese Culture: Ernest Major in Shanghai," in *Ernest Major: The Life and Times of a Cultural Broker*.(未刊稿)
② 与此思路不同的一项研究,见 Rudolf Wagner, "Women in Shenbaoguan Publications, 1872 - 1890," in *Different Worlds of Discourse: Transformations of Gender and Genre in Late Qing and Early Republican China*, ed. Nanxiu Qian, Grace Fong, and Richard Smith (Leiden: Brill, 2008), pp. 227 - 256。
③ Patrick Hanan, "The Translated Fiction in the Early Shenbao," in *Chinese Fiction of the Nineteenth and Early Twentieth Centuries: Essays by Patrick Hanan* (New York: Columbia University Press, 2004), pp. 110 - 123.
④ 利顿(Edward Bulwer-Lytton)著,蠡勺居士(蒋子让?)译:《昕夕闲谈》,从《瀛寰琐纪》第 3 期开始连载(1873 年 2 月—1875 年)。蒋子让是《申报》编辑。小说出版时原著信息与作者信息是隐去的,是已故的韩南(Patrick Nanan)确认了原小说及其作者。参见 Patrick Hanan, "The First Novel Translated into Chinese," in *Chinese Fiction of the Nineteenth and Early Twentieth Centuries*, pp. 85 - 109。

是中国首份商业杂志,申报馆对这一新事业的探索体现在头几期上。这几期的内容包括国际新闻、对中西方科学的讨论、中国文人的诗文作品(例如游记、名妓小传),但是没有小说。全文刊载一部中译英文小说是"第一次",而且在《申报》广告中充分体现出对这一创举之新奇意义的自觉性。选择这部已经在英国获得具大成功的小说,显示了美查对19世纪欧洲小说的发展颇为了解;也许这种了解让他产生了将小说纳入申报馆出版事业当中的想法。加之,连载的形式因为必须分期购阅实际上有助于稳定读者群。

申报馆努力迎合中国读者的文化取向,比如在报纸版式的选择上,用中国竹浆纸来印刷,每天在《申报》上全文刊载《京报》,亦出版了诸多带有明显"中华"文化印记的印刷产品。对比之下,申报馆之所以决定进行(所费不赀的)小说翻译,可能是因为主管申报馆包括其杂志运营的美查认为没有适于出版的中文小说。直到有一次美查偶然看到了《儒林外史》,便似乎改变了这一看法。这部当时被认为失传已久的小说,以生动的笔法讽刺了中国的精英阶层。1874年,申报馆出版了《儒林外史》①,小说在十天内便告售罄。美查从这次成功中明白了两件事:第一,太平天国运动之后小说有着巨大的市场潜力,因为战争毁坏了许多私人图书馆和出版商的雕版库存;第二,存在符合他出版标准的中文小说。自此,申报馆便努力寻找并出版这样的作品,并且确实再未出版过其他翻译小说。美查对中国书籍市场与阅读传统日渐熟悉,这进一步促使他利用报纸向大众征寻新创作的小说以及早先小说的抄本与善本。但与其竞争同行不同的是,申报馆并没有仅仅为了确保商业利润而不断地重印业已闻名的作品,而是乐于出版鲜为人知的稀见作品或新作品,同时坚持不出版在道德观和价值观上有问题的作品。

那么申报馆小说出版的选择标准是什么呢?用文学的术语来说,三种文类在申报馆早期出版的虚构作品中占主要地位:纪实文学(reportage literature)、消闲读物(entertainment reading matter)和长篇小说(novels)。1877年申报馆印行的《书目》中包括了11种文类共55本书。有3类共22本书是虚构性的(包括戏剧),其中又有14本归于"说部类",7本归于"小说类",1本是戏剧。② 也就是说,申报馆

---

① 吴敬梓:《儒林外史》,申报馆,1874;之后于1876年和1881年出版中文修订版。英文版:Translated by Yang Hsien-yi and Gladys Yang, *The Scholars* (Beijing: Foreign Languages Press, 1957)。
② 《申报馆书目》,申报馆,1875。1879年印行的书目列表列入了1877年以来申报馆出版的书籍,其中有10本虚构类作品——5本归于"说部",5本归于"小说",除此更有数量可观的纪实文学和诗歌。《申报馆书目续集》,申报馆,1879。

成立之初的五年里所出版的书籍中,几乎一半是虚构作品(包括用文言文写作的"笔记"类虚构短篇,以及用白话写作的长篇小说)。关于这些书目的完整信息见附录。申报馆出版了各种业已绝版的作品,例如《儒林外史》,且申报馆的版本为这些作品后来的现代版本建立了文本基础。这些作品包括董说(1620—1686)著《西游补》,这部当时已极难见到的小说描绘了孙悟空做了一个奇幻的梦,在梦里他被"鲭鱼"诱骗困在一座塔中,塔中有无数镜子。根据现有的记录,申报馆的《西游补》是这部小说在17世纪问世之后第一次出版。① 还有陈忱(1615—1670)著《水浒后传》,这部小说的主人公是梁山英雄的幸存者及后人,他们继续反抗社会的不公正,并努力在远离中国之地开创一个理想国。② 李汝珍(1763—1830)著《镜花缘》(1880),这部小说高度讽刺了传统社会女性的处境。③ 此外,申报馆还出版了俞万春(?—1849)著科幻小说《荡寇志》(1883)。④ 申报馆同样出版了时人的新作品,在今天看来,这些作品是晚清小说的代表作与里程碑。例如:邗上蒙人(笔名)著《风月梦》。⑤ 18世纪非

图1 邗上蒙人:《风月梦》封面,申报馆,1883

---

① 董说:《西游补》,申报馆,1876。英文版:Translated by Shuen-fu Lin and Larry J. Schulz, *The Tower of Myriad Mirrors: A Supplement to Journey to the West* (Berkeley: Asian Humanities Press, 1978)。

② 古宋遗民(雁宕山):《水浒后传》,申报馆,1883。西方语言中未见有翻译。对《水浒后传》的研究,参见 Ellen Widmer, *The Margins of Utopia: Shui-hu hou-chuan and the Literature of Ming Loyalism* (Cambridge: Council on East Asian Studies, Harvard University, 1987)。

③ 李汝珍:《镜花缘》,申报馆, 1880。英文版: Translated by Lin Tai-yi, *Flowers in the Mirror* (Berkeley: University of California Press, 1965)。

④ 俞万春:《荡寇志》,申报馆,1883。这小说初版于1853年。关于《荡寇志》的分析,参见 David Wang, *Fin-de-Siècle Splendor*, pp. 124 – 139。

⑤ 邗上蒙人:《风月梦》,申报馆,1883。此版本包括一篇1848年的序,但是至今未见有更早的版本。英文版:Translated by Patrick Hanan, *Courtesans and Opium: Romantic Illusions of the Fool of Yangzhou* (New York: Columbia University Press, 2009)。相关研究参见 Patrick Hanan, "Fengyue Meng and the Courtesan Novel," *Harvard Journal of Asiatic Studies* 58, No. 2 (December 1998): 345 – 372。

常流行的"才子佳人"小说中,申报馆出版了天花才子著《快心编》(1875)。① 这部写于18世纪的讽刺小说在当时绝版已久,美查派人到日本找到一部,带回中国重新出版。在这之后,包括申报馆在内的出版商开始努力找回在中国业已遗失的文化珍品,他们搜寻的范围远涉海外,包括日本、韩国、越南、中亚及西方。申报馆出版的其他才子佳人小说还有:清初随缘下士著《林兰香》(1877),②18世纪陈朗著《雪月梅传》(1878),③19世纪中期西泠野樵著《绘芳录》(1880)。④ 申报馆于1878年第一次出版《绘芳录》时,称它可与《红楼梦》⑤以及19世纪很受欢迎的男伶小说《品花宝鉴》相比肩,甚至摒除了后两者的缺点。⑥ 除此之外,《绘芳录》也挑战了传统的"才子佳人"叙事,因为其中一位男主人公反抗世俗,娶了一位名妓,又在通过科举考试之后致仕归野。

申报馆出版了许多《红楼梦》的续作与仿作并且渐成特色,包括19世纪初归锄子著《红楼梦补》(1876)⑦和陈少海著《红楼复梦》(1884)⑧。除了《风月梦》,其他由申报馆首次出版的虚构作品还有:张南庄(1736—1796)著讽刺小说《何典》(1878)⑨、沈复(1763—约1808)著《浮生六记》(1877)⑩、俞达(?—1884)著《青楼梦》(1879)⑪。其他一些小说并不由申报馆出版,却通过申报馆发售,一个例子是韩邦庆(1856—1894)的《海上花列传》(1892)⑫。到1884年,点石斋使用石印设备,申报馆便开始出版附有石印插图的书籍,比如《绘图镜花缘》(1884)⑬。

---

① 天花才子:《快心编》,申报馆,1875。西方语言中尚无译作。
② 随缘下士:《林兰香》,申报馆,1877。无译作。
③ 陈朗:《雪月梅传》,申报馆,1878。
④ 西泠野樵:《绘芳录》,申报馆,1878。根据序言,作者的真名是竹秋氏。
⑤ 曹雪芹:《红楼梦》,人民出版社,1982。英文版:Translated by David Hawkes and John Minford, *The Story of the Stone*: *A Chinese Novel in Five Volumes*, Penguin Classics (Harmondsworth: Penguin Books, 1973 - 1986);节选本:*The Dream of the Red Chamber*, Penguin Classics (New York: Penguin, 1996)。
⑥ 《新印绘芳录出售》,《申报》1880年2月15日。陈森(笔名幻中了幻居士):《品花宝鉴》,无出版日期。
⑦ 归锄子:《红楼梦补》,申报馆,1876。序言作于1819年。
⑧ 陈少海:《红楼复梦》,申报馆,1884。序言作于1799年。
⑨ 张南庄:《何典》,申报馆,1878。
⑩ 沈复:《浮生六记》,《独悟庵丛抄》,申报馆,1878。英文版:Translated by Leonard Pratt and Chiang Su-hui, *Six Records from a Floating Life*, Penguin Classics (Harmondsworth: Penguin, 1983)。
⑪ 俞达:《青楼梦》,申报馆,1879。
⑫ 韩邦庆:《海上花列传》,申报馆发行,1892。英文版:Translated by Eileen Chang, *The Sing-song Girls of Shanghai* (New York: Columbia University Press, 2005)。
⑬ 李汝珍:《绘图镜花缘》,点石斋,1884。

图2 香雪道人:《返魂香传奇》,申报馆,1877

图3 文康:《儿女英雄传》,申报馆,1881

图4 李汝珍:《镜花缘》,申报馆,1880

出版这些作品并不是没有风险的。找到小说，再对外邀请学者并在其帮助下确定可靠的文本（这应该是收费的），在许多情况下是很困难的事。对美查坚持不懈地寻找、印行稀见中国作品之事，不少给申报馆提供出版建议或是投稿的清代文人，都曾表达激赏之情。① 从申报馆实际的出版作品与同时代人的观感中可以看出，尽管经济方面的考虑的确是申报馆选择出版书目的一个重要影响因素，但其中却涉及一套更为复杂的文化策略。②

二 上海书籍市场：定价与竞争

申报馆对上海书籍市场的专业化所做的贡献之一是为书籍设置固定价格。新书的价格在《申报》首页的告白和末页的广告中得以标示。而在传统的图书市场中，书商从出版商那里购进图书，之后自行标价售卖。③ 申报馆的新举措为上海其他出版商采纳，成为现代图书销售的一个标志。这一举措也有效地将不同的出版商之间的竞争带到《申报》的广告页上，使竞争更为公开。

申报馆的书价是适中的。1874年申报馆第一次出版《儒林外史》，定价是5角，印数是1 000本，这批书在10天之内一售而光。7个月之后又重印了1500本，每本定价仍然是5角。接下来的10年中，申报馆小说的定价大多在1.5角到5角之间——除了1881年《儒林外史》的第三次修订版，这一版增加了评语和人物索引（key）；1881年的《儿女英雄传》定价8角；1881年的《笔生花》定价1元。④ 再接下去的10年，书价开始两极分化，最低的1角，最高的超过3元。高价格是因为插入了由点石斋印制的石印图画。例如，1882年出版的《三国演义全图》定价2元4角，此

---

① 这样的例子有很多。比如，施有麟为《梅香馆尺牍》所作序中就表达了对美查的赞赏。骆灿（星河）：《梅香馆尺牍》，申报馆，1884，第1页。
② 陈大康通过对一手材料的认真阅读，研究了申报馆在晚清小说出版方面的"突破"，这在中国内地研究中亦属"突破"。陈指出，纯粹的商业利益驱动着申报馆，其重要的文化贡献是无意而成的附带结果。但他又十分敏锐地意识到，在这一解释线索中有重要的东西缺失了。《申报》为什么为竞争对手刊载广告？美查为什么鼓励其他出版商购买先进的印刷设备？据美查说，这是为了让他们能够承担起出版中国文化遗产的重要责任；而这些文化遗产许多在太平天国运动中遗失了，现在可以重新为更广大的公众所见。对这些问题，陈表示了困惑。参见陈大康：《打破旧平衡的初始环节——论申报馆在近代小说史上的地位》，《文学遗产》2009年第2期，第117—200页。
③ 关于这一操作，参见 Cynthia J. Brokaw, *Commerce in Culture: The Sibao Book Trade in the Qing and Republican Periods* (Cambridge: Harvard University Asia Center, 2007).
④ 吴敬梓：《儒林外史》，第3版修订本，申报馆，1881。以下所有《儒林外史》的引文都出自这一版。文康：《儿女英雄传》，申报馆，1878。淮阴心如女史（邱心如）：《笔生花》，申报馆，1881。

书包括120回以及多达240幅插图。①

如果将申报馆的书价与当时记者的薪资相对照,亦可知道书价是适中的。19世纪末,《申报》记者的月薪在10元到40元。购买一本《儒林外史》将花去一名初级记者月薪的5%。广东《粤报》编辑的月薪是55元,记者是10元。上海《新报》记者的月薪是20到30元。② 普通士绅或是职员的收入并不会比这高太多。根据费南山(Natascha Vittinghoff)的研究,即便是傅兰雅(John Fryer,1839—1928)这样的外国人——他曾是英国传教士后又成为教育家,在上海江南造船厂以编辑和翻译为职业——每月的薪酬也只有50两(即60元)。傅兰雅英华学堂的一名中文教师每个月的收入是12.5两,每年收入约100两,普通雇员是10两且包伙食。一名地方官吏每年的官俸是45两,另有其他各种收入1000两到1800两,也就是平均月收入约150两(180元),是编辑的4倍。③ 这意味着申报馆的聚珍版小说(关于聚珍版,下文我再做进一步论述)定价相对来说并不昂贵,但亦表明其市场针对的是士绅和都市职员阶层,包括他们之中收入稍低者。

申报馆小说的定价的确反映出生产成本,申报馆亦有时仅仅因为人力成本上涨而调整售价;同时,定价还反映了出版商之间的激烈竞争,特别是位于上海且以申报馆为效仿对象的出版商。陈大康对晚清小说定价的研究表明,竞争是促使申报馆降低一些小说价格的主要原因。④ 除此,定价还折射出投资新印刷技术带来的优势。这方面的投资使得申报馆能够大幅提高生产速率、降低成本而生产有质量的图书,并且促使出版商为了在市场上留存而争相采用新技术。

随着点石斋的成立,美查从徐家汇耶稣会的出版机构雇用了经验丰富的中国石印工人,并且雇用了一群技巧精湛的绘图艺术家,例如吴友如(1841到1845年间——1894)。由此,申报馆开辟了新的竞争领地即图绘小说,主要针对高端图书收藏者。

申报馆书籍出版事业的显著成功吸引了其他出版商涉足这一领域。1872年,上海共有4家出版机构,其中包括成立于1843年、久负盛名的墨海书馆,但没有一家出版小说。及至1880年代初,中国投资者已经看到了这一市场缺口,于1881年

---

① 罗贯中:《三国演义全图》,申报馆,1882。
② 参见雷瑨:《申报馆之过去状况》,《最近五十年——申报馆五十周年纪念》第三部分,申报馆,1922,第26—28页。
③ Vittinghoff, *Die Anfänge des Journalisms in China*, pp.145-149,175.
④ 陈大康:《论晚清小说的书价》,《华东师范大学学报》2005年第4期,第31—41页。

创办了同文书局，1882 年创办鸿文书局，1887 年又创办了蜚英馆，蜚英馆后来成为点石斋的主要竞争对手。尽管这些出版商在大规模出版项目方面跟申报馆竞争，但似乎并没有从事费时又具有商业风险的寻访、编辑珍稀小说或新小说的活动。一些更小的出版商也加入到小说出版的竞争中，包括位于上海的珍艺书局、文瑞楼、醉六堂、理文轩、文宜书局①以及位于北京的聚珍堂、稍晚于 1890 年代创办的文光楼②。到 1890 年代，有些出版商已开始重印早先申报馆出版的小说了，其中包括著易堂和上海书局。

尽管在搜寻、征集、编辑、印刷和销售小说的能力方面，没有其他出版商能与申报馆相比肩；但申报馆仍然有时被竞争对手领了先。例如 1840 年之后开始活跃于北京的满汉双语出版商聚珍堂，从 1876 年开始完全转向中文作品的出版——从聚珍堂的名字中即可看到，这家出版商是在效仿武英殿的聚珍版活字本。其出版作品大部分是小说，包括 1878 年初版的《儿女英雄传》，这跟申报馆出版这部小说是在同一年。③正如魏爱莲（Ellen Widmer）所论证的，聚珍堂的这次转向似乎受到申报馆成功的影响。

另一个例子是夏敬渠（1705—1787）著《野叟曝言》④的出版（关于这部小说的出版，下文将有进一步的讨论）。另一家上海报纸在申报馆之前获得并出版了这部小说，售罄之后又在报纸上连载，使得其报销量激增。跟上海大部分出版商一样，这家出版商也在《申报》上为新书刊登广告。尽管此书是由竞争对手出版的，《申报》仍为《野叟曝言》刊载了广告。

通过不断地改善印刷技术和市场营销策略，比如在关键时候进行减价，申报馆得以维持在小说出版方面的引领性地位。随着 1890 年代美查离开上海，1897 年商务印书馆成立，1892 年上海书局成立，情况发生了改变。这两家后起的出版商都将小说出版作为其业务重点之一。自申报馆始，出版物在上海租界爆炸性地增长，又从租界行销内地，很快将这片小小的飞地（exclave）打造成中国的媒介之都（capital

---

① 陈大康：《打破旧平衡的初始环节——论申报馆在近代小说史上的地位》，《文学遗产》2009 年第 2 期，第 122 页。
② 文光楼于 1890 年首次出版了武侠小说《小五义》，又于 1892 年出版了续作《续小五义》。参见陈大康：《论晚清小说的书价》，《华东师范大学学报》2005 年第 4 期，第 32 页。
③ Ellen Widmer, "Honglou meng ying and its Publisher, Juzhen tang of Beijing," *Late Imperial China* 23, No. 2 (December 2002): 33 - 52, here 40.
④ 夏敬渠：《野叟曝言》，读未楼，1881。《申报》对此书最早的广告刊载于 1881 年 12 月 14 日，第 5 版。

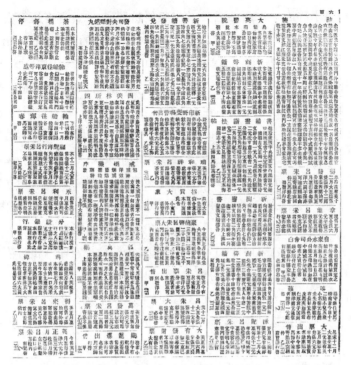

图 5 《申报》末页全页皆为商业广告,1881 年 12 月 21 日(右起第 3 列第 2 项是为另一家出版商刊载的《野叟曝言》出售广告。原本申报馆计划出版这部作品。)

of media)。自始,上海一直保持这个地位,直到第二次世界大战将中国书市与上海的出版网络切断。

三 上海租界:清季出版业的飞地

晚清小说出版的新浪潮早在晚明便有其先声。晚明是雕版印刷工艺发展的关键时刻,在版本、印刷和插图方面,既为高质量的书籍,也为售价较廉的中等质量或大众普及书籍设定了标准。晚明亦标志着一个转折点:之前虽已有印刷术,但许多作品仍以手抄本的形式传播;晚明开始则多使用雕版印刷。① 长篇白话小说包括

---

① Joseph McDermott,"The Ascendance of the Imprint in China," in *Printing and Book Culture in Late Imperial China*, ed. Cynthia Brokaw and Kai-wing Chow(Berkeley:University of California Press,2005), p.85.

《三国演义》①、《水浒传》②、《西游记》③的出版便是例证;除此还有短篇白话小说集的出版,例如冯梦龙(1574—1646)和凌濛初(1580—1644)的作品。这些出版物试探并推进了大众娱乐这一更广阔的新市场。其中一些书籍成为我们今天所说的"畅销书",在小说写作与出版方面激起了更为激烈的竞争和商业化。④ 而在清代,这一情形发生了巨大的转变。尽管单单在出版数量上,清代要远远超过明代,但是印刷质量却下降了。何谷理(Robert Hegel)指出,清代为了"大量收入有限的消费人群"出版了低质低价的小说,这使得"一群痴迷小说的精英文人反感印刷,反感印刷导致的文本肆意流传,转而重新投入到作品的抄写当中,使抄本有选择地在志趣相投的读者圈中传播"⑤。因此在清代,小说重新开始以抄本的形式流传,其中包括《儒林外史》(约1750年)、《红楼梦》(1760年代—1790年代)、《野叟曝言》(18世纪)、李绿园(1707—1790)著《歧路灯》(约1785年)⑥。整个清代也有印刷相对精良的小说继续出版,但许多只是对早先雕版的再使用。事实上,在17世纪晚期,极少数高质量的小说印本亦是由文人制作的,⑦而这些印本在数量上远少于为大众市场而生产的印本。及至太平天国运动爆发,即使是大众印本也变得稀缺起来。⑧ 正是在这样的历史背景下,申报馆开始了其小说出版事业。

如果就小说出版的律法来说,清代是中国历史上最严苛的。⑨ 一项早期法令(1652)禁止了"琐语淫词"的出版,并威胁说"违者从重治究"。1662年明令禁止小说的出版。到1714年,禁令则更为具体:

---

① 罗贯中:《三国演义》,申报馆,1882。英文版:Translated by Moss Robers, *Three Kingdoms*: *A Historic Novel* (Berkeley: University of California Press, 1991)。
② 施耐庵:《水浒传》,申报馆,1883。英文版:Translated by John Dent-Young and Alex Dent-Young, *The Marshes of Mount Liang*: *A New Translation of the Shuihu Zhuan or Water Margin of Shi Naian and Juo Guanzhong*, 5 vols. (Hong Kong: Chinese University Press, 1994 - 2002)。
③ 吴承恩著,黄周星注解:《西游记》,中华书局,2009。英文版:Translated by Anthony Yu, *Journey to the West*, 4 vols. (Chicago: University of Chicago Press, 1977 - 1983)。
④ 缪咏禾:《明代出版史稿》,江苏人民出版社,2000,第213—225页。
⑤ Robert E. Hegel, "Niche Marketing for Late Imperial Fiction," in Brokaw and Chow, *Printing and Book Culture in Late Imperial China*, p. 253.
⑥ 李绿园:《歧路灯》,中州古籍出版社,1980。
⑦ Hegel, "Niche Marketing for Late Imperial Fiction," p. 254.
⑧ 韩锡铎、王清源编:《小说书房缘》,春风文艺出版社,1987,第80—85页。我使用了此书所提供的出版书目名录,尽管其中有许多错误。
⑨ 陈大康:《中国近代小说编年》第1卷,华东师范大学出版社,2002,第3—4页。

> 近见坊间多卖小说淫词,荒唐俚鄙,殊非正理。不但诱惑愚民,即缙绅士子,未免游目而盅心焉,所关于风俗者非细。应即通行严禁。①

雍正时期继续施行大量的出版禁令,其中1725年(雍正三年)②的一条直接"禁市卖淫词小说",1738年(乾隆三年)又重颁了这条禁令。这一禁令似乎适用于所有的小说,因为很难清楚地定义哪些小说是"淫词"。不仅参与印刷与售卖"淫词小说"者要受到罚处,连购买跟阅读的人也可能被"杖一百"。清廷对小说这一文类的压制贯穿了整个19世纪。1834年颁布了一项特别严苛的法令,要求所有的淫词小说及其雕版全数销毁。此后,1851年、1868年、1872年、1885年、1890年和1900年禁令频出。③甚至1901年清廷准备效法西方推行新政之际,仍有类似的严峻法令颁行。④禁令的反复颁布表明它们并未起到威慑的效果;但是禁令确认并强化了小说低微的社会地位,并使小说难以像在同时代的欧洲那样获得声誉。更有甚者,禁令将小说出版置于一个危险的境地。小说既无法从广泛而深入的公共讨论中获益,也无法在市场上获得真正的成功。

在这样的背景下,上海外国租界为申报馆与小说的兴盛提供了一片飞地。除此之外,还有许多其他因素有益于申报馆的事业:因避太平天国运动之祸,大量富有且受过教育的难民赴沪,导致了都市人口的增长;都市经济的发展催生了都市职员阶层,这一阶层具有一定的读写能力,并且有娱乐方面的需求;上海引进了煤油灯、气灯和电,外商公司将星期天定为休息日,这一制度又通过其职员逐渐在其他中国居民中普及,这些举措都使得可供阅读的时间得以拓展;许多教育程度高且对书籍如饥似渴的中国人退居到租界,他们带来了大量财富。1864年太平天国运动结束时,大部分移民的故土,即长江下游地区经历了一场系统性的破坏。一切被太平军视为"妖魔"之物,包括寺庙、私人图书馆、书院和其他问学中心均遭毁灭。其结果是灾难性的,因为长江下游地区或者说江南地区并不是贫困或是文化贫乏、少

---

① 王晓传(王利器):《元明清三代禁毁小说戏曲史料》,作家出版社,1958,第24页。
② 据王晓传《元明清三代禁毁小说戏曲史料》,应为"雍正二年禁市卖淫词小说",即1724年。——译注
③ 同注2,第64—83页。关于禁小说的问题,参见刘德隆:《晚清小说繁荣的两个重要条件》,《清末小说》1990年第13期,第31—40页。这里引自第33—34页。关于清代小说与书籍审查的总体情况,参见安平秋、章培恒:《中国禁书大观》,上海文化出版社,1990;王彬编:《清代禁书总述》,中国书店,1990。
④ 戈公振:《有关出版的各种法律1901—1914》,载张静庐编:《中国近代出版史料初编》,群联出版社,1953,第312页。

有人拥有书籍渴求书籍的地方；恰恰相反，几个世纪以来江南地区受过教育的男性与女性人口是最集中的，全国藏书丰富的私人图书馆几乎有一半位于这里。①

从19世纪晚期赴沪的中国游客在竹枝词中写下的兴奋评论来看，或是从上海急剧攀升的出版机构数量、出版物数量、印量和所占全国市场份额来看，申报馆对于中文媒体市场潜力的估计是准确的。② 上海媒体在一个跨文化的"接触区域"中繁荣起来，吸收了所有适宜的、有益的因素以培养一种新的都市生活方式与都市审美趣味（sensibility）；租界在都市便利设施上可与西方的大型新兴商业城市媲美，这一得意之言又增强了这种都市感觉。上海作为中国的"西方"拥有着财富、吸引力和现代性；上海的媒体、生活方式和都市感觉得以注入长江下游流域，又从那里蔓延到帝国的其他地方。其中起推动作用的是全国媒体发行网络的发展——这同样是由申报馆开拓的。

1870年代之后，无论是书籍出版，还是为相当一部分上海居民和更多的江南士绅发展都市消闲娱乐，其物质与心理条件均已经成熟。申报馆发展了这一文化市场，它为资讯、经典教育和娱乐提供了各种高质量的书籍，这得益于租界的文化环境，也得益于申报馆受到法律特权的保护——因为其主人享有治外法权。我们将会看到，无论是用于经典研习的手册、科举应试的范文、军事论著或是更通俗的小说，申报馆出版的书籍都享有相同的版式并且经过相同精细的编辑过程。这意味着这些书籍被列入一套新创的现代经典文库中，这一现代经典文库有其自身的尊严，而鲜有书籍间的高低等级。

四　重设小说的文化品位

申报馆小说出版策略的核心是生产在编辑、质量与外观方面一流的书籍。在这一点上不分文类：小说跟其他文化品位（cultural register）更高的文类一样，在出版上得到相同程度的编辑、相同质量的印刷，申报馆小说得到如此的出版处理，显然与当时普遍的做法（即低端读物使用低廉的印制方式）不同。当申报馆的小说出版跟传统"高端"（high-register）作品出版一样采用相同的物质材料和版式，这表明申报馆刻意表彰小说能够跟正史、经典注疏、科考范文相提并论。

---

① Ho Ping-ti, *The Ladder of Success in Imperial China: Aspects of Social Mobility* (New York: Columbia University Press, 1962), pp. 62–70.
② 许多相关记录见顾炳权收集的《上海洋场竹枝词》，上海书店，1996。对申报馆直接的褒扬，见葛元煦《沪游杂记》，上海书店出版社，1876；郑祖安标点：《沪游杂记》，上海古籍出版社，1989，第54页。

小说如此的出版处理显然与欧洲的情况类似,即将小说当作一种最高端的文学与教育读物而接受它,因而处处显示了跨文化互动(cultural interaction)的特征。美查在寻访、选择待出版的小说方面所起的重要作用证实了这一点。当时,美查以他对中文的精通程度和汉学的广博而闻名。蔡尔康(1852—1920)是美查早期最重要的中国合作者之一,[①]据他在《书目·序》里的描述,美查在合作中扮演了导向性的角色,具体书目的撰写也是基于跟美查的口头交流。[②]的确,申报馆小说出版的方方面面都显示出美查个人参与的印记。这是一个跨文化互动、最终观念得以本土化的经典个案。通过与中国文化语境进行精心设计的协商,申报馆重新设定了小说的文化地位,其中涉及书籍设计、编辑、字体选择、版式设计以及书中的副文本(paratext)。

申报馆重新设定小说文化地位的努力,可以通过《书目》体现出来。关于申报馆书籍出版背后的决策并没有档案记录,但是1877年的《书目》(图6)和1879年的《书目续集》让我们能够提炼出申报馆书籍出版事业的核心要素,并判断其中小说所占的地位。

显然,美查的眼光很高。蔡尔康在序言中提到,对于《书目》,美查曾建议定名为"书目提要"。"书目提要"意在使人联想起18世纪著名的《四库全书总目提要》,该书由纪昀(1724—1805)和永瑢(1743—1790)主编。[③]蔡尔康拒绝使用"提要"二字,因为纪昀的学识远在他本人之上。蔡氏也顾虑到四库全书受到皇帝的重视,是由皇帝下旨编纂的,那么使用"提要"二字容易使人产生这样的看法:申报馆和美查妄图宣称其出版的书籍跟《四库全书》一样重要,"且将背尊王之制"。

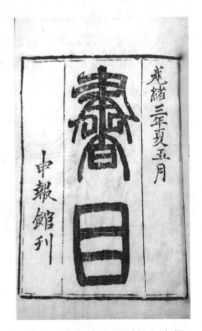

图6 《申报馆书目》封面,申报馆,1877

---

① 关于蔡尔康的研究,参见 Natascha Gentz (née Vittinghoff), "Ein Leben am Rande des Ruhms: Cai Erkang (1852 - 1921)," in *China in seinen biographischen Dimensionen: Gedenkschrift für Helmut Martin*, ed. Christina Neder, Heiner Roetz, and Ines-Susanne Schilling (Wiesbaden: Harrassowitz, 2001), pp. 195 - 205.
② 缕馨仙史(蔡尔康):《书目·序》,1a-b。
③ 永瑢、纪昀:《四库全书总目提要》,中华书局,1965。

《书目》集中介绍了书籍的作者与内容,事实上这样的体例与纪昀的《四库全书总目提要》高度相似。① 美查用"尊闻阁主人"之笔名撰写了《书目》的出版告白,清楚地表达了他的意图:

> 本馆自创设以来,兼印各种书籍发售,日以为常。历年来共积至五十余部。蒙远近诸君子,时来取阅。而书目阙如,见书名者,常以不知是书所言何事,所作何人,故购买或多袖手。今特撮其大要因缕馨仙史润色而成书目一卷。其中开陈明晰于各书之精蕴无不阐发而表彰之。浏览之余,亦可为消遣书之一种也。②

一家出版机构应该为潜在的购阅者提供书籍的详细介绍,这一点在美查看来不仅仅是一种销售策略,同时也是一种联系申报馆读者外部社群的方式。

以纪昀的《四库全书总目提要》作为《书目》的潜在对照,美查对小说在中国社会与文化秩序中的地位表明了他的看法。首先,尽管《书目》跟纪昀的《四库全书》一样用"类"这一术语来划分书籍,《书目》却创造了全新的"类",这些新的类目所强调的正是那些在《四库全书》与《四库全书总目提要》中因微不足道而被边缘化者或是因太过低级而被略去的内容,最突出的例子就是长篇小说。③ 本来长篇小说应归于"小说"一类,但纪昀未将其列入,而他对小说的评论秉承了自《汉书·艺文志》以来的正统思路:小说是"小道",它与国家治理的要旨无关。纪昀称,小说凡有三派:"其一叙述杂事,其一记录异闻,其一缀辑琐语。"而除却这三者,还有很多今天被认为是中国小说(prose fiction)之精髓的传奇(常指唐传奇)、白话短篇小说(常指晚明白话短篇小说)、戏剧和元明清三代的长篇小说。④

《申报馆书目》提供了异于纪昀《四库全书》的另一种针锋相对的分类。对于《书目》中的所有书籍,申报馆不但慷慨地予以相同的编辑过程,并以书籍系列的方

---

① 同样需要注意的是,申报馆还找到并首次出版了纪昀对《四库全书》收录书目的提要。纪昀:《(钦定)四库全书简明目录》,石印,申报馆,1879。
② 尊闻阁主人(美查):《书目发售》,《申报》1877 年 7 月 20 日。
③ 在永瑢和纪昀的《四库全书总目提要》中没有一部长篇小说被列在"小说家类"里,比如《三国演义》或《水浒传》,第 1161—1162 页。
④ 永瑢和纪昀的《四库全书总目提要》或是申报馆《书目》中都没有戏剧一类。对纪昀来说,戏剧是不足记录的文学体裁;对于申报馆来说,原因可能是到 19 世纪晚期,传奇或杂剧已经成为一种仅供阅读的文人体裁,已经不再上演,没有大众基础了。然而晚些年,申报馆在《点石斋画报》上连载了插图新剧作品。参见 Wagner, "Joining the Global Imaginaire," pp. 146 - 147。

式印行,由此最终确立了一种新的标准,将小说的地位提到与经(canonical works)、子(scholarship)、集(source collections)一样的高度。

《书目》中的分类(图 7)如下:

古事纪实类——2 部;

近事纪实类——5 部;

近事杂志类——4 部;

艺林珍赏类(科举考试范文鉴赏)——5 部;

古今纪丽类——5 部;

投报尺牍类——3 部;

新奇说部类——14 部;

章回小说类——7 部;

新排院本类——1 部;

丛残汇刻类——4 部,包括申报馆出版的三本文学杂志,以及由申报馆发行的科学类刊物《格致汇编》;

精印图画类——3 部。①

首先,《书目》引入了"纪实"作为一种新的非虚构性文类。这跟西方"纪实文学"(reportage)的概念类似,19 世纪"纪实文学"在西方因报纸的普及而获得重要的地位。举例来说,在"纪实类"中,《书目》列入了描述太平天国败北苏州的战争纪事,其写作风格是细节性的、事实性的。除此还有关于英、日与中国签订合约的报道,这是中国公众第一次能够了解此类事件。"纪实类"又分"古事"与"近事",这一对概念的新颖之处在于,认为时事的新闻处理是重要的,而原本在传统文化语境中,"崇古"占据着主导地位。

其次,《书目》为女性书写或书写女性的作品创造了一种特别的文类,即"纪丽类"。其中包括 1877 年的《宫闺联名谱》,收入了超过 1000 名女性作家的诗作,并附有作者生平简介和点评。② 还有作品记录了江南地区各个商业中心的名妓与画舫

---

① 《书目》,第 1—2 页。
② 董恂:《宫闺联名谱》,申报馆,1877。

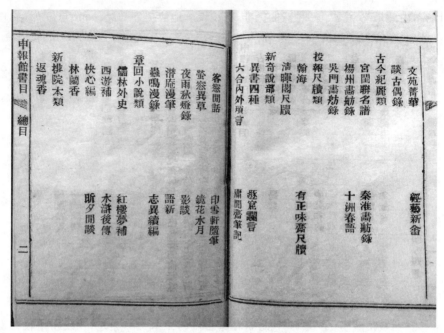

图 7 《申报馆书目》部分目录,申报馆,1877

娱游情况,比如《秦淮画舫录》《吴门画舫录》《扬州画舫录》。① 这些由申报馆努力寻获的作品尽管被归于"纪丽类",《书目》却称之为对风土人情的一种特别记录,用生动的笔法让读者"身亲其境"。

第三,《书目》为虚构文学创造了新的类目。这些类目之间有直接的连续性与一致性,且愈是地位低微的类目愈列于后。尽管这些类目是新的,却使用了熟悉的元素。第一是"新奇说部类",包括笔记、传奇、志怪故事,这些体裁早在 11 世纪就被包含在"说部"里了,并且与说书有关。② 第二是"章回小说类",这一类目似乎是《书目》的发明,而在后来的文论中成了一个标准术语。③ "章回小说类"所包括的是形诸文字、用来阅读而不是讲述的长篇小说。第三是"新排院本类",包括弹词与戏剧

---

① 《秦淮画舫录》,申报馆,1874;李斗:《扬州画舫录》,申报馆,1875;《吴门画舫录》,申报馆,1876。
② 参见 Judith Zeitlin, "Xiaoshuo," in *The Novel* Vol. 1, *History, Geography, and Culture*, ed. Franco Moretti (Princeton University Press, 2006), pp. 249 - 261。
③ 根据标准字典(比如诸桥辙次的《大汉和字典》以及《汉语大辞典》),"章回小说"这一术语的最早表述,出自鲁迅与郑振铎于 1920 年代写作的文学史论文中。参见鲁迅《中国小说史略》。根据蔡尔康在序言中的表述,《书目》的内容基于美查对每部书的口述介绍,那么"章回"这一术语可能是源出美查。他可能联想到了自 1830 年代开始出现在西方报纸上的分期连载小说。

作品。之前这些作品都由剧班严密守护,概不在外流通。再之后是"丛残汇刻类"即文学杂志。1879年的《书目续集》以缩略的形式保留了其中两类,即"说部类"与"小说类"。①

　　这些类目蕴含了以长度来划分虚构作品的首次尝试,是短篇、中篇、长篇小说这一现代分类的先声。就这些新类目而言,《书目》对中国文学的传统元素进行了发挥,即上文已经提到过的"小说"和用以归类短篇虚构作品的"说部"。在"说部"之前加上"新奇"二字,强调了作品的新奇有趣;在"小说"之前加上"章回"二字,长篇小说就纯粹由形式上的标准来定义了,一反传统的分类法即根据内容而分成"才子佳人"小说、"演义"等等。《书目》中列入"章回小说类"的都是长篇小说,以章节中是否有"章"或"回"来表征,而不管其内容如何。同样需要注意的是,多用于长篇小说书写的白话与多用于其他体裁书写的文言,这一区别在这里并不是一个实质性的区分标准;尽管在别的地方,申报馆努力推崇一种报纸的写作风格,以便于教育程度有限的人阅读。

　　在《书目》与《书目续集》中加入小说,体现出小说出版不再被认为是小道,而是申报馆出版事业的一个核心部分。将小说作为一种体面的、有意义的读物列入《书目》及《续集》需要勇气与自信,相信最终会克服既有之成见,即将小说贬斥为无关痛痒的、肤浅的、在道德上有问题的读物。这也证明了申报馆意识到小说的市场潜力,它能够收获广泛的受众,特别是女性和年轻人。18世纪末以来的英国印刷市场就极其引人注目地强调了小说的市场潜力;除此之外,欧洲市场也已经印证了小说表现社会与政治议题的潜力。

　　尽管《书目》中列出的类目是中国的,其内在的理念却与欧洲的实践与经验有着互动。在欧洲,那是狄更斯(Charles Dickens)、迪斯雷利(Benjamin Disraeli)和利顿的时代,是苏(Eugène Sue)、巴尔扎克(Honoré de Balzac)、大仲马(Alexandre Dumas père)和雨果(Victor Hugo)的时代。所有这些作家都以"现实主义"的风格,就当代主题从事小说创作,强调具体的细节描写甚于社会现实(reality)。他们写出的许多作品在报纸上连载,风靡欧洲并且使报纸销量一路飙升。由此引出的问题是,这种关于"近事"的"纪实"作品,也就是《书目》的第一类目,是否成为小说出版的选择标准？当然,即便是"现实主义"的风格,也不排除幻想的成分。别忘了,《申报》已经刊载了斯威夫特(Jonathan Swift)的小说《格列佛游记》(*Gulliver's Travels*)

---

① 《书目续集》总目。

的节选译文，并大获成功；[①]而严肃的纪昀同样是一位成功的志怪故事作者。[②]

1879 年的《书目续集》不再使用这些新词汇，而是采用了简单的“说部类”和“小说类”，使得类名文雅对称，以达简洁的效果。但是小说出版的重要性没有改变。《书目续集》列入的 59 部新书中，5 部是短篇小说集，另有 5 部是小说。同时，《续集》对所列作品有重要的增添，纳入了文人经典或关于经典的著述，其效果反而帮助提升了所有出版书籍的社会地位。

申报馆的旨趣并不在于对文类进行精准的定义，而是追求一种以公众兴趣和作品接受度为中心的文学实践。申报馆是一家非常成功又灵活的出版商，其文学实践也在不断发展变化，与其将一种死板的文类图式强行加诸其上，不如让历史人物的文学实践引导我们得出对文类的定义。

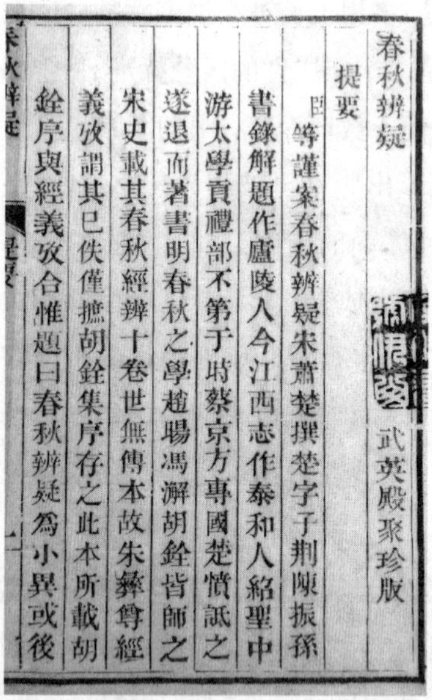
春秋辨疑　武英殿聚珍版
提要
臣等謹案春秋辨疑宋蕭楚撰楚字子荊陳振孫
書錄解題作廬陵人今江西志作泰和人紹聖中
游太學貢禮部不第于時蔡京方專國楚憤詆之
遂退而著書明春秋之學趙暘馮澥胡銓皆師之
宋史載其春秋經辨十卷世無傳本故朱彝尊經
義攷謂其已佚僅摭胡銓集序存之此本所載胡
銓序與經義攷合惟題曰春秋辨疑爲小異或後

图 8　武英殿聚珍版书影(《春秋辨疑》，武英殿，1773 年至 1783 年间。)

申报馆努力提升小说的文化地位，这一点同样可以通过它花在印刷品设计、编辑、版式上的心力看出来。在中国的文化序阶中，印刷书的地位体现在外观、编校程度和副文本上。清代出版有两大体系：清廷印刷的书籍和出版商印刷的书籍。前者印量少，即便是包括上千卷的作品，印数也不超过几十份；后者的出版形式不一，从业余出版的少量精制版本，到大规模出版的通俗小说。而两者之间唯一的共同点则是同样大规模地出版善书，善书是免费发放的，作为馈赠人的一种积德方式。

从技术层面说，最高级的书籍是使用铜制活字的皇家印本。它们高度精确、极易阅读——即便是小字，使用小字是为了出版可以放进袖笼的小书。18 世纪武英殿的皇家刻坊专门印制这样的聚珍版书籍，但除了偶然流传社会的印本外，几乎在市场上无法见到。(图 8)

① Jonathan Swift, *Gulliver's Travels* (1726; repr., New York: Penguin Books, 2012).

② 纪昀：《阅微草堂笔记》，华夏出版社，1995。英文版：Translated by David E. Pollard, *Real Life in China at the Height of the Empire: Revealed by the Ghosts of Ji Xiaolan* (Hong Kong: Chinese University Press, 2014)。

决意使其报纸、杂志和书籍具有最高的品位,从建馆之始,申报馆就使用了金属活字和进口印刷机,以增加印刷的经济性和速度。同时,为了迎合传统范式,使用了中国的竹浆纸(不是进口的白色瑞典纸)来印刷,并且沿用了中式书籍的大小和装订方式。这样,申报馆出版的书籍便同时带有中国文化最高品位的特征(signifiers)和新式西方技术的魅力,创造了一种以前只有朝廷最上层人物才能获得而现在全国任何人都能买到的书籍,且价格不贵。为了让读者意识到他们手中书籍的珍贵,其版权信息均标明"上海申报馆仿聚珍版印"或是"仿聚珍版"(图9)。①

图9 申报馆书籍的版权页,上书"上海申报馆仿聚珍版印"(此为《儒林外史》的前页,申报馆,1876。)

图10 以武英殿聚珍版为模式的申报馆印书(此为《林兰香》的序言,申报馆,1877。)

申报馆出版的"聚珍版"书籍(图10),其全新的高标准所带来的市场冲击是立竿见影的。《书目》序言骄傲地指出,自申报馆首创这一商业出版样式之后仅仅三年,不少于四到五家上海出版商开始效仿。

仿聚珍版书籍的封面是篆文题名,这在19世纪的最后几十年中是一种雅致的文

---

① 关于武英殿聚珍版的研究,参见萧力:《清代武英殿刻书初探》,收入《历代刻书概况》,上海新四军历史研究会印刷印钞分会编,印刷工业出版社,1991,第376—393页。模仿武英殿聚珍版的并非美查一家,然而其他出版商都是在申报馆聚珍版成功之后才纷纷效仿的。

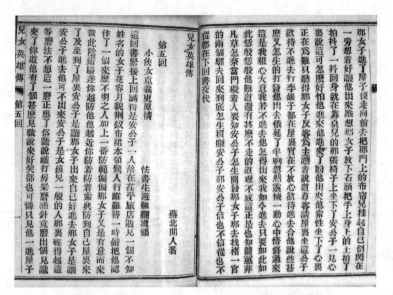

图11 印刷质量保持几十年不变(文康:《儿女英雄传》,申报馆,1881,此为第5回开头。)

图12 《林兰香》封面(由沈共[拱]之[沈锦垣]题写篆字书名,申报馆,1877。内页包括随缘下士撰写的《林兰香序》,申报馆,1877。)

人风尚。(图11)墨迹常由长于书法的文人题写并落款。例如,《林兰香》的封面是由沈共(拱)之(沈锦垣,1845—1900)题写并落款的。(图12)他也常常以"问潮馆主"落款。沈是一位当时不仅在上海及江南地区负有盛名的书法家,也深受许多日本人的喜爱,他经常为这些日本人题写书名。① 1872年,他被延请题写《申报》的报头,后又受邀为《点石斋画报》题写报头。《点石斋画报》中美查的序言,也是由他手书的。②

申报馆还邀请知名文人写作序言,参与编辑。对于小说来说,这关涉在不同抄本和印本中选择确立高品质的文本基础;对文本加以点评,包括提示读者小说中所使用的特别复杂的文学手法,这样的点评早在《昕夕闲谈》中便采用了;有些文本可能附加人物索引例表(key),指明某文学人物影射哪位历史人物。借鉴于英国小说的先例,例如迪斯雷利的《科宁斯比》(*Coningsby*),这一处理曾用于1881年《儒林外史》修订本。③

加诸小说的这些物质技术与副文本是高品位的表征,帮助提高了小说的文化价值与社会地位。很多年后,包括梁启超(1873—1929)在内的改革者,才开始利用小说作为表达政治议程的平台。而在这之前,小说早已经过了一番改革。

五 宣告"现代小说"的到来④

1873年,申报馆以连载的形式刊登了翻译小说《昕夕闲谈》,并为之创作了许多副文本,包括告白、《书目》介绍、序言和夹注评点。这些副文本意在对这部标新立异的小说进行背景说明,并且提供一个小说理论的新轮廓。⑤ 由此,在确立小说作

---

① 一个例子是《吟香阁丛画》,汉口乐善堂,1885。这部书用石印技术复制了明治时代的记者与现场报道先锋岸田吟香(1833—1905)所收集的绘画。岸田在汉口开设了乐善堂,模仿上海的点石斋并与之竞争。
② Rodulf Wagner, "Joining the Global Imaginaire: The Shanghai Illustrated Newspaper *Dianshizhai huabao*," in Wagner, *Joining the Global Public*, 132, fn. 116.
③ *Key to Characters in Coningsby: Comprising about Sixty of the Principal Personages in the Story* (London: Sherwood, Gilbert and Piper, 1844).
④ "现代小说"并不是一个历史名词。这里参考了武禧对蠡勺居士(蒋子让?)《昕夕闲谈小序》的分析。武禧:《晚清小说的时限》,《清末小说から》,72(2002.01):25。
⑤ 这些副文本对于现代中国小说一种新的理论框架的发展具有重要意义,最早指出这一点的是武禧。参见《晚清小说的时限》。与此相对,陈业东指出中国现代小说理论的开端,是1895年由傅兰雅(1839—1928,一位在上海江南造船厂工作的英国人)在《万国公报》第1期(1895年5月)上刊载的一则告白《求著时新小说启》。傅兰雅发起这一小说征文的目的是要教导大众,让他们知晓吸食鸦片、八股文和缠足的弊端。参见陈业东:《近代小说理论起点之我见》,《明清小说研究》1994年第1期,第66—74页。关于傅兰雅征文比赛的研究,参见 Patrick Nanan, "The New Novel Before the New Novel: John Fryer's Fiction Contest," in *Writing and Materiality in China*, ed. Judith Zeitlin and Lydia H. Liu, pp. 317-340.

为一种契合于时代需求的文学类型方面,《昕夕闲谈》成了典范,它标志着小说文化序阶的上升。故而,《昕夕闲谈》及其副文本是中国小说发展过程中一个重要的转折点。

《昕夕闲谈》是中国读者最早读到的现代小说之一。这部小说以普通人为主人公,记叙了发生在真实地方的同时代事件,①这也是近代第一部自称"译自外国小说"的作品。在这之前,《申报》于1872年5、6月间揭载了一些小说短章翻译,分别译自斯威夫特《格列佛游记》中的《小人国游记》(A Voyage to Lilliput)、欧文(Washington Irving)的短篇小说《瑞普·凡·温尔克》(Rip Van Winkle)、马里亚特(Frederick Marryat)《帕查故事选》(The Pacha of Many Tales)中的《希腊奴隶的故事》(The Story of the Greek Slave)。这些短章,没有一部在《申报》上说明是译自西方作品。② 利顿的小说是特殊的,因为其故事发生在现代异邦(英国),并且用高度现实主义的写作风格描绘了当时的英国社会。《昕夕闲谈》的连载告白(图13),是

图13 《昕夕闲谈》出版的告白(《申报》,1873年1月4日,头版。)

---

① Ian P. Watt, *The Rise of the Novel: Studies in Defoe, Richardson and Fielding* (Berkeley: University of California Press, 1957).

② 参见 Hanan, "The Translated Fiction in the Early *Shenbao*," pp. 110 - 123.

第一次由一份中文报纸来介绍一部小说。我们将仔细解读这则告白,将它作为分析整个申报馆小说出版事业之美学与出版要旨的一手材料。在此基础上,对于申报馆由出版翻译小说转向出版中国小说之后,是否继续保持此告白中阐述的美学与出版要旨,我们也将有最终的判断。

《昕夕闲谈》从1873至1875年在文学杂志《瀛寰琐纪》上择要连载,后又于1875年以大开本的形式成书出版。其背景设定在真实的地点,记叙同时代事件,并且以普通人作为主人公,根据瓦特(Ian P. Watt)的定义,这些使《昕夕闲谈》具有"现代"小说的基本要素。①

告白这样写道:

> 新译英国小说
> 今拟于《瀛寰琐纪》中译刊英国小说一种,其书名《昕夕闲谈》。每出琐纪约刊三四章,计一年则可毕矣。所冀者,各赠顾观看之。士君子务必逐月购阅,庶不失此书之纲领,而可得此书之意味耳。②

告白标题说明这部作品是一部"小说",其原作来自英国。"英国小说"将"外国"作为一种新的元素,加入到中国小说"奇"的概念里。标题同样想要引起读者的好奇心。告白亦指明了小说类别,即为翻译小说。这一告白为后来其他出版商的翻译小说告白提供了先例。告白同时宣布了一种标新立异的出版方式——连载,与其带来的一种阅读小说的新方式:按月分期阅读,读者每月需购买新一期的刊物。这十分关键,因为当时杂志订阅在中国还是一个不为人知的概念。③

告白接着说,希望这部小说之新奇能受到中国读者的欢迎:

> 据西人云伊之小说大足以怡悦性情,惩劝风俗。今阅之而可知其言之确否。然英国小说则为华人目所未见耳所未闻者也。本馆不惜翻译之劳力,任

---

① 参见 Watt, *The Rise of the Novel*, chapter 1.
② 《新译英国小说》,《申报》1873年1月4日。
③ 1830年代以来,在法国、英国和德国,因为有了订阅报纸与杂志的概念,小说连载成为一种赢得订阅者的重要手段。英国的情况,参见 Graham Law, *Serializing Fiction in the Victorian Press*(New York: Palgrave, 2000)。

剞劂之役,拾遗补缺,匡我不逮则本馆幸甚,如或以为不足观而竟至失望,则本馆之咎也。①

告白指出,出版此小说可以让中国读者就西人赋予小说的两种作用即"怡悦性情"和"惩劝风俗"形成自己的判断。根据告白,出版机构的角色是为读者提供新奇的、稀见的作品,这里指中国读者从未读过的一部中译西方小说。告白呼吁读者不仅要读,也要形成自己的,哪怕是负面的意见,从而引入了一种在出版机构和读者之间建立积极关系的观念,如果意见是负面的话,便是出版商缺乏判断之责。

告白同样提请读者注意小说这一文类在西方的地位:

> 惟此小说系西国慧业文人手笔,命意运笔各有深心,此番所译仅取其词语显明,片段清楚,以为雅俗共赏而已,以便阅之者不费心目而已。幸诸君子其垂鉴焉。谨启。②

告白介绍作者是一位拥有出色文学素养的英国人,虽不具其名——这也许对中国读者来说是没有意义的。在西方,有如此水准的人愿意将其最深切的个人思想倾注于小说这一在中国被视为小道的文类之上。这不仅提高了小说的地位,同时也使之能为中国受过教育的读者所接受。同时,告白强调翻译的原则是简而易懂,从而使不同教育层次的人都可赏阅。

告白旨在跟读者建立直接的互动,告诉读者这是一部怎样的小说,如何阅读它,为什么要阅读它,并且请读者以一种批判的精神来读。告白以读者为文化品位的最终裁定者,而不是站在一种自己作为绝对真理传播者的立场,并且以一种轻松的、自我嘲讽的语调说:尽管告白里坚称这部小说具有高品位,但读者仍然可能会觉得它平庸。我们知道,《申报》常常鼓励读者在报纸评论版上表达自己的意见,若有具备新闻价值的信息或诗文短章都可以向报纸投稿出版。这则告白与《申报》的这一策略相呼应。并且,告白言及读者拥有裁鉴的正当性,具有一种令人耳目一新的外国式的幽默感。

告白援引了"西方"对小说功能的讨论,即认为小说具有"怡悦性情""惩劝风

---

① 《新译英国小说》。
② 同前注。

俗"的双重功能。实际上晚明小说,哪怕是最粗俗的一类,其序言中都会有类似的表述。告白既应和了此类表述,同时也回应了欧洲与中国共有的一种焦虑——认为阅读小说是危险的。这种共同的文化焦虑在《昕夕闲谈》连载首期的小序中得到了具体的讨论。这篇小序是在告白之后对这部小说更进一步的文学批评。其作者是蠡勺居士(蒋子让?),他也是《昕夕闲谈》的翻译者与点评者。在小序中,他对于小说的重要性提出了一系列大胆的新见解,①通过介绍小说起源与发展的历史概貌,为更加理论化与概念化地看待小说这一文类定立了基调。

> 小说之起,由来久矣。《虞初》九百,杂说②之权舆,《唐代丛书》,琐记③之滥觞,降及元、明,率有平话。④

由此,小说是一种自西汉以来逐渐线性发展的一种文类,由短文发展到具有高度复杂性的叙事长篇。在各个阶段,小说的发展与同时代的精英书写文化相比,更为低微或与之持平。

> 无稽之语,演之以神奇;浅近之言,出之以精理。于是人竞乐闻,趋之若鹜焉。推原其意,本以取快人之耳目而已,本以存昔日之遗闻琐事,以附于稗官野史,使避世者亦可考见世事而已。⑤

小说的主要目标在于快人耳目,为人提供消闲娱乐。尽管这里并没有明确指出"人"是谁,但肯定不仅仅是文人精英。小说为受过教育的避世者提供"世事"信

---

① 颜廷亮:《晚清小说理论》,中华书局,1996,第10—17页。
② 《周说》现已遗失,是汉武帝在位时期(前141—前87)的作品。《周说》列于《汉书·艺文志》,其篇目不少于943篇。"杂说"即佚事的辑录,大部分是不见于官方历史记载的。
③ 《唐代丛书》(或名《唐人说荟》)收集了唐人传奇与笔记,编者为陈世熙(陈莲塘,1791前后)。"琐记"为短篇,常常是虚构的短篇轶事。
④ 蠡勺居士:《瀛寰琐纪》序,1872,第1—2页。此序的标点注释版收入黄霖、韩同文编:《中国历代小说论著选》,江西人民出版社,2000,第628—630页。平话,也写作评话,指的是历史事件的口头叙述,且由口述者加以点评。一些小说如《三国演义》《水浒传》据说都可以追溯到评话。有趣的是,这篇序言完全无视了小说发展过程中跨文化互动的重要作用,没有提到印度佛教关于佛陀前生的叙事(jātaka,本生经)对于中国小说叙事发展的重要性,也忽略了中亚表演艺术对于中国戏剧发展的重要性。于是,序言也就没有能够赋予小说以一种具有文化重要性的优势地位。
⑤ 蠡勺居士:《瀛寰琐纪》序,1。

息,其特性为悦人耳目,这也就难怪小说在不同层次的读者中大获成功。作者看到了小说的潜力,对于小说能够做什么、应该做什么阐发了自己的观点。他同意小说具有娱乐的潜质,但仍然认为,与其仅仅向模糊的"人"提供消遣,或是向避世者提供朝廷轶闻,小说对那些"碌碌此世者"来说更是理想的消闲读物。

> 予则谓小说者,当以怡神悦魄为主,使人之碌碌此世者,咸弃其焦思繁虑,而暂迁其心于恬适之境者也。①

这里,小说作为一种美学形式,具有给心灵带去情感冲击和愉悦的内在价值。小说与读者合法的闲暇时间关联起来,在闲暇时间之外,他们是碌碌此世者,这可能意指上海商人的生活方式。在更早的中国文论中已有通过强调小说的美学功能为之争取合法性的尝试,但不及这篇序言如此直接与中肯。② 旋即,序言再次肯定了小说通俗的"娱乐"价值,称这一虚构的文类能够以其价值观与态度激励一群新的读者,没有小说,这些价值观念与态度就只能通过枯燥的经典文本传达到精英文人那里:

> 又令人之闻义侠之风,则激其慷慨之气,闻忧愁之事,则动其凄婉之情;闻恶则深恶,闻善则深善,斯则又古人启发良心惩创逸志之微旨。且又为明于庶物,察于人伦之大助也。③

通过情感上的感染力,小说能够激发起英雄式的正义感、对不幸遭遇者的同情心,也能够激发人们对恶——比如淫逸——的憎恶、对善的赞赏,甚至可以增进知识、加深人们对人类关系的理解。因此,小说跟诗歌这一文学的最高形式一样,在早先的作者那里诗可为之的,小说亦可为之,甚至可以做得更多。这里且引邵璨(1475前后)《香囊记》中对诗的看法以做参考:

> 诗以道性情,善者可以感发人之善心,恶者可以惩创人之逸志。④

---

① 蠡勺居士:《瀛寰琐纪》序,1。
② 对小说这一作用的批评,参见黄霖、韩同文选注的《中国历代小说论著选》。
③ 蠡勺居士:《瀛寰琐纪》序,1。
④ 邵璨:《香囊记》,《续修四库全书》,上海古籍出版社,1995—1999,1773:506。

重塑中国小说：美查之申报馆(1872—1892)

这篇序言指出小说能够唤起英雄正义和同情心,且能拓展知识、使人敏于判断,由此将小说的地位抬到了诗之上。小说的潜能是通过其美学和情感效应实现的。前引《申报》为《昕夕闲谈》刊载的告白求诸"西方"权威,认为西方小说已经实现了这种特别的潜能;而这篇序言在论述小说潜能时却采用了更具普遍理论意义的修辞,由此强调了小说之分不在于是中国的还是西方的,而在于其性质,是纯属精神消耗,还是能够帮助读者提高。

序言称,尽管"圣经贤传诸子百家之书,国史古鉴之记载"中所包含的教义极有价值,但是仅能为有限的一小群博学之士所得,而不为资质平庸的"中材"所知。

> 而中材则闻之而辄思卧,或并不欲闻;无他,其文笔简当,无繁缛之观也;其词义严重,无谈谑之趣也。若夫小说,则妆点雕饰,遂成奇观,嬉笑怒骂,无非至文;使人注目视之,倾耳听之而不觉;甚津津甚有味,孳孳然而不厌也,则其感人也必易,而其入人也必深矣。谁谓小说为小道哉?![1]

这里,对"中材"出版读物的合法性得到了直言不讳的承认。同样,还有那些受过足够读写教育,但是无志于仕或非士-官身份的那群人,他们的价值观和态度的重要性也得到了承认。对于"中材"而言小说优于经典,这一观点似乎有其影响力,在19世纪晚期被政治改革家康有为(1858—1927)和梁启超采纳,他们都是"新小说"的鼓吹者。[2]

如果我们将序言中的观点解读为,一般意义上的小说或是自西方来的新小说仅仅是经典教义的补充,或仅仅为没有学术志趣的人群提供悦人耳目的消费,那么这种解读只能是一种误读。自太平天国运动以来,甚至包括太平军在内,已经有过许多努力,试图重新定义经典,使之在本质上能够符合并支撑一种西方式的现代性。[3]《昕夕闲谈》既满足序言中提出的小说标准,也契合重塑经典的议程。

---

[1] 蠡勺居士:《瀛寰琐纪》序,2。
[2] Yeh, *The Chinese Political Novel*, pp. 72-74。
[3] Rudolf Wagner, "The Zhouli as the Late Qing Path to the Future," in *Statecraft and Classical Learning: The Rituals of Zhou in East Asian History*, ed. Benjamin A. Elman and Martin Kern (Leiden: Brill, 2010), pp. 359-387。

类似经典的重构,《昕夕闲谈》以现代为旨归,再造了一种传统的文学形式。序言对这部小说的潜能给予极高的评价,由此对传统观念提出了直接的挑战:"谁谓小说为小道哉?"(谁说小说对于重要的议题没有影响、对正当的观念态度没有坚持?)

尽管小说有着重要且积极的潜能,特别是因为它能达致"中材",但是作者仍提及小说对情感的冲击力也可能将读者引入歧途:

> 虽然,执笔者于此,则不可视为笔墨烟云,可以惟吾所欲言也。邪正之辨不可混,善恶之鉴不可淆。①

序言列出了小说中潜藏着"四蔽",并举出了著名的中国小说为例子:

> 使徒作风花雪夜之词,记儿女缠绵之事,则未免近于导淫,其蔽一也。②

其他三蔽包括"使徒作豪侠失路之谈,纪山林行劫之事"(例如《水浒传》),"则未免近于诲盗";"使徒写奸邪倾轧之心,为机械变诈之事"(例如《金瓶梅》③),"则未免近于纵奸";"使徒记干戈满地之事,逞将帅用武之谋"(例如《三国演义》),"则未免近于好乱"。"去此四蔽,而小说乃可传矣。"④中国读者能够轻而易举地知道其中所指的小说类型。

序言将小说作为一种全球性的文类来对待。的确,自19世纪初,英文、法文、德文文章中都出现过类似的批评。这一点,似乎序言作者蠡勺居士也有所知。序言的结尾论及《昕夕闲谈》:

> 今西国名士,撰成此书,务使富者不得沽名,善者不必钓誉,真君子神彩如生,伪君子神情毕露,此则所谓铸鼎象物者也,此则所谓照渚然犀者也。⑤

---

① 蠡勺居士:《瀛寰琐纪》序,2。
② 同前注。
③ 笑笑生:《金瓶梅词话》,华语教学出版社,1993。
④ 蠡勺居士:《瀛寰琐纪》序,2。
⑤ 同前注。

最重要的是,我们注意到小说的社会地位和作者身份出现了转变。《昕夕闲谈》的作者并不是不愿署名的无名之士,也不是屡试不第者,而是一位"西国名士"。这里指出了两点:首先,西方人也从事小说写作;第二,小说作家是受人尊敬的文人,这里甚至是一位"西国名士"。在这样一位作者身上肯定结合了学识与通行价值观。同时,小说将引导读者领略当时最成功兼具最强大国家的风土人情。小说译文中的评点突出了一系列现代特征:从公共交通功能的邮路系统,到年轻女性出行的便捷与安全。对于序言作者来说,引导东西方社会的道德价值观毫无疑问是一样的。

> 因逐节翻译之,成为华字小说。书名《昕夕闲谈》,陆续附刊。其所以广中土者之见闻,所以记欧洲之风俗者,犹其浅焉者也?诸君子之阅是书者,尚勿等诸寻常之平话、无益之小说也可。①

简言之,小说作者有责任向读者传递正面的人生理念和价值观。另外,小说是让读者了解外国社会的最佳媒介,这里主要指英国。因此,小说成了"铸鼎燃犀"的现代对应物。鼎由上古时期的禹所铸,其目的是"使民知神奸";而燃烧犀牛的角,便可具有贯穿古今,穿透国家、社会和个人之暗流的能力,以寻找具有恒久价值的奇珍异宝。②

利顿小说以及中国小说的艺术性一直未引起太多关注,仅有一些论述论及其情感的感染力与内容的丰富性。但是《昕夕闲谈》译本最初几章后面所附的点评,对利顿的文学技巧和精炼笔法给予了高度赞赏。③ 例如,在对第一章的评论中,评论者以激赏之情强调了小说中的伏笔,在主人公出场之前便对他予以介绍。他将这一"烘云托月"的写作技巧与《芥子园画传》④联系起来,也就是说,西方小说所使用的技巧与中国文化中最精妙的方面相通。

---

① 蠡勺居士:《瀛寰琐纪》序,2。
② 这两个典故,铸鼎出自《左传》,燃犀出自《晋书》,在晚清时期成为讨论小说新功能的常用语。关于"铸鼎",见下文所引《儒林外史》告白;关于"燃犀",见摩西(黄人):《小说林》发刊词,1907年第1期,第1—3页。
③ 在当时的英国,利顿的写作技巧也受到了广泛的赞赏,却几乎不为当代的文学史家所欣赏。在他们眼中,利顿写出了这样俗套的开头:"这是一个漆黑的暴风雨夜。"如今,一年一度的"最糟糕小说开头奖"即以利顿命名。关于利顿小说奖(Bulwer-Lytton Contest),见http://www.bulwer-lytton.com/(2015年7月8日)。这个奖项的发起者,莱斯教授(Prof. Scott Rice)已经收集了几卷提交的最糟糕小说开头。
④ 王概:《芥子园画传》,中国书店,1999。

1875年,《昕夕闲谈》以单行本的形式出版,①《申报》再一次发布了告白。这则告白通过点出"豪士之风怀"和"美人之情意"而引介了两点新概念:人物角色作为社会和文学类型,叙事特征作为转喻(tropes)。结合《昕夕闲谈》原是英文小说这一背景来看,这种类型学具有特别的意义。

《昕夕闲谈》全帙出售

启者:本馆前所排印之《昕夕闲谈》一书,系从英国小说而译出者也。其间描摹豪士之风怀,缕述美人之情意,写山水亭台之状,记虫鱼草木之形,无不色色俱新,栩栩欲活;是以远近诸君,争愿得以先睹为快,并欲窥其全豹。兹已装订成册。计每部三本收回纸价工洋四角。准于月之初七日出书。如蒙赐阅,祈向本馆或卖《申报》人购取。若在外埠,则仍专关卖报者出售也。此布本馆告白。②

"豪士之风怀"和"美人之情意"明显重复了中国"才子佳人"的母题,但是这里强调的是社会类型,也就是说,是特殊的而不是普遍的。这部小说并非关于一般的类型,而是关于某一位男性的"风怀"、关于某一位女性的"情意"。正是这些主人公各自态度的交会推动了情节的发展。他们并不只是情节结构中的小人物。除此之外,小说中新颖的、高度具体化的叙述("无不色色俱新,栩栩欲活")是具有价值的正面特点。以上两点在《书目》中已经有所涉及,并且跟中国的"笔记"有相似之处。笔记中的叙事,尽管没有使用转喻和社会类型,但亦强调特殊性与具体性。

《昕夕闲谈》的告白及序言表明,在其外国经理的领导下,申报馆出版小说的选择方针较为复杂,不仅是出于利润方面的考虑。③ 申报馆对小说美学的评估,重在其是否强调现代生活,是否强调具体与现实主义的叙事,是否强调生动鲜活的场景和角色处理。申报馆并没有试图在传统和现代之间,在外国小说与中国小说之间划出一条明确的分界线,其美学标准清楚地反映了一种现代感,这种现代感与新媒

---

① 《昕夕闲谈》,申报馆,1875。
② 《昕夕闲谈全帙出售》,《申报》1875年9月3日。
③ 也许应该注意到,"利益驱动"的论断也有其用处。中国内地的主导叙事中,晚清外商所有的媒介是由利益驱动的,但是这一主导叙事下仍然允许研究这些媒介无意当中带来的其他效应。马克思(Marx)的一句论述提供了一种论证模式,这句叙述常常在上海研究中被引用,即必须承认,尽管英国殖民主义是邪恶的,但它对印度生产力的发展做出了重要贡献。

介(比如报纸)的发展有关。在为中国小说而发布的告白中所使用的话语一样遵循了这样的标准。也就是说,申报馆在转而出版中国的珍稀旧小说与未刊新小说时,并没有改变其标准。相反地,申报馆开始挖掘那些对现代新环境具有敏感性的本土资源,并通过出版将之纳入这一现代新环境中。

六 申报馆小说出版的美学标准

上文概述了申报馆书籍出版的概念性框架,并梳理了有助于重新定义小说之文学和社会地位的一些物质、文化、社会和市场特征。现在,我们将讨论本研究的核心议题:主导小说出版选择的美学思想以及其中可能蕴含的跨文化维度。对此,我们主要依据的资料是《申报》所刊载的新书出版告白。① 在对这些告白进行细致的研究之后,我确认,将它们仅仅解读为销售工具,不仅脱离了历史,也忽略了这些告白作为有限的既有材料之一,体现出以中文对现代小说所进行的早期美学反思。

标题为"告白"或"本馆告白"的文本,一般由美查署名。此类文字一贯刊于《申报》首版首位,先于论说。(图 14a、图 14b)它形成了报纸与读者之间日常交流的基础。一般告白的内容包括对前一天报纸派送延迟的致歉,向读者征求适于出版的书籍,也会提到美查在搜寻某本书的精良版本,或是宣布将即出版的书籍并附上简短的介绍,或是对其文学风格的评论,再附上书名、价格和出版的具体日期。可以说告白是一种创新,因为它的出版尽可能地利用了申报馆兼有书籍、杂志、图片复制与报纸出版的优势。告白主要是一种告知的工具,它是申报馆和读者保持联系,使之不断获知最新信息的手段。这些读者是受过一定教育的男性和女性构成的外部社群,理想情况下,他们应将申报馆视作"他们"的出版机构,并且愿意投稿。② 无论在伦敦、莱比

---

① 直到最近,这些告白仍然仅仅作为广告而被解读,认为其语言和强调的内容反映了营销的努力,但远远不能作为讨论美学议程的真正材料。只有潘建国对一些告白进行了质性分析(参见《由申报所刊三小说征文启事:看晚清小说观念的演进》,《明清小说研究》2002 年第 1 期,第 43—51 页)。其他情况下如果对告白有所论及,也只是将之放在小说广告发展的语境中。参见刘颖慧:《插图与晚清小说的传播——以晚清〈申报〉小说广告为例》,《文史综合》2006 年第 11 期,第 120—122 页;刘颖慧:《晚清小说广告研究》,华东师范大学博士学位论文,2011。

② 文娟的论文《试论早期申报馆的小说出版事业及其影响》(《中文自学指导》2007 年第 3 期,第 34 页)中已经强调了这一点。关于跟"申报馆外部社群"的互动,详见本研究下文《作为集体努力的小说出版:动员申报馆外部社群》这一节。

锡、巴黎和爱丁堡,都没有一家出版商能够聚合如此众多的营销途径。①

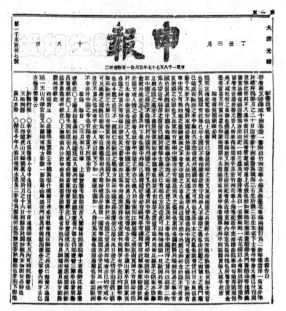

图14a 《新书出售 本馆告白》,《申报》1877年5月1日

如果将这些告白放在晚清书籍出版和小说地位低微的语境中来看,特别是我们知道朝廷禁令中对小说的负面处理进一步强调了其低微地位,那么这些告白本身就是非常了不起的。小说告白聚焦于小说的写作风格和叙事美学而非内容;告白对小说的介绍点到即止,吸引更多的读者。从告白中我们可以提炼出申报馆所

---

① 广告是《申报》重要的收入来源,《申报》很早就开始为竞争对手刊印广告(但严格拒登鸦片广告)。19世纪英国出版业的书籍广告和告白是事实性的、直接的,这同包括医药广告在内的其他广告非常不同。尽管有专门刊登文学与艺术名录的期刊,这些期刊对书籍的内容有更细致一些的描述,但并不具有代表性。19世纪针对不列颠岛刚起步的广告业,不少评论指出存在许多不负责任的广告,但主要是医药广告。参见"Cesar Birotteau"(指在版面上方刊登的文章,属于"广告系统"),*The Edinburgh Review*; *Critical Journal* 77, No. 155 (February 1843), pp. 2 – 43; "Scottish Newspaper Directory and Guide to Advertisers," *The Quarterly Review* (1855), p. 185. 如果这些文章提到书籍广告的话,也是指书籍作者匿名发表的对自己作品的评论。同时,英国发展出了良好的书籍评论文化,有其强大的、严格的智性标准。自18世纪,图书评论开始刊发在书评杂志上,比如《爱丁堡评论》(*Edinburgh Review*)。由此,至少从19世纪通行的做法来看,新书广告和书评是两个单独分开的类别。关于英国广告业的通史,参见 E. A. Turner, *The Shocking History of Advertising* (Harmondsworth: Penguin, 1965), p. 27. 关于女性出版物上的广告,参见 Margaret Beetham, *A Magazine of Her Own? Domesticity and Desire in the Woman's Magazine*, 1800 – 1914 (London: Routledge, 1996), pp. 142 – 154。

图 14b 《书目发售　尊闻阁主人手布》(这是由美查亲自发布的告白,《申报》1877年7月10日。)

标举的文学价值,亦是其评鉴现代文学的标准;反过来,这些文学价值又形成了提升小说文化与社会地位的基础。

《申报》对新出版小说所作的告白,是对这些作品最初的公共讨论。跟申报馆书目中的介绍不同,告白聚焦于文学价值而不是内容。从这些《申报》告白中、从请求读者推荐小说或帮忙寻找书籍善本所使用的语言中,可以得出申报馆对何种小说值得出版这一问题的看法。

申报馆告白与广告是分开的,广告位于报尾,而告白占报纸首页的重要位置。告白也不遵循例广告的那一套修辞模式,而这套修辞模式常常在医药广告,甚至偶尔在《申报》广告页为其他出版商刊出的书籍广告中见到。(图5、图14a、图14b)①

---

① 晚明和清初的书籍广告往往位于同一家出版商出版的其他书籍的最末几页,广告宣称这是"京本",是"精心校正"过的,或是基于某位名士的"手阅本"。这些广告更像《申报》末版的广告而不是头版的告白。这些刊印书籍广告的书页,往往被称为"牌记"。参见缪咏禾:《明代出版史稿》,江苏人民出版社,2000,第293页;傅湘龙:《晚明、晚清商业运作与小说刊印形态之变迁——以晚明建阳书坊和晚清上海书局为中心》,《中国文学研究》2009年第4期,第89页。除此之外,这些广告与告白不同,告白是报纸与读者进行日常交流的一种形式,报纸的可信度能够增强告白的可信度。甚至《申报》末版的广告也不能跟告白相提并论,众所周知这些广告是付费的。

小说告白既可看作申报馆书籍的一种广告形式,亦可以是传达书籍之文学和娱乐价值取向的方式,两者之间没有本质的矛盾。即便从申报馆的视角出发假定告白是一种营销策略,但是如果考虑到当时小说低微的社会地位以及清廷压制出版的严厉禁令,这些告白本身便呈现出更广泛的文化与社会意义,更不用说其占据了报纸的黄金位置。此举不仅标举了小说的地位,亦使小说成为报纸交流的有机组成部分。要知道,《申报》正寄望在读者间树立一种中正可靠的观感。

很明显,告白是用来推广推销小说的。但告白又很特殊,因为它以文学讨论的形式呈现,且常常对小说进行评判或将之与其他作品比较。本研究将把告白作为关于小说的最早公共记录,同时亦是一系列交错的文学副文本的组成部分。《书目》和《书目续集》中的书籍介绍是第二种副文本形式,而小说的序言、凡例(editorial principles)、点评则构成了第三层副文本。①

前文已经提到,蔡尔康强调了美查在选书(包括小说)方面所扮演的重要角色。时人对美查重新发现并出版中国书籍的热情常常表示赞许,并且对他乐于出版新作品示以感激。例如,晚清著名作家和报人王韬(1828—1897)写道:

岁乙亥,尊闻阁主人有搜辑志异书之志。②

《申报》的书籍告白似乎表明,美查是基于他对书籍稿本的熟读,继而做出决定的。③

我们已经知道,申报馆在早期就已经转变了小说出版策略,以中国小说的出版为核心并且再也没有将焦点重新放在翻译小说上。若干年后,相似的情形再度发生。最初,美查以为中国没有新闻画的传统,于是选择重印西方新闻画(加上中文标题),他认为这些新闻画在中国可能会引起兴趣。直到 1884 年中法战争早期,他

---

① 告白的作者很难确定,因为常常只说是"本馆告白"。然而从一开始,很多告白包括小说告白,是由美查以其笔名"申报馆主人"署名的。比如以下小说告白:《绘芳录》,1880 年 2 月 15 日;《笔生花》,1882 年 2 月 29 日;《水浒传》,1883 年 9 月 11 日;《正续水浒传》,1883 年 9 月 12 日;《风月梦》,1883 年 12 月 25 日;《三宝太监西洋记》,1883 年 12 月 11 日;《红楼复梦》,1884 年 5 月 14 日。
② 王韬:《遁窟谰言序》,载丁锡根编《中国历代小说序跋集》第 2 册,人民文学出版社,1996,第 623 页。
③ 比如这一则署名"申报馆主人"的告白《新印风月梦出售》,《申报》1883 年 12 月 25 日。尽管有证据表明美查的亲身参与,但是要真正确证,还需研究他如何干涉申报馆书籍的选择、生产、发行和流通。因此在本研究中,我们认为总体上申报馆的小说出版事业是由美查领导的,只有在使用包含美查本人落款即"尊闻阁主人"或"申报馆主人"的材料时,才以之讨论他在小说推广方面所扮演的角色。

在街上发现了关于战事的图画卖得很好，便改变了策略。美查雇用画师绘制这类图画，开创了《点石斋画报》，并且不再使用西方图画。[1] 申报馆转向出版中国小说的策略是否伴随了小说选择标准上的改变？抑或标准不变，只是原以为只有西方小说才符合此标准，后又发现了合适的中国小说？

从一开始，申报馆就似乎对于要出版的小说类型有一条一以贯之的基准线：无论是翻译小说还是中国小说，都不能违背基本的社会道德观，并必具备引发惊奇的娱乐性。这两点，申报馆沿袭了自晚明、清初评论家关于小说的评估标准。申报馆既不打算出版披着文学外衣的无聊的训诫式读物，也绝不计划出版淫秽露骨的小说。无独有偶，当时英语世界对小说的讨论也是由同样的标准所主导的。[2]

然而，申报馆不仅关注道德品味和娱悦读者的趣味性，也遵循了相当明晰的一套美学标准。1874 年 11 月 13 日《申报》登载了一则告白征集小说稿本。在这则最早期的告白当中，这套美学标准就已经完全成形了。

> 本馆现在搜求新奇艳异幽僻瑰玮之书，拟各陆续摆印汇作丛书。惟见闻有限藏弆不多。如有藏书之家珍度秘本者，幸勿宝之帐中，概允公之海内函达本馆，即当代为印行，其原本自必珍惜保护，不使伤损。竣工后封识缴还，并可奉赠新书，以为分贻亲友之用也。专望检之邮架，命彼邮筒。实为切盼　本馆告白。[3]

这则告白的刊出是有策略意义的，同一天紧跟着还有另一则告白。领首的告白征寻从无印刷版本的手稿，主要是小说。第二则告白征寻的则是已经出版过但是业已遗失的书籍，并列出了申报馆正在寻找的书籍名录，称要花重金买下。这一创举一反当时作家向出版商付费出书的惯常做法。仅仅 11 天后便有了回音，申报馆收到三部书作的稿本。1875 年 1 月 22 日，美查做出了答复，决定出版慕陶居士所提供的《续聊斋志异》。[4] 显然，申报馆成功地动员了读者共襄盛举，倡导让散佚

---

[1] 参见 Wagner, "Joining the Global Imaginaire," pp. 114, 132 - 134.
[2] 案例参见 "Early Criticism of the Victorian Novel from James Oliphant to David Cecil," chapter 1 in *The Victorian Novel: A Guide to Criticism*, ed. Francis O'Gorman (Chichester: John Wiley & Sons, 2008).
[3] 《告白》，《申报》1874 年 11 月 13 日。
[4] 尊闻阁主人：《答西泠梯霞馆主书》，《申报》1875 年 1 月 22 日。

的书作重见天日,并且一再褒扬这些收藏家将藏书与他人共享的好意。①

首则告白用以形容小说的词语"新奇""艳异""幽僻""瑰玮"中,"新奇"最是与小说相关。②再加上"活"这个概念,这就组成了《申报》新出版小说告白中最常用的语汇。我们已经知道,《书目》在"说部类"之前加上了"新",来表征申报馆小说的特点:这些作品应该是"新奇""艳异""幽僻""瑰玮"的。

1875年为《昕夕闲谈》单行本所刊出的告白中,称这部小说做到了"色色俱新,栩栩欲活"③。1877年《女才子》④的告白进一步发展了这两个概念,将读者也包纳进来。告白写道:

> 《女才子》一书为鸳湖烟水散人所著。共十二卷。每卷述一人之事。计冯小青、杨碧秋、张小莲、崔淑、张畹香、陈霞如、卢云乡、郝湘娥、王琰、谢彩、郑玉姬、宋琬,计十有二人。⑤皆叙其性情,述其容貌,记其事实。生香活色,涌现豪端。且诸人生平之撰著,择其尤者,悉载于篇。阅之者,如入众香国,如游群玉山。虽掩卷而余芬未散也。特向无刊版,故不传于世。本馆特从友人⑥处觅得,仿聚珍版排印之。十日之间便已竣事。且校对详细,装订整齐,尤可悦目。⑦

生动的描写将使读者沉浸其中,仿佛能够亲身体验这些才女迷人的世界;否则,这个世界便只能限于内闱。小说"生香活色"的能力指的是一种使阅读富于愉悦的文学性。申报馆决心为读者提供文雅的娱乐,不遗余力地搜寻这类文学珍品

---

① 文娟注意到了告白在动员读者方面的重要作用,见《试论早期申报馆的小说出版事业及影响》,第34页。
② 从明代袁宏道(1568—1610)、李贽(1527—1602)、金圣叹(1608—1661)开始,"奇"这一概念就代表了小说创作的最高成就。传统小说常常在序言中称要告诫读者有所不为,但小说作为道德教化的手段这一理念第一次得到评论家清楚的表述是在明代。参见陈洪:《中国小说理论史》,安徽文艺出版社,1992,第55—56页;黄霖、韩同文选注《中国历代小说论著选》。
③ 《申报》1875年9月3日。
④ 鸳湖烟水散人(徐震):《女才子(书)》,申报馆,1877。
⑤ 有很多作品归于这位作者名下。《女才子》由12位明代杰出才女的传记构成。此书清代的版本题名为《闺秀英才传》。
⑥ "友人"在《申报》告白中指的是与申报馆有松散联系又不受雇于申报馆的那些人。例如,可以请"友人"在外埠举荐人选作为《申报》的访事人。
⑦ 《发售女才子告白》,《申报》1877年10月22日。

并且有格调地将其出版。

在1880年《后西游记》的告白中,诙谐生动同样受到了赞许。这则告白含蓄地指出《西游记》本属寓言,这就使得导读变得必要,而《后西游记》便是解开原著诸多玄妙的关键,诙谐且具有娱乐性:

> 《西游记》一书,本属寓言。说者谓其养性明心,颇有解悟。然而真经虽获,索解无从寻妙义于先天,究莫识真诠于后起。此后《西游记》一书,所由作也。记中所载类近嬉笑怒骂,以诙谐之笔为棒喝之经。亦未始非唤醒痴愚之一法也。是书坊本,漫漶兼多讹误。本馆傲(仿)用活字板,重为排印,校对详慎,装订精工,定于本月初十出书。①

这则告白为寓言的定义、寓言小说的目标、文学评点对寓言小说的功能——也就是解码蕴含在寓言中的"妙义""真诠"——提供了关键性术语。告白话锋一转,指出现在这小说摒除了深奥的评论,用灵动的语言、嬉笑怒骂的形象描述,更明晰地凸显了小说的"妙义",使之更为接近《西游记》的文风基调。

告白对小说的褒扬甚至到了极端的地步,一则告白写道:"是书设想之奇,措辞之妙,几不可以思议。"②1875年《快心编》出版。"快心"作为书名本身已是一种广告,告白更是赞扬这部小说"新奇可喜"。《快心编》尚存于世的传闻,促使申报馆为寻找此书付出了极大的努力与花费。

> 本馆近从东洋购得《快心编》,全帙计共十六册。原自中国流传而去,但其版早经毁失,即东洋亦无翻刻,故特携回,用活字版排印缩成十本。按此书分上、中、下三集,共三十二回。所述之事,俱新奇可喜,几令人拍案叫绝,而又无淫乱等词,是以无论何人均可批阅。③

---

① 《后西游记出售》,《申报》1880年12月14日。附有天花才子评论的现代版本,见《后西游记》,春风文艺出版社,1985。
② 一个例子是《影谈出售》,《申报》1876年12月28日。
③ 《新印快心编出售》,《申报》1875年12月11日。天花才子:《快心编初集》,申报馆,1875。我手里的版本,根据其书名页,是据申报馆版本重印的,缺出版日期。

事实上,《快心编》是一个骇人听闻的冒险故事,乍看之下,小说充满了杀人、复仇、盟誓结拜、偶遇、诱拐和爱情的情节。原书有匿名序言,称这部小说"足以破忿闷而抒不平"①。根据印于小说正文前的凡例,这部作品擅长对"世情"进行"逼真"描写,不落多愁善感的"才子佳人"母题之俗套。其"点染世态人情,如澄水鉴形,丝毫无遁。不平者见之色怒,自愧者见之汗颜"②。《快心编》是申报馆在日本寻获后送回中国的,这又增添了小说的新奇元素。

显然,这些频繁用于小说告白的概念,是不会用于如《经籍纂诂》这样的作品的。《经籍纂诂》是阮元(1764—1849)主编的极其枯燥的参考书,收集了前人各家的文字训释,对考据作用极大(申报馆同样出版了这部书)。③ 在太平天国大量销毁"妖"书之后,像《经籍纂诂》这样的参考书对于学者、科举考生和意欲复兴学问的士官来说,其吸引力是不言而喻的。④ 申报馆一方面致力于出版学问高深的书籍,另一方面对寻得并出版的小说又大肆强调其娱乐性,这表明申报馆对小说的态度与世人(特别是晚清时期)的不同,并没有自以为是的不屑。申报馆的考虑是,如果小说能有适宜的地位与文化包装,即便是《经籍纂诂》的购阅者也会购买小说。

上述小说选择标准体现出对瞬息万变的新式都市生活方式及新兴价值观的积极赞赏与欢迎,同时,还有对早先小说中所描述的那些正统、稳定而俗滥态度与生活方式的拒绝。从文学的角度来说,18世纪以来主宰小说面貌的是冗长俗套的才子佳人浪漫故事,对"奇"的强调本身就是对此的拒斥。⑤

申报馆小说出版的第二个美学标准是纪实,前文我们称之为"现实主义",指的是对现实事件与环境的描写,或是一种现实主义的描写方式,即便所描述的人或事是虚构的。⑥ 对纪实的强调主导了申报馆的诸多出版事业,这里包括名妓传记,游

---

① 天花才子:《快心编初集》原序,朱眉叔编,四桥居士评,申报馆,1875。
② 天花才子:《快心编初集》凡例。
③ 阮元:《经籍纂诂》,申报馆,1884。申报馆花了两年时间才找到这本书。(原文作 *Jingji zuangu* 经籍纂故,疑误。——译注)
④ 申报馆为帮助科举考生备考而出版的时文集《文苑菁华》(1873)和《经艺新畬》(1875)收到了大量的投稿,这表明即便是在这一文化敏感的领域,以及在准备投身仕途的文人当中,报馆也享有很高的接受度。
⑤ 邱江宁指出,才子佳人这一体裁在18世纪和19世纪早期的小说出版中非常流行,但在晚清时期衰落了。见邱江宁:《清初才子佳人小说叙述模式研究》,上海三联书店,2005,第6页。
⑥ 对现实主义与现代中国文学的详细讨论,参见 Marston Anderson, *The Limits of Realism: Chinese Fiction in the Revolutionary Period* (Berkeley: University of California Press, 1990)。

记,《点石斋画报》中再现的各类骚乱、火灾、怪兽、怪物诞生的新闻画,石印图画,以及申报馆对皇朝巨著《古今图书集成》的重印,其中包括许多科技方面的插图。

"纪实"聚焦于一切事实性的或亲身经验考察的东西。① 在申报馆的语境中,纪实包括了战争事件、社会与政治生活、行旅与消闲。它强调文学文本应基于个人经验,这跟新闻报道一样。在这个层面上说,记录真实与描绘细节的兴趣源于对"奇"事、"奇"物的处理。例如,《萤窗异草》的告白这样写道:

此书事实之奇幻,文笔之娟秀,与《聊斋》相仿佛,说部中之佳构也。②

事实可以如此之"奇"以至于似"幻"。进一步说,奇幻的"真实"才富于趣味。
又如1874年《儒林外史》的告白中,对"真实"与对"现实主义"的强调非常明显:

其书中描摹世态人情,无不穷形尽相,活现毫端。如乡绅之习气,衙署之情形,名士之陋,书生之呆,公子阔官司之脾气,娼妓帮闲之口吻,游方把势之身假,真属铸鼎③象物,殊可喷饭解颐。尤妙在雅俗皆宜,有目共赏。④

告白称赞这部小说"描摹世态人情,无不穷形尽相,活现毫端"。这种对"现实主义描写"的强调,在之前的中国文学批评里是没有的。告白将具有某种共同行为模式的小说人物概念化为某种社会人物类型。这就远离了中国小说理论的主导观点,其创导者如金圣叹(1608—1661)和张竹坡(1670—1698)认为,对单个人物的描写最能体现小说的艺术成就⑤。《昕夕闲谈》之后的其他小说告白中,也会提及这样的社会类型。可见,这一概念已经成为文学批评的一种工具,同时也成为引起读者

---

① 在使用诸如"新""奇""活""纪实"等词时,我们将遵循《书目》、副文本和告白中的历史用法,而不是根据现代文学研究中的用法。
② 《新书出售》,《申报》1876年8月17日。
③ 关于"铸鼎"的典故,见前注。
④ 《本馆新印儒林外史》,《申报》1874年11月10日。
⑤ 见黄霖、韩同文选注的《中国历代小说论著选》; Milena Doleželová-Velingerova, "Seventeenth-Century Chinese Theory of Narrative: A Reconstruction of its System and Concepts," in *Poetics East and West*, ed. Milena Doleželová-Velingerova (Toronto: Toronto Semiotic Circle, Victoria College in the University of Toronto, 1989), pp. 137 – 157。

兴趣的一种方法,使其以辨识出小说中的社会类型为乐。① 对社会类型的描写是否准确,被视作检验小说质量的一个标准。(这种审美将在之后的晚清谴责小说中再次出现,这类小说热衷描写可辨识的社会类型。)

刊载于 1875 年《申报》的《儒林外史》再版告白中,再次强调了"真实"与历史可考性:

> 《儒林外史》一书,虽系小说,而诙谐之妙,叙述之实,足别开蹊径,宜为海内仕商所赏鉴。本馆前用活字版排印千部,曾不浃旬而便即销罄。在后购阅者俱以来迟,弗获为憾。是以近又详加雠校重印一千五百部,②并附以上元金君跋语,俾共知作者之姓名,而并知书中所述之人,亦皆历历可考,非同凭空臆造也。③

为了强调小说人物的真实性,这一版首次加入了人物索引,以小说角色对应真实人物。此举同是模仿欧洲小说的做法。④ 事实上,这样做并没有冲淡小说的奇幻元素。有了对"现实"与"奇幻"的双重强调,小说摒除了上文所说的"四蔽",使之无愧于跟高深的学术近作、文人笔记、时事纪实一起收入同一套书系中。

与告白相呼应,1876 年张文虎(1808—1885)为《儒林外史》所作的序言中再次突出了现实与纪实。张是一位有声望的博学之士,他为《儒林外史》做了校刊并撰写了评点,使这一版本成为《儒林外史》的权威文本。⑤ 张以天目山樵的笔名写下了识语:

> 外史用笔是不离水浒传、金瓶梅范围,魅力则不及远甚。然描写世事实情

---

① 这跟欧洲的文学风尚不谋而合。自 1830 年代开始,法国"生理学"(physiologies)中便充满了对各种社会类型的社会学描述。之后,这种描述方式则见于几乎所有文学巨匠(巴尔扎克、雨果、大仲马等)的作品中。在英国,此风亦盛,从狄更斯(Charles Dickens)作品所塑造的诸多著名角色便可见一斑,亦可见于《冲击》(*Punch*)或《伦敦喧器》(*London Charivari*)杂志所刊登的漫画。更多的背景信息参见 Rudolf Wagner, *Inside a Service Trade*:*Studies in Contemporary Chinese Prose* (Cambridge:Harvard University Asia Center,1992), pp. 363-367。
② 这个数字在随后《儒林外史》再版的广告中有所缩减。
③ 《儒林外史出售》,《申报》1875 年 5 月 20 日。对这部小说不同版本的研究,见李汉秋:《儒林外史研究资料》,上海古籍出版社,1984,第 99-159 页。
④ 例如,《科宁斯比人物表》(*Key to the Characters in Coningsby*)。
⑤ 关于张文虎对《儒林外史》现代版本形成所起到的重要作用,见周君文:《晚清〈儒林外史〉的文人评点群体》,《上海师范大学学报》(哲学社会科学版)2003 年第 3 期,第 43-44 页。

实理,不必确指其人而遗貌取神皆酬接中所频见。可以镜人,可以自镜。①

对当代与现实的强调,同样出现在1878年《独悟庵丛抄》的告白里,《丛抄》收入了初版《浮生六记》,这是作者沈复(沈三白)生动且影响深远的"纪实性"(realistic)回忆录。告白指出,沈作的艺术性来自对场景的鲜活叙述,"如在目前",使人"如身亲其境";亦来自其情感效应,使"读者销魂闻之酸鼻"。②

1883年由美查署名的《风月梦》③初版告白中,"现实"与亲身体验完全成为小说作品质量界定的标准。由于《风月梦》是申报馆出版的小说新作,这则告白是对《风月梦》的首则告白,且反映出申报馆的出版策略,遂全文引录于此:

邗上蒙人著有《风月梦》,庋藏行箧未肯轻以示人,盖皆其身所经历,目所亲睹者。现知本馆有活字版可以代人排印,因谆托刊刷问世。旅窓(窗)无事,偶一翻阅,诚足唤醒痴迷,不仅为红粉青衫写照也。④

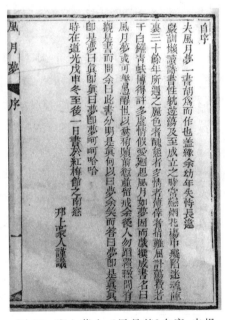

图15 邗上蒙人,《风月梦》自序,申报馆,1884

《风月梦》的主人公是扬州名妓及其恩客。跟过去将名妓理想化的传统不同,这部小说设定在作者的同时代,事实性地暴露了妓业许多灰暗的商业操作,描述了名妓与恩客是如何彼此玩弄的。《风月梦》被送到申报馆时是手稿,申报馆是这部小说的第一家出版商,因此可以相对自由地用自己的语言予以定论。告白强调其人物的真实性与描写的纪实性。值得

---

① 吴敬梓:《儒林外史》,第1页。
② 《独悟庵丛抄出售》,《申报》1878年6月3日。
③ 邗上蒙人:《风月梦》。韩南研究过这部小说,并且将之译成了英文。
④ 申报馆主人:《新印风月梦出售》。

注意的是,到这里,本文所引用的《申报》告白从未使用任何抽象的理论术语,而是假定中国读者会喜爱真实生动的叙事。

告白暗示,这里所强调的真实性和现实主义不同于早先的一些小说,后者亦自称基于现实生活,比如为人们所熟悉的《红楼梦》。在《红楼梦》开卷的"作者自云"中,称小说是基于作者的亲身经历。① 然而,《红楼梦》的故事情节有明显的佛教框架,小说以一块石头的自传展开,起作用的并非现实主义议程。"作者自云"指出了这部小说的自传性而不是文学真实性(literary authenticity)。申报馆告白中讨论的现实主义,是借鉴了当时欧洲的文学风尚,特别是对都市环境和社会类型所进行的批判性、讽刺性的描写。这一美学上的创新与报业的兴起、新闻的读写相关联。《风月梦》的作者一直将手稿秘不示人的一个原因可能就是,这部小说挑战了当时被理想化的"才子佳人"经典文学母题,这是不同寻常的。在《风月梦》中,没有一个角色的描写是理想化的。强调一种基于个人经验的揭露,这对小说评论来说是全新的。

美查可以毫不费力地将奇幻怪诞与现实主义并置于申报馆小说出版所体现的美学标准中,这一点从《申报》最早出版的文学翻译中即可见一斑。实际上,在18世纪的英文小说如《格列佛游记》、《修道士》(*The Monk*)中,或是在明代小说如《西游记》《肉蒲团》中,②亦可看到这样的并置。

1872年《申报》刊出文学翻译《谈瀛小录》(译自斯威夫特小说《格列佛游记》中《小人国游记》一章)③和《一睡七十年》(译自欧文小说《瑞普·凡·温克尔》)④,这第一次表明,美查已意识到许多中国读者会接受奇幻叙事。申报馆有意将奇幻的概念纳入文学欣赏的范畴,强烈支持以奇幻风格写作的新旧小说。⑤

晚明清初以来,小说越来越受到文学批评的关注,甚至很多人愿意用本名撰写评论。这标志着小说地位开始提高,反映出新兴的都市阅读群体和商业出版的形成。彼时,大多数批评所关注的那些小说多以现实主义的叙述方式描写人类情感

---

① 曹雪芹:《红楼梦》第一回。
② Matthew G. Lewis, *The Monk* (Waterford: Saunders, 1796);李渔著,情隐先生编:《肉蒲团》,台湾大英百科股份有限公司,1994;英文版:Translated by Patrick Hanan, *The Carnal Prayer Mat* (New York: Ballantine Books, 1990)。
③ 《谈瀛小录》,《申报》连载于1872年5月21日、24日。
④ 《一睡七十年》,《申报》1872年5月28日。
⑤ 《点石斋画报》同样提供了丰富的奇幻怪诞的内容。参见 Nanny Kim, "New Wine in Old Bottles? Making and Reading an Illustrated Magazine in Late Nineteenth-Century Shanghai," in Wagner, *Joining the Global Public*, pp. 175 - 200。

与社会关系,例如《水浒传》《金瓶梅》和稍晚的《红楼梦》。而申报馆告白则乐于将"异想开天"与"陆离光怪"的作品纳入现代现实主义小说图景之中,且认为这些作品独到地丰富了这一图景。举例来说,董说《西游补》和张南庄《何典》的告白就表达了这样的意见。

《西游补》的告白写道:

> 本馆近排印《西游补》一书。其书异想天开,无字无句不极陆离光怪之致;较之前书,托迹虚无,尤为想入非非。而处处仍跟定前书线索,每读一过,令人拍案叫绝。诚小说之奇观也。①

《何典》的告白则这样写道:

> 出于何典,是人口头语也。而今竟有其书曰《何典》。系上海张南庄先生所著。向无刊本。先生于乾嘉时,为上邑十布衣中之一。② 是书凡十回,装成两册。说鬼话而颇有鬼极,其辞句则吴下谚语居多。阅之实堪喷饭。③

《何典》与告白中对它的描述很是吻合,这部小说长于怪诞讽刺,并使用了浓重的俚言。但是在不用秽语的承诺之上却打了折扣,例如对主人公之一"畔房小姐"(Miss Refuse-to-Enter-the-Bedroom)的描写。

告白褒扬奇幻怪诞的叙事,从而避免了以往在道德上为小说读写辩护的陈词滥调(即使这样的话语很容易辨认,比如在《西游补》中)。这里,小说只因其自身艺术审美便可以成为了不起的作品。

从这些告白中同样可以清楚地看到,申报馆纯粹地想要将文学奇幻标举为一种判定小说是否优秀的潜在标准。对奇幻的欣赏,实际上逾越了文人对小说过度的智性化(over-intellectualization),而更接近大众都市品味。④ 但对奇幻的欣赏绝非强加于人的单一视角。申报馆邀请学者校编小说、写作序言,并且请他们自由地

---

① 《新印西游补出售》,《申报》1876年1月3日。
② 乾嘉指1736—1821年,上邑在陕西省,关于"十布衣"没有更多的信息。
③ 《新印何典出售》,《申报》1878年12月14日。
④ 天目山樵(张文虎):《儒林外史》序;吴敬梓:《儒林外史》,申报馆,1881。

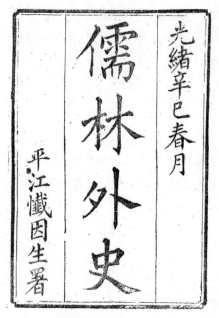

图16 吴敬梓：《儒林外史》，申报馆，1874

以自己的视角方法来表达己见。一个例子便是应邀编订《儒林外史》的张文虎。他的序言虽强调了虚幻的重要性以及哲学意义，却并不以奇幻作为鉴赏小说的考量。①

这里，我们可以暂做小结：申报馆告白和《书目》介绍是在一个转折时期问世的。这一时期，传承下来的经典开始出现裂变，它原本涵盖了广为接受的高品位文类，此时则开始引入新的文学形式，并对国际性的文学风潮和文学类型敞开。最初，美查致力于出版中译西方小说，后来似乎发现有很多中国作品兼具"纪实"与"新奇"，从而符合他的艺术、伦理议程及现代品位。这些作品中，有一些关注同时代甚至关注普通人。简言之，美查发现了具有文学现代性的中国本土资源。

七　女性作为潜在的读者

申报馆称其印刷产品秉持道德标准，这在很大程度上体现在以女性为目标读者群的小说中；而遵循高度的道德规范正成为"文明"出版物的一种国际标准。根据《申报》告白，有些小说是特别为女性读者出版的，例如《林兰香》②和弹词《笔生花》。女性作为潜在的读者，告白常以一般的指称称呼之，如"绿窗"。③

《林兰香》成书约在1800年，晚于《红楼梦》，作者署名随缘下士。这部小说讲述了一位年轻才子早年受到明朝廷的庇荫，后又经历一系列辛苦与悲惨遭际，娶了五位年轻女子。这部小说很明显受到《金瓶梅》和《红楼梦》的影响。小说聚焦于这五位不同的佳人以及她们与男主人公的关系上，使男主人公有点像《红楼梦》里的贾

---

① 天目山樵（张文虎）：《儒林外史》序；吴敬梓：《儒林外史》，申报馆，1881。
② 《林兰香已获》，《申报》1877年6月22日。
③ 《新印后水浒出售》，《申报》1877年4月16日。

宝玉。小说题名是从他三位妻子的名字中各选一个字组成的。男主人公的一位妻子也就是小说的女主人公，在被丈夫抛弃后不久便谢世了，小说结尾，丈夫意识到自己的错误而悔恨万分。此后，女主人公的儿子在父亲死后不久成长为一位正直的官员，从而完成了救赎。

《笔生花》的作者是邱心如，署名"心如女史"，是一位女性作家。故事同样发生在明代，讲述了一位德行高尚的年轻女子，为搭救父亲免于迫害，同意进宫侍奉皇帝。在进京途中为了保全贞节试图投河自尽，后被胡仙救起。她女扮男装进京，以第一名中举，从此成为朝廷的重要人物，让她能够救父的同时又免于失节。之后，她的本来面目终于被其原未婚夫揭开。故事以他们二人完婚结束。

1882 年《笔生花》的告白，关于女性适宜阅读什么文类，实际喜欢阅读什么文类发表了有趣的洞见。这篇由美查署名的告白，不仅显示出他对中文当中不同文类的熟悉，在用词上也有斟酌。它反映出美查意欲吸引女性读者，但又不想冒犯男性的意图。《笔生花》是由女性所写，女性喜爱由女性书写的作品，似乎是一件很自然的事。

> 杂剧院本已无当于大雅，降至弹词末矣。然妇女辈针黹闲余，往往束女箴闺训于高阁。而最好取弹词阅之。盖以其文理浅近，易以通晓也。惟语近秽亵如《倭袍传》①等书，实足伤风败俗，理宜禁绝。若情虽(?)②，而务出于正，语虽诞而弗背乎经，如淮阴心如女史所著之《笔生花》一书，洵为别开生面，独运匠心者矣。此书共计三十二回，订成十六本。其中事实颇觉可惊可喜，可歌可无淫。而仍能摆脱凡庸，独涩后旨。据闻女史积三十年心力，撰成是书，因窘于(?)③未付剞劂，氏即抄本流传亦不多见。本馆今特购取稿本，用活字排印问世。④

这里，问题并不在于某些弹词的道德问题，而在于弹词这一文类的整体地位。

---

① 是一部被禁的弹词，讲述一位女子为了想要跟情人在一起而杀死了丈夫。道光年间，这部弹词以《果报缘》为题名出版，哈佛燕京图书馆有藏，图书编号 5727 6480。
② 原文如此——译注。
③ 原文如此——译注。
④ 申报馆主人：《新印笔生花弹词出售》，《申报》1882 年 1 月 27 日。

在《书目续集》中,弹词跟"章回小说"一同归入"说部类"。清楚的是,尽管弹词并不属于高雅文学,但受到女性喜爱,这是个大部分由女性创作的文类,甚至对女性作家与读者来说,是她们接触更高雅读物的一种过渡读物。简言之,闺阁中的女性能够看到的道德说教书籍显然并不能满足她们的需求,因此,不能一味禁绝弹词,而是应该努力改造弹词。

申报馆非常鼓励女性作为作者与读者,并提倡以女性为中心人物的新闻、评论和小说写作。① 清代文人思想中本就有关于女性教育与提高女性作者地位的强烈暗流,袁枚(1716—1797)是这一思潮的典型人物。② 申报馆加入其中,并且在物质上予以支持。这股思潮亦和当时英国关于女性与小说的想法相一致。申报馆认为,女性地位的提升与女性教育的深化不应求之于《倭袍传》这样的读物,尽管这些读物可能大有市场。申报馆以中国书籍市场上负责任的领导者姿态出版了《笔生花》,这部由女性创作的、以女性为主人公的新创作品,使常常充斥着下流叙事的弹词这一文类,没有被下流的语言跟粗俗的情节所玷污。

申报馆告白并不支持为女性而创作多愁善感的作品。1881年《儿女英雄传》的告白,在介绍这是一部最近写就的作品之后(并没有刊出作者姓名),这样评论道:

> 其措辞也,宜风宜雅;其叙述也,有声有色;尤妙无脂粉叫嚣之气。③

而在1878年《雪月梅》的告白中,申报馆主张出版有益于女性又受其喜爱的小说,同时让女性远离有潜在危害的作品:

> 迩来小说书几于汗牛充栋。然,要其大旨有三,曰儿女风情,曰英雄气概,曰神仙法术。但每书中总多淫亵之词,而少劝惩之意。求其正而范丽以则,绚

---

① 关于这一议题详细的讨论,参见 Wagner, "Women in Shenbaoguan publications"以及梅嘉乐(Barbara Mittler)关于女性如何发展为《申报》广告读者的研究, *A Newspaper for China*, pp. 245 - 311。
② 参见 Ellen Widmer, *The Beauty and the Books: Women and Fiction in Nineteenth-Century China* (Cambridge: Harvard Asia Center, 2006), pp. 168 - 170。
③ 《林兰香》的告白中同样肯定了这一点。《林兰香》的告白称不会介绍书作的内容,因为《书目》中已有所介绍。《儿女英雄传出售》,《申报》1881年3月23日。

烂而仍归平淡,则莫如《雪月梅》一书。①

这则告白开头便嘲讽老套的小说太多了。对比之下,《雪月梅》不仅能够纠正这些小说的道德问题,在文学上也能有所超越。这主要基于《雪月梅》"葩丽绚烂"的笔法。这部小说讲述了三位身怀武功的佳人的奇遇,她们的名字组成了"雪月梅"的书名。故事结尾,年轻的男主人公因其英勇与德行受到朝廷的嘉奖,三位女主人公与之订婚并嫁给了他。告白所针对的主要是有鉴别能力的女性,她们似乎仍然喜爱阅读关于爱情、英勇与奇迹的内容。而《雪月梅》对她们来说是一个"绚烂"的故事,且绝无可疑的语言与道德寓意。

1880年《申报》为李汝珍的《镜花缘》所刊载的告白表明,在申报馆对其出版物的公开介绍中起指引性作用的美学和道德标准在何种程度上亦成为介绍其他特定作品的基准。告白将一套常用的中文术语和理念进行了重组,进而创造出一套具有现代启蒙文明性的精巧语汇。告白中强调《镜花缘》这部作品"其中言孝言忠,可歌可泣",同时也充满了轻松愉悦的娱乐性。作者:

以余力作为诗歌酒令,亦复出风入雅,隽逸清闲。虽曰稗官小说,实足以益人神智。②

这则告白同样强调,申报馆出版的小说不仅仅是娱乐性的"琐言",而是对人的心灵与知识的获得都将有所裨益。要知道,《镜花缘》绝不是一部充满陈旧道德观的传奇小说,它处处生动机智地讽刺了中国女性的遭遇,这是前所未有的。而小说越是生动、越是丰富,心灵就越能在德行方面受益。申报馆在其告白与所出版小说中,驳斥了中国文人对小说这一"低等"读物公然的轻鄙(常常是伪装出的),也对抗了朝廷法令中对小说作为"淫秽"作品的官方指责。提高小说的社会和文化地位,使之作为一种与中国"文理之邦"理念相兼容的艺术形式;提升对具体作品的审美;同时提供真正现代的、具有娱乐性的中国小说,申报馆在这些方面所做的努力影响深远。

---

① 《新书出售》,《申报》1878年4月15日。
② 《镜花缘出售》,《申报》1880年12月29日。

八 作为集体事业的小说出版：动员申报外部社群

为提升小说的社会地位，申报馆认为，当务之急是发展一个"申报馆外部社群"（Shenbaoguan community）①，调动其成员使之参与其中。通过小说的内在风格，申报馆努力使之具有吸引力，并使男性与女性读者能够接受小说传递的社会价值观。前文亦已论及，申报馆同样积极地邀请读者参与寻书选书的过程，从而营造一种集体认同感。

《申报》头版的日常交流在报馆与读者之间建立起一种重要且具创造性的联系。读者也是潜在的作者、校对人、编辑、访事人、评论者，或是帮助建立关系的中间人。当时，这样的做法在出版机构中是独此一家。以这种方式建立起来的外部社群，其忠诚度是一笔巨大的财富。要知道，《申报》附属于申报馆，是一家外商所有、外商经营的中文报纸，这样的一家媒体机构不免在官员圈子里引起一些焦虑。虽然《申报》没有使用任何集体性的词语表明"《申报》读者外部社群"这样的概念，在告白中也只是统一称之为"友人"。但有足够的证据表明，申报馆积极地培养这一外部社群，特别是在得到其异常积极的反馈之后。

举例来说，对申报馆报纸和出版事业进行热心交流与回应的，有一位来自江苏清江浦（今淮安市）一个偏远军营的读者。他的长信刊于1874年6月13日的《申报》。在信中，他首先赞扬了美查对读书明理之尊严的支持，以及在世风浇漓的时代作为文人的责任感。接着，他叙述了自己的经历：两次科考失败之后投笔从戎，现在在这偏远之地当一名低层官吏，供养着八口人。有一天，一位友人自上海来，带来了一份《申报》和一份《瀛寰琐纪》，他看到了《昕夕闲谈》的小说连载。读罢报纸上对上海陋习的批评，他很兴奋，以至于下属都以为他发了狂。他说："主人实获我心哉！"接着他订阅了《申报》和《瀛寰琐纪》，并称自己已经迫不及待地想要读到后续的小说连载了。②

《申报》有意识地努力扩展其关系网络的另一个例子是，它刊出了一则征召小说试写的私人广告，这当然是所有中文报纸中第一次刊登这样的广告。③ 这则广告

---

① 对申报馆外部社群及其成员的地理分布，瓦格纳已经做过定性与定量的分析。参见 Rudolf Wagner, "Ernest Major's Shenbaoguan and the Formation of Late Qing Print Culture"，未刊稿。
② 《营友来书》，《申报》1874年6月13日。
③ 潘：《由申报所刊三小说征文启事》，第44—45页。

名为《有图求说出售》刊于1877年,是受一位"寓沪远客"的委托。① 这位"寓沪远客"有10张精美的图画已委托申报馆出版,这10张图画讲述了一个有人物、有地点、有事件的故事,但"远客"无法将其连缀起来,因此征人为这些图画写作一部约50000字的小说。为此,他愿意出20元给最后的胜出者、10元给其他参与者,条件是小说必须在广告刊出后两个月内提交。

《申报》又刊登了《书请撰小说后》一则,对此进行了说明:

> 近来稗官小说②几于汗牛充栋。然,文人同此心同此笔而所撰之书,各有相同,是足以开拓心胸为消闲之助。但所阅诸小说其卷首或有图或无图,从未有图而无说者。兹见本报后寓沪远客所登之请撰小说告白,似即征文之。遗意文人雅士于酒后睡余,大可借此消遣工夫,行见奇情壮采奔赴腕下,而诸同人又得击节欣赏矣。③

从这则语调轻松的说明中可以看到,申报馆不仅仅将其读者当作读者,也当作潜在的"文人",认为他们可能乐于接受在闲暇时间写作一部小说的挑战。这则说明将小说写作定义为一种文雅的活动,暗自将小说写作提升到跟诗文写作一样的高度。考虑到时代与潜在的受众,这样的宣称是大胆甚至冒险的。这则告白一方面坚称小说的主要目的是为读者开拓心胸、为消闲之助,另一方面也强调小说作者所拥有的乐趣——作者也会得到友人的赞赏。由此,小说写作值得中国才华横溢之文人去尝试。跟诗一样,小说也有高度的艺术潜质,也能够成为个人表达的一种媒介。

读者不仅仅被鼓励成为作者,他们同样能够在其他更微小的方面起作用,以帮助建立一幅繁荣的文化图景。前面已经提到过,申报馆以及美查本人一直坚持发布告白,请读者推荐书籍或是请他们帮助寻找某些书稿。这一过程俨然在《申报》首页上演为一出复杂的戏剧,其高潮则是一本书的最终出版。剧情往往以美查不

---

① 寓沪远客:《有图求说出售》,《申报》1877年11月21日。
② 稗官小说,字面上解,是由当地官员所撰小说。"稗官小说"是《汉书》中初次提及"小说"一词以及此类叙事的作者、收集者时所使用的半讽刺性称谓。见班固:《汉书·艺文志》,中华书局,1970,第1745页。
③ 《书请撰小说后》,《申报》1877年11月21日。

断吁请读者提名值得出版的书籍开场,继而登出告白,宣布一部抄本或是保存良好的善本已经找到了。找书的告白大约如以下这一则:

> 访觅《林兰香》告白　本馆谨启
> 《林兰香》一书近日藏之者甚罕。本馆欲排印,一时无完善之本。各处邮架中如有是书,即望于数日间从速寄交本馆。收取俟印成后,定当酬谢也。其原本亦即奉缴不误。此布。①

有时过了几个月,《申报》会刊登小说已经找到的喜讯。在访觅《林兰香》的案例中,仅过了一天,便有《林兰香已获》的告白称:"本馆昨访觅《林兰香》一书登诸告白,至早9点钟时,已蒙醉六堂书坊将全部送来。"②剧情最后则是告知小说出版的消息及出版时间、购买方式。有时也会对申报馆寻访与编辑某作品所经历的艰辛做一总结,如:"本馆去年搜获林兰香一书,以中有缺页,迟至月十一日即礼拜六始可印齐问售。"③

利用这些告白,申报馆公布某部作品发售的具体日期;由于许多作品是稀见之作,一次新书的出版便可能成为一次事件。这些告白都发布在报纸的黄金位置,读者阅读之后又对之进行更广泛的传播。从荐书到找书,申报馆向读者提供了一个积极参与的机会,由此制造了一种共同的悬念。这更让申报馆大胆地加强其中的戏剧性成分。④

然而,并不是每一次都能如此顺利。申报馆曾努力尝试寻找《野叟曝言》稿本,结果却成了一次丢脸的挫折。1877年申报馆第一次发布告白请求帮助搜寻这部小说。⑤1879年12月,美查发布告白告知读者其事之进展称,申报馆已经从一位友人处得到了一部稿本,但"惜中多残缺未便排印",现申报馆"不吝重酬"再次请求帮助

---

① 《访觅林兰香告白》,《申报》1877年6月21日。
② 《林兰香已获》,《申报》1877年6月22日。
③ 《林兰香印齐出售》,《申报》1877年7月19日。
④ 瓦格纳已经指出设置悬念作为一种策略,让申报馆《儒林外史》的出版变成一次公共事件。见瓦格纳:《申报馆早期的书籍出版》,陈平原、王德威、商伟编:《晚明与晚清:历史传承与文化创新》,湖北教育出版社,2001,第174—177页。
⑤ 《搜野叟曝记原本红楼梦二书启　尊闻阁主手奏》,《申报》1877年7月18日。三个月之后,又刊登了另一则请求帮助寻找这本小说的告白,见《乞寄野叟曝言稿本书》,《申报》1877年10月29日。

以找到一份更好的稿本。① 1880年3月,《申报》刊登告白说已经收到一些稿本但无一完整。有友人告知"泰兴县刁家铺赵君应谷家有此一部,最为全备,又江阴县中亦有一部",吁请读者要有公共精神,希望能够帮助申报馆寻访这一稿本,使这部书不至于"久秘枕中,日就湮没"。申报馆甚至提出可派人抄写原本。②

一年又九个月之后,《野叟曝言》已由毗陵(今江苏常州)汇珍楼出版,委托苏州千顷堂和上海读未楼作为发行商在《申报》上刊登了广告。③ 1882年6月10日,新成立的《沪报》开始连载《野叟曝言》,这一连载持续了两年半时间。《沪报》由《申报》前编辑蔡尔康经营。此一连载之举,效仿了申报馆连载《昕夕闲谈》之前例,大大增加了《沪报》的发行量。④

1883年1月,申报馆终于出版了自己的《野叟曝言》。为了提升申报馆版本的地位,增强它的市场竞争力,此版加入了西岷山樵的序言。西岷山樵自称其先祖是小说作者夏敬渠的一名好友。为了增加销量,申报馆版本的《野叟曝言》定价仅1元,而毗陵汇珍楼的版本要6元。⑤

申报馆的这些告白推进了有关小说的公共文化,包括:呼吁藏书者基于襄助传播与提升书中所含共同文化遗产的精神,与公众共享其书;请求读者动员其交友网络帮助搜寻书籍;《申报》则会公开致谢那结给予襄助的人。

申报馆告白有时亦会详尽介绍某本小说的流传史或是当时如何稀见,以此为小说赢得文化地位。申报馆称其出版的所有书籍都基于抄本、善本,或是经过重新编校的,原因是现有的版本实在太过粗糙。常见的书,在没有出现新的稿本或学者评点的情况下,申报馆就不予出版,比如《西游记》和《红楼梦》。申报馆一直在寻找《红楼梦》的原版,据称这是最好、最全的版本且与当时流行的版本不同,却徒劳无获。⑥

---

① 《搜访野叟曝言》,《申报》1879年12月21日、1880年1月19日。
② 《搜访野叟曝言》,《申报》。
③ 《新印野叟曝言出售》,《申报》1881年12月16日。参见陈大康:《打破旧平衡的初始环节——论申报馆在近代小说史上的地位》,《文学遗产》2009年第2期,第120页。
④ 陈大康:《打破旧平衡的初始环节——论申报馆在近代小说史上的地位》,《文学遗产》2009年第2期,第120—121页。
⑤ 《寄售野叟曝言小引》,《申报》1883年1月24日。毗陵汇珍楼版《野叟曝言》的广告刊登在《申报》1881年12月21日。
⑥ 尊闻阁主人:《搜野叟曝言》。

告白传达的信息也引发了对这些书籍版本的收藏兴趣。这些书籍直到今天仍在古籍市场上大受追捧，其原本常常要价远超 1000 元人民币。从今天可见的大量图书馆目录来看，有时显然是申报馆搞错了，误以为某部作品之前从未出版过或是在当时已经绝版。《笔生花》和《林兰香》就属此例。但是我们仍然可以认为，至少在上海和江南地区，就申报馆所掌握的情况，这些作品已无法看到了。公正地说，申报馆努力为保存与丰富中国的文化遗产做出了贡献，其中许多在早前的太平天国运动中被破坏殆尽了。

结语

本研究探讨了 1872 至 1890 年代，小说这一文类兴起的物质、社会、市场和文化条件，这进而为 1898 年百日维新失败之后，小说迅速发展成为讨论民族国家重要改革议题的主要平台，奠定了基础。维新变法的核心人物梁启超推崇"新小说"并非偶然。在改革失败之后，他将《昕夕闲谈》作为必读书目列入其《西学书目表》中；[1] 在自己创作小说之前，他首先发表了一部外国（日本）小说的翻译；他在自己办的报纸上发布告白，介绍自己的小说；又在他新创办的杂志《新小说》上宣称"寻找新小说"。很明显，梁启超受到了 28 年前申报馆活动的影响。[2]

基于申报馆在晚清上海中文小说出版方面占据的主导地位，本研究聚焦于申报馆在为中国小说革新创造物质条件方面所扮演的角色，包括使用金属活字印刷技术以及石印技术，使新旧小说能够以高质量、低价格的印本传入读者手中。

中国精英阶层对小说怀有鄙弃的态度（真实的或伪装的），认为这是一种低俗文化，同时朝廷也以小说有伤风化为由对之施加禁令。对此，申报馆均做出了挑战性的回应。这体现在两个方面：其一，申报馆宣称小说有潜力传递跨文化共享的"文明化"（civilizational）渴求，跟经典一样，小说有潜力传递关于人类行为、社会风尚和道德标准的内容；其二，申报馆出版了秉持这些标准的稀见旧小说及未刊新小说，同时保持了小说的娱乐性，使之得到了广泛的阅读与接受。

申报馆利用其为《申报》发展起来的全国发行网络，传播申报馆书籍的信息及评鉴文字，鼓励全国读者购阅这些书籍。在此过程中，申报馆以上海租界为立足点

---

[1] 梁启超：《西学书目表》，收入《质学丛书》第 9 卷第 2 章，质学会，1897，第 3b 页。
[2] 文娟：《试论早期申报馆的小说出版事业及其影响》，《中文自学指导》2007 年第 3 期，第 36 页。

建立了统一的全国书籍市场，使其服务范围达致全国。将全国书籍市场的中心设立在上海，能够避免清廷的干预，因为清政府与外国缔结的条约允许租界的文化产品在内地销售。

申报馆通过将小说纳入其以武英殿聚珍版为模仿对象的出版事业中，进一步增进了小说的文化地位。同时，申报馆也重塑了传统文库，将中外条约、尺牍范本集、科考时文集、长篇小说、戏剧等等文类收录其中；之前，这些文类从未被收入经典文库中，比如《四库全书》。通过形式多样的、相辅相成的文学评鉴，申报馆对为什么坚持将小说收入经典文库做了说明。这些文学评鉴形式包括书籍告白、《书目》中对书籍的具体介绍，以及最后随小说出版的各种副文本。申报馆为如何鉴赏一本好的小说提出了美学的、道德的和社会的范畴与标准，并且为小说的文化地位加入了理论维度的论述。用文学的语言来说，申报馆支持"现实主义"的、高度具体化的写作风格，强调小说的娱乐性元素即"惊"或"奇"。这些关键术语频繁地用于《申报》小说告白及之后其他出版商的书籍广告中，一直延续到民国时期。这表明申报馆的标准被广泛地接受了。这种"现实主义"的风格重点包含了讽刺式的、寓言式的写作。同样的偏好主导了申报馆《点石斋画报》图画出版的选择。

申报馆在四个方面的发展方向，即小说的文化地位、发行网络、印刷方式和美学标准，都跟其创办者与经理人美查密切相关。作为一位英国公民，这样来描述美查在其出版事业中所扮演的角色也许最为贴切：他是一位文化中介者，中介于中"西"不同的文化与社会感受力之间，同时又勉力维持印刷产品的商业活力。在印刷方面，申报馆使用西式印刷机器和金属活字，但又模仿清帝国武英殿聚珍版。在社会方面，申报馆坚持认为小说能够传递包括西方在内的任何文明环境中都能认同的态度与价值。同时，通过出版中西方的政治与社会讽刺小说，并且拒绝出版宣扬背离现代性或时代精神之行为（如缠足）和态度（对上级的盲目服从）的小说，由此申报馆强调了文学作品的批判功能。

文化上，"现实主义"具体细微的写作风格、"惊奇"性与"娱乐"性被表述为跨文化共享的美学标准。申报馆出版的第一部小说是一部外国小说译作，这并不能反映它之后的小说出版事业，但反映了申报馆最初的假设，即认为不存在满足上述美学标准的中国小说，因此有必要倚赖译作来引介这些标准。一旦美查发现了《儒林外史》（以及这类具有令人瞩目之市场潜力的出版物）之后，申报馆便全面转向了中国小说的出版。在美查掌管申报馆期间，对书籍选择的标准始终保持了一致性。

(1889年在美查离开上海,之后不久申报馆便完全停止了小说出版。)优先选择具有(用一个不同的术语来说)现代性的本土资源,是美查出版事业(包括小说)的一贯方针。申报馆能够蓬勃发展的原因在于,美查致力于在中国文化传统与正在到来的现代世界之要求之间,建立起一种具有创造性的关系,而读者对此亦做出了回应。

总之,20世纪开始,提倡小说者认为,小说应扮演一种新的角色。尽管梁启超等人很自然地声称小说的这种新角色承自西方或日本,但其中的基础性工作是由申报馆完成的。清楚的是,引导申报馆的是一种始终如一的视野,这一视野推进了现代小说之文化与社会合法性的建立,也创造了各种条件,使小说最终崛起为20世纪中国举足轻重的文学形式,此为申报馆诸多贡献之一。

附录：申报馆出版之虚构作品，1872—1890

　　哪些文学作品可被视为小说，取舍的标准基于正文讨论过的《书目》中的三类："新奇说部类""章回小说类""新排院本类"。此表包含《申报》发表的译作，不包含申报馆文学杂志《瀛寰琐纪》《寰宇琐纪》和《四溟琐纪》所发表的虚构作品短章，但收入了译作《昕夕闲谈》，《昕夕闲谈》亦曾以书籍的形式出版。此表统计的时间涵盖了从申报馆成立的 1872 年至美查返回英国的后一年即 1890 年。来源：《申报》告白，并以陈大康《中国近代小说史料——申报小说史料年编》①为补充（以 ＊＊ 标示）。此表中的信息，若未以 ＊＊ 标志，则表明来源为《申报》告白、《书目》或《书目续集》。

刊行时间或《申报》告白所载时间	题名	作者	出版信息	印刷字形	章回	定价
1872 年 5 月 21 日（同治十一年四月）	《谈瀛小录》	［英］斯威夫特（Jonathan Swift）	译自《格列佛游记》(Gulliver's Travels)中《小人国游记》(A Voyage to Lilliput)一章，连载于《申报》5 月 21 日、24 日			
1872 年 5 月 28 日（四月）	《一睡十七年》	欧文（Washington Irving）	译自《瑞普·凡·温克尔》(Rip Van Winkle)，《申报》5 月 28 日			
1872 年 5 月 31 日（四月）	《乃苏国奇闻》	马里亚特（Frederick Marryat）	译自《有许多故事的帕查》(The Pacha of Many Tales)，《申报》，连载于 5 月 31 日、6 月 6 日、7 日、11 日、14 日、15 日			

---

① 陈大康：《中国近代小说史料——申报小说史料年编》，《文学遗产》网络版，http://wxyc.literature.org.cn/journalsarticle.aspx? id＝424(2015 年 7 月 26 日)。

(续表)

刊行时间或《申报》告白所载时间	题名	作者	出版信息	印刷字形	章回	定价
1873年1月15日(同治十一年十二月)	《昕夕闲谈》	利顿(Edmund Bulwer-Lytton)	译自 Night and Morning。《瀛寰琐纪》,连载于1月15日—1874年12月19日			
1874年1月16日(同治十二年十一月)	《昕夕闲谈》上卷		单行本上卷。首页注明是一部"英国小说"			250文
1874年11月5日(同治十三年九月)	新印《儒林外史》	吴敬梓(1701—1754)	上元金君作序	铅印,袖珍版	56回	5角
1874年12月(十一月)	**《昕夕闲谈》次卷		单行本,次卷,蠹勺居士作序		2册	
1875年4月12日(光绪元年三月)	《遁窟谰言》	王紫诠(王韬)	归入说部类		12卷	
1875年5月20日(四月)	《儒林外史》(重印)	吴敬梓(1701—1754)	上元金君作序			5角
1875年9月3日(八月)	《昕夕闲谈》		全本	铅印	装订成册,每册3本	4角
1875年12月10日(十一月)	《快心编》	天花才子	原作于日本访得	铅印	第一、二本各10回,第三本12回	5角
1875年12月31日(光绪元年十二月)	《西游补》	董说(晚明)		铅印	16回	2角

(续表)

刊行时间或《申报》告白所载时间	题名	作者	出版信息	印刷字形	章回	定价
1876年2月10日（光绪二年元月）	《印雪轩随笔》	俞穪花封翁（俞鸿渐）	归入说部类。旧版已散佚，可通过《申报》或《民报》购阅	铅印	4册	2角
1876年6月10日（五月）	《客窗闲话》①	陈子庄	归入说部类。告白"新印各种书籍出售"中列出		4卷	2角5分
1876年7月3日（五月）	《庸闲斋笔记》	陈子庄	归入说部类		4册	1角5分②
1876年8月5日（六月）	《见闻绪笔》	齐玉溪	归入说部类	铅印	24卷8册	4角
1876年8月17日（六月）	《萤窗异草》《聊斋剩稿》《续聊志异》	长白浩歌子（伊庆兰）	归入说部类	铅印	4册	2角
1876年11月17日（十月）	《红楼梦补》	归锄子		铅印	48回10册	5角
1876年12月5日（十月）	《语新》	钱醒（蓬松）	归入说部类。据称是作者遗稿		2册	1角2分
1876年12月14日（十一月）	《仙坛花雨》	缕馨仙史	初版。《异书四种》第一部，收入女鬼仙灵故事	铅印，聚珍版	共2本	每部2角
1876年12月14日（十一月）	《碧落杂志》		初版。《异书四种》第二部。据《申报》告白，这是一部"乩仙降乩之作"，以游仙诗的形式写成	铅印，聚珍版	共2本	每部2角

---

① 此处应有误。《客窗闲话》，作者为清代吴芗厈，16卷订为4册，每部4角。《新印客窗闲话出售》，《申报》1876年5月22日。——译注

② 应为2角5分，《新书出售 本馆告白》，《申报》1876年7月3日。——译注

(续表)

刊行时间或《申报》告白所载时间	题名	作者	出版信息	印刷字形	章回	定价
1876年12月14日(十一月)	《雪窗新语》	夏芝庭	初版。《异书四种》第三部	铅印,聚珍版	共2本	每部2角
1876年12月14日	《三十六声粉铎图咏》	宣瘦梅	初版。《异书四种》第四本。此部收集了36个受欢迎的昆剧丑角戏,半数这样的戏本源于元明时代的戏剧。申报馆版本并未包括图画,仅仅由诗文构成	铅印,聚珍版	共2本	每部2角
1876年12月18日(十一月)	《影谈》	管世灏	初版告白:"是书设想之奇,措辞之妙,几不可以思议。"	铅印	2册	1角5分
1877年1月12日(光绪二年十一月)	《六合内外琐言》	屠绅			12卷①	4角
1877年3月7日(光绪三年元月)	《镜花水月》		归入说部类。列于《书目》		4本	2角
1877年4月11日(二月)	《后水浒》	青莲室主人	《申报》找到善本并仔细校订后出版	铅印	40回10册	5角
1877年5月7日(三月)	《水浒后传》	陈忱	列于告白"新书出售"			5角
1877年5月16日(六月)	《虫鸣漫录》	茂苑采蘅子(清)	归入说部类。列于《书目》		2册	1角5分
1877年5月22日(四月)	《志异续编》,或名《聊斋续编》	宋永岳(清)	由宝月楼主人寄给申报馆	铅印	8册	3角5分

① 每部八本。《新书出售 本馆告白》,《申报》1877年1月12日。——译注

(续表)

刊行时间或《申报》告白所载时间	题名	作者	出版信息	印刷字形	章回	定价
1877年7月10日（五月）	《萤窗异草二集》	长白浩歌子（伊庆兰）	重校版。稿本由武林若谷先生提供		4册	2角
1877年7月19日（六月）	《林兰香》	随缘下士	从告白中可知申报馆最初已搜获此书，但因缺页无法出版；后又获得另一版本	铅印，聚珍版	64回8本	4角5分
1877年7月31日（六月）	《返魂香》	天长宣瘦梅	凡为戏40出		2册	2角
1877年8月7日（六月）	《夜雨秋灯录》	天长宣瘦梅	归入说部类。早前，美查在5月2日的《申报》上刊登了写给复风萍漫士信，感谢他将友人所著《夜雨秋灯录》交予申报馆出版		8本	4角4分①
1877年8月28日（七月）	《萤窗异草三集》				4册	2角
1877年10月5日（八月）	《随园琐记》	袁翔甫（袁祖志）	初版。《续异书四种》第一本	铅印，聚珍版	1本	每部2角5分
1877年10月5日（八月）	《惊喜集》	程兰畦（程畹）	归入说部类。初版。《续异书四种》第二本	铅印，聚珍版	1本	每部2角5分
1877年10月5日（八月）	《香饮楼宾谈》	陆长春	归入说部类。初版。《续异书四种》第三本	铅印，聚珍版	1本	每部2角5分
1877年10月5日（八月）	《妬律》	广漠散人	初版。跟《闺律》合为《续异书四种》第四本	铅印，聚珍版	1本	每部2角5分

---

① 应为4角5分。《新书出售》，《申报》1877年8月7日。——译注

(续表)

刊行时间或《申报》告白所载时间	题名	作者	出版信息	印刷字形	章回	定价
1877年10月5日(八月)	《闺律》	芙蓉外史	初版。跟《妗律》合为《续异书四种》第四本	铅印,聚珍版	1本	每部2角5分
1877年10月20日(九月)	《女才子》	鸳湖烟水散人		仿聚珍版	12卷	2角
1878年3月22日(光绪四年二月)	《台湾外记》	江日升	根据告白,这部作品的写作形式"仿章回体"	铅印	30卷	3角5分
1878年4月15日(三月)	《雪月梅(传)》	陈朗(18世纪)		铅印	50回8本	3角5分
1878年4月21日(三月)	《浮生六记》	沈三白(沈复)	初版。《独悟庵丛抄》第一本	铅印	1本	每部2角
1878年4月21日(三月)	《镜亭轶事》	程镜亭	初版。《独悟庵丛抄》第二本	铅印	1本	每部2角
1878年4月21日(三月)	《天山清辨》	参同子	初版。《独悟庵丛抄》第三本	铅印	1本	每部2角
1878年4月21日(三月)	《闻见杂录》	束篱子(柴桑)	初版。《独悟庵丛抄》第四本	铅印	1本	每部2角
1878年5月3日(四月)	《闻见异辞》		原本由浙西惺心子交予申报馆。美查于3月9日登报致谢	铅印	1部2本	1角5分
1878年6月14日(五月)	《山中一夕话》		归入说部类。据《申报》告白,为"游戏笔墨","原版字样太大卷帙浩繁不便携带",便"用活字缩成小本"		4册	2角5分

(续表)

刊行时间或《申报》告白所载时间	题名	作者	出版信息	印刷字形	章回	定价
1878年8月12日(七月)	《浇愁集》	邹翰飞	初版	铅印	4本	2角
1878年9月26日(九月)	《耳邮》	羊朱翁(俞樾)	告白称之为"小说家之上乘"	铅印	2册	1角5分
1878年11月5日(十月)	《桯史》	岳亦斋	告白称之为"宋代遗闻故实"		4本	2角
1878年11月22日(十月)	《昔柳摭谈》	冯起凤	归入说部类。委托出版,借以助赈		2本	2角5分
1878年12月14日(十一月)	《何典》	张南庄		铅印	10回	1角5分
1879年1月9日(十二月)	《白门新柳记》		"元版刊行无多即已毁夫。"	铅印		1角
1879年2月8日(光绪五年元月)	《青楼梦》	洞庭慕真山人(俞达)	初版	铅印	64回 10本	5角
1879年5月3日(三月)	《笑史》	觉来子	初版		2本	1角5分
1879年11月5日(十月)	《笑笑缘》	独逸窝退士	原版		4本	3角
1879年11月19日(十月)	《蟫史》	磊砢山房主人(屠绅)	重印版		6本 20卷	3角5分
1880年1月15日(十二月)	《茶余谈荟》	见南山人	归入说部类。当时"世无刊本"		2本	1角2分
1880年2月15日(光绪六年元月)	《绘芳录》	西冷野樵	初版。指明为"章回小说"	铅印	8卷 16本 80回	8角
1880年2月17日(元月)	《夜雨秋灯录》(新印)	宣瘦梅	章回小说		16册	8角

(续表)

刊行时间或《申报》告白所载时间	题名	作者	出版信息	印刷字形	章回	定价
1880年3月9日（元月）	《华英说部撮要》	罗伯聘（Robert Thom, 1807—1846）	汉英双语文选，由一位英国大使编译，以为西人学习汉语之用。告白称这本书适合学习汉语的西人，也适合学习英语的华人。文本基于《红楼梦》与《传家宝》		1册	4角
1880年10月17日（九月）	《夜雨秋灯续录》	宣瘦梅	初版。稿本于2月获得		8卷155篇	4角5分
1880年12月9日（十一月）	《后西游记》		天花才子点评。新版经仔细校对，因为当时已有的印本错误甚多		足本	2.5元
1880年12月29日（十一月）	《镜花缘》	李北平（李汝珍，约1763—约1830）	告白称之为"小说"	活字版重印	12本	6角
1881年3月16日（光绪七年二月）	《儒林外史》（重印）	吴敬梓（1701—1754）		铅印	50回10本	6角
1881年3月22日（二月）	《儿女英雄传》	文康（1842—1851）	1878年由北京聚珍堂首次出版	铅印	40回16本	8角
1881年4月27日（三月）	《小豆棚》	曾七如	根据告白，这部作品高于《豆棚闲话》		16卷	3角5分
1881年7月24日（六月）	《西湖拾遗》		插图版	石印照相法，连史纸（竹浆纸）	44回12本	6角

(续表)

刊行时间或《申报》告白所载时间	题名	作者	出版信息	印刷字形	章回	定价
1882年1月29日(十二月)	《笔生花》(弹词)	淮阴心如女史	根据美查的告白,这是以抄本为基础的初版		32回16本	1元4角
1882年12月13日(光绪八年十一月)	《三国演义全图》(或名《全国三国演义》)		根据旧版重印,增加140幅新绘插图 为与同文馆的新版竞争,售价于1886年5月减至1元5角	石印	8本,用锦套装成两函	2元4角
1883年1月24日(十二月)	《野叟曝言》		委托《申报》所有的申昌书店发售	铅字活版缩成小帙	20卷10册	1元
1883年2月17日(光绪九年元月)	增刊《红楼梦图咏》	改琦(1774—1829)	传本绝少。增华青山山农的评论题咏,华亭改七芗居士所绘图画,以及澄江王芸阶先生的120幅诸美图	缩印,照相石印法	2本	8角
1883年6月27日(五月)	《荡寇志》	俞仲华(俞万春,?—1849)		铅印	70回18册	1元
1883年9月11日(八月)	《水浒传》		新校版。发布于9月16日、署名"申报馆主"的一则告白称此作为《正续水浒传》	铅印	10本	5角
1883年9月25日(八月)	《风月梦》	邗上蒙人	由申报馆主作告白	铅印	32回	3角
1883年12月10日(十一月)	《三宝太监西洋记通俗演义》(重印)		由申报馆主作告白	铅印	100回20卷	6角

(续表)

刊行时间或《申报》告白所载时间	题名	作者	出版信息	印刷字形	章回	定价
1884年5月15日（光绪十年四月）	《红楼复梦》	陈少海（18世纪晚期）	由申报馆主作告白	活字排印	10本	7角
1884年8月4日（六月）	《此中人语》	程趾祥	申报馆主人在告白中称之为"小说"		6回1卷	8分
1885年8月16日（光绪十一年七月）	《青楼梦》（重印）	慕真山人	初版售完		60回10本	5角
1886年6月26日（光绪十二年五月）	《野叟曝言》（续印）		点石斋印本，缩成小帙		10本	1元
1886年10月18日（九月）	《三异笔谈》（新印）	许小欧（仲元）	申报馆觅得原本排印		2本	1角5分
1886年11月27日（十一月）	《萤窗异草初集》（重印）		初版共计三集，初集已售罄		4本	2角
1886年12月16日（十一月）	《增像全图东周列国志》	蔡元放评点	售价未知。读者可至点石斋观看样书	石印		
1887年8月24日（光绪十三年七月）	《淞隐续录》	天南遁叟（王韬）	归入说部类。插图部分由吴友如绘。告白由点石斋主人（美查）作	石印	4册	1元2角
1887年9月10日（七月）	《夜雨秋灯录》（重印）	宣瘦梅		铅印	8本	4角5分

(续表)

刊行时间或《申报》告白所载时间	题名	作者	出版信息	印刷字形	章回	定价
1887年9月24日(八月)	《萤窗异草三集》(重印)		重印。三集已售罄。告白由申报馆主人作		4本	2角
1887年11月3日(九月)	《淞隐漫录图说》(新印缩本)		点石斋委托王韬根据其经历创作《淞隐漫录图说》,最初连载于《点石斋画报》,插图由吴友如绘。现单独成书出版。告白由点石斋主人作	石印	4本	1元
1887年11月22日(十月)	《儿女英雄传》(重印)			新铸铅字	12本	8角
1888年1月20日(光绪十三年十二月)	《夜雨秋灯续录》(重印)	宣瘦梅	新校版	新铸铅字	16本	4角5分
1888年5月10日(光绪十四年三月)	《三国演义》(增像)		新版,新增超过140幅绣像	新式铅字,石印	12册,外加红木夹板	3元
1888年5月10日(三月)	《东周列国志》(绘图)		告白由点石斋主人作	石印	外加红木夹板	3角
1888年6月8日(四月)	《镜花缘》(石印绘图)		点石斋版	石印	6册	4角
1888年9月12日(八月)	《三借庐笔记》(新印)	邹翰飞(邹韬)	归入说部类。告白由点申报主人作。		6本	3角5分

(续表)

刊行时间或《申报》告白所载时间	题名	作者	出版信息	印刷字形	章回	定价
1888年9月12日(八月)	《三国志演义》(重印)		点石斋版	石印	8卷分开为两函	1元8角
1888年9月14日(八月)	《青楼梦》(重印)		初版售完。告白由点申报主人作			5角
1888年10月1日(八月)	《小豆棚》(重印)		告白由点申报主人作		6本	3角5分
1889年1月11日(十二月)	《风月梦》(重印)	邗上蒙人	初版售完	新式铅字		3角
1889年1月22日(十二月)	《十粒金丹》(重印)		告白由点申报主人作,称之为"章回小说"		12本	7角
1889年9月9日(光绪十五年八月)	《封神演义》(新印绘图)		告白由点申报主人作	新式铅字,石印	16本	8角
1890年5月16日(光绪十六年三月)	《红楼梦补》(重印)		初版售完		8本	4角
1890年9月5日(七月)	《快心编》(重印)	天花才子	告白由点申报主人作		3编10本	5角
1890年11月4日(九月)	《小五义》(新印)		告白由点申报主人作		10本	5角

(叶凯蒂,美国波士顿大学教授;季凌霄,湖南大学新闻传播与影视艺术学院助理教授)

揭示自然规律:中国海岸气象学(1869—1912)

[英]毕克思 著 严斌林 译

19世纪,关于中国及其通商口岸的天气讨论充斥在国外的相关报道中。气象理论之于健康,以及气候与天气对于贸易的重要性,尤其是航运通信是主要讨论的问题。旅行作家是业余气象学家,从中国流传出来的他们的书和文章通常包括气候状况的细节。中国生活指南,如同被帝国打开的世界其他地区的生活指南一样,讨论了外国人如何着装和饮食,以帮助他们应对不同的甚至是极端的天气挑战。更广泛地说,"气候适应"是科学辩论和实际调查的一个主题。① 外国观察家和当地居住者试图了解并获取更多他们穗居此国的气象经验,正如他们在其他地区所做的一样,他们试图理解并认识该地的气候模式,比如在印度,他们交换并交流(气象)数据、报告及理论。② 这是一个信息交换的行业,它连接了海员、科学家、外科医生和商人。1842年以后,随着外国人在中国条约口岸的出现,它开始确立起来,并由讨论渐变为行动,从而构建起一套基础设施和制度体系。上海的爱德华·亨德森博士(Dr. Edward Henderson,1841—1913)在公共租界的公共卫生发展方面的作用是众所周知的,他在1871—1872年,主导推动了从上海工部局获取资金以建立

---

① James Henderson, *Shanghai Hygiene, or Hints for the Preservation of Health in China*, Shanghai: Presbyterian Mission Press, 1863; E. M. Collingham, *Imperial Bodies: The Physical Experience of the Raj, c. 1800 - 1947*, Cambridge: Polity Press, 2001;关于更为广泛的讨论请参见 Michael A. Osborne, "Acclimatizing the World: A History of the Paradigmatic Colonial Science," *Osiris*, 2nd ser, 15(2000), pp.135 - 151。
② 关于印度的研究有: Tirthankar Roy, "The Law of Storms: European and Indigenous Responses to Natural Disasters in Colonial India, c. 1800 - 1850," *Australian Economic History Review 50*: 1 (2010), pp. 6 - 22; Katharine Aaderson, *Predicting the Weather: Victorians and the Science of Meteorology*, Chicago, IL: Universtiy of Chicago Press, 2005, pp. 235 - 284。

一个可靠而有用的系统来记录当地的气象观测数据的行动。① 本篇文章探讨了中国气象基础设施的一个关键环节及其错综复杂的根源,其中半殖民地的、个人的和国家的科研单位相互交织,且常常互相竞争。具体来说,它概述了在为中国政府服务的英国行政管理人员如何与耶稣会科学家合作,在中国建立一个科学的气象系统,并考察这两个群体是如何参与到英国殖民科学的雄心计划之中的,尤其是在英国殖民地香港。

本文将概述中国现代气象基础设施的早期发展,以及三家研究中心在气象研究与天气预报方面持续至清末的竞争历程。直到1950年12月,徐家汇的耶稣会科学观测站被华东军区指挥部正式接管,这种状况才最终得以终结,至少在中华人民共和国的主权边界内是这样的。这个案例研究属于一项地理上和制度上的复杂尝试,它既是跨越民族的,又是跨越国界的,同时也包含全球化的潮流和知识网络,展示了中国的条约口岸是如何在横向上与帝国中心进行联系的。

这篇文章的核心是帝国,即后来的中国的海关总署(Maritime Customs Service),它进一步说明了中国在条约时代丧失主权的一个侧面。中国的海关机构被外包给外国人,由外国职员进行控制,从1854年直到1950年止(除一人外皆属英人)。它的功能远远超过了一个税务机构。事实上,它成为鸦片战争之后,代表新的国际化的中国海岸体系中最重要的机构。该机构在外国领导者的带领下,同时也是在中国监督者的要求下,启动了一系列发展和基建项目,旨在加强中国应对新形势的能力。其活动包括海洋测绘、资助初创的中国外交部门(此前,代理准外交事务的机构是海关伦敦办事处),提供资金、建议和重要新式武器所需的外国专业知识及翻译项目,同时创建一所新的外文学院(同文馆),创办一份医学杂志并广泛出版一系列书籍(书籍主体包括中国音乐、游记及翻译的科学启蒙读物),构建一个航灯网络,且在1869年后建立起一套气象观测网络。这个气象项目充分代表海关人员在即将到来的20世纪的抱负(以及他们在更广泛的全球范围内的位置)、实践

---

① 关于 Henderson 的首创性请参见 *North China Herald*［*NCH*］,8 February 1872, p. 111;更多内容请参阅,如 Kerrie L. MacPherson, *A Wilderness of Marshes*:*The Origins of Public Health in Shanghai*,*1843 - 1893*, Hong Kong Oxford University Press, 1987; Shang-jen Li, "Eating well in China: British Medical Men on Diet and Personal Hygiene at Nineteenth-Century Chinese Treaty Ports," in Angela Ki Che Leung (ed.), *Health and Hygiene in Modern Chinese East Asia*, Durham, NC: Duke University Press, 2010, pp. 109 - 131.

和机遇。在《南京条约》签订后的一个世纪里,中国海关的活动、抱负和影响力,以及它的第二位且任期最长的海关总税务司罗伯特·赫德爵士(Sir Robert Hart, 1835—1911),都在中国外交关系的历史上取得了显著的地位。①

早在1869年,中国海关就建立了一套(气象观测)网络,每天多次在中国的52个港口和航海灯塔上收集中国各个地方的气象数据,直到1930年代末止。它的增长与电报和蒸汽航船的普及密切相关。观测数据也得到了广泛传播。1932年,50个海关气象站将数据传递到从北京到马克拉的东亚和东南亚的12个观测站和研究机构,使他们能够编制有关中国气候的详细统计数据。这些数据构成了从事气象工作的主要机构研究晚清东亚地区气象状况的基本材料。这些机构中最著名的就是上海的徐家汇天文台和香港皇家天文台(Hong Kong Royal Observatory)。② 更重要的是,海关收集的气象数据也有直接的实际用途,使得香港和徐家汇天文台每天都能发布天气预报,并对在中国海岸航行的航船发出风暴警告。事实上,随着香港和徐家汇天文台将这些数据以及从中得到的天气预报转发给更远的天文台,例如马尼拉和东京,海关气象项目的影响力也扩展至整个地区。在中国内陆及内流河区域,这种影响力可能没有那么强烈,因为那里的海关和气象网络并未运行。因此,该体系在其核心活动范围之外的相关情况可能仍值得怀疑,尤其是对中国政府而言,它只服务于外国船只。对此后面的评论者会进行指责,正如我们将要看到的一样。但其收集的气象观测数据遗产,至今仍是了解中国近代气候史的重要工具。③

---

① 关于海关的讨论,请参阅 Stanley F. Wright, *Hart and the Chinese Customs*, Belfast Published for The Queen's University, Belfast, 1950; Thomas P. Lyons, *China Maritime Customs and China's Trade Statistics*, 1859 – 1948, Trumansburg: Willow Creek, 2003。两篇最新的研究展示了这项工作是如何进行的: Hansvan de Ven (ed.), "Robert Hart and the Chinese Maritime Customs Service," *Modern Asian Studies* 40: 3(2006), pp. 545 – 736; Robert Bickers (ed.), "Revisiting the Chinese Maritime Customs Service, 1854 – 1950," *Journal of Imperial and Commonwealth History* 36: 2(2008), pp. 221 – 311。

② 徐家汇以前曾被英语系国家的人称为 Siccawei 或 Sicawei,但是法国人有时也这样用它(有时也写作 Zi-ka-wei)。这个气象台的历史可参阅以下所征引的作品, Lewis Pyenson, *Civilizing Mission: Exact Sciences and French Overseas Expansion*, 1830 – 1940, Baltimore, MD: Johns Hopkins University Press, 1993。关于香港天文台请参阅 P. Kevin MacKeown, *Early China Coast Meteorology: The Role of Hong Kong*, Hong Kong: Hong Kong University Press, 2010。

③ 海关在现代中国气象学调查历史上的重要地位是受到认可的,比如吴增祥:《中国近代气象台站》第3章,气象出版社,2007,第22—38页。较早的调查是包含在 Father Henri Gautier SJ 的一篇气象论文中,有时候徐家汇天文台也扮演了一个指导者的角色, in Samuel Couling, *The Encyclopedia Sinica*, London: Oxford University Press, 1917, pp. 349 – 361。

为中国提供气象服务

1869年11月,海关总税务司罗伯特·赫德在一份通知中首次概述了建立海关掌控的气象服务的想法。① 它的发展是与一套新的沿海灯塔网络的建造方案密切相关的,这些灯塔是在1867年开始兴建的。这一计划规定了地理范围和工作人员。对于灯塔员工,赫德在后来回忆中写道"他们是相当聪明的欧洲人","(他们)会因为要求他们做事而感到高兴,因为做事可以排遣心中的孤独与寂寞"。至少在赫德的思想里面,他建立的这套气象系统,是处于英国和欧洲的气象发展进程中的。② 赫德设想了一套海关气象站网络的发展计划,它与每一个海关大楼联系在一起,并随着海关在中国影响力的传播而扩大。赫德解释他为何要开始这样一个项目,他坚持认为:"这种观测对科学世界的价值,以及它们可能对那些在东海上的海员和其他人所具有的实际价值,终将会在适当的时机得到众人的赞赏和承认。"③ 尽管赫德未曾设想这一项目会产生何种直接的实际回报,尽管他对这一计划将如何造福科学的细节感到模糊,但他相信未来收集的大量数据将会有很大的用途。此外,中国的气象数据系统收集还是一片未知领域。正如赫德在1869年所提出的计划:

> 将会如此有力地协助对自然规律的研究,并将占世界四分之一的人和数据引入科学的范畴,因为如此丰富的现象,迄今为止只有较少的数据得以系统归纳。④

---

① Robert Hart, Circular No. 28, 1869 (first series), 12 Nov. 1869, in China, Maritime Customs, Documents Illustrative of the Origin, Development, and Activities of the Chinese Customs Service, Shanghai: Statistical Department of the Inspectorate General of Customs, 1937, vol.1, p.177.
② 在安德森关于英国发展的探究,见 Predicting the Weather. 以海关的外国职员为主旨的研究有: Catherine Ladds, "Youthful, Likely Men, Who Can Read, Write and Count: Joining the Foreign Staff of the Chinese Customs Service, 1854-1927," Journal of Imperial and Commonwealth History 36: 2(2008), pp. 227-242. 关于灯塔网络请参阅 Robert Bickers, "Infrastructural Globalisation: Lighting the China Coast, 1860s-1930s," Historical Journal 56: 2(2013), pp. 431-448.
③ John King Fairbank, Katherine Frost Bruner, and Elizabeth Matheson (eds), The I. G. in Peking: Letters of Robert Hart, Chinese Maritime Customs, 1868-1907, Cambridge, MA: Harvard University Press, 1975, vol.1, Letter 49, Hart to Campbell, 14 March 1873.
④ Documents Illustrative, vol.1; Robert Hart, Circular no. 28 of 1869 (first series), 12 Nov. 1869.

对于他自己和他的服务的抱负,赫德一直渴望确保其在科学或技术创新方面的领导地位。气象服务仅仅是19世纪的扩张和赫德对这种扩张前景潜力展望的一个方面。在很多方面,这项服务都是作为一个国家、一个社会、一个地理区域产生和传播知识的工具。它可以服务于贸易,亦可以服务于科学。

赫德最初设想,凭借已有海关和新建灯塔,能迅速在所有港口建立气象站。最终,他计划在海关总署和同文馆的联合支持下,在北京设立中央气象局。然而,赫德的海关观测站的梦想并未实现,甚至连气象服务本身也没有较快发展。关于气象工作早年的若干细节目前尚不清楚,但从赫德与其在伦敦的助手詹姆斯·邓肯·坎贝尔(James Duncan Campbell)之间的通信中,我们可以清楚地得知,这一项目直到1873年才真正得以落实,虽然作为气象工作的海关定期监测记录从1869年已开始。赫德在该项目上投入的精力与该项目的进展程度相吻合,四年后,他再次返回气象学领域。

在1869—1870年间,他大部分的精力都集中于正式开始的灯塔建设计划。但在1873年3月,赫德指示坎贝尔下令将20套基础气象设备运往中国,并将其分发到各监测站点和记录员手中。[①] 观测计划于1874年1月开始执行。同年5月,赫德告诉坎贝尔,要求海关每天早晨都需从上海到香港、长崎和厦门电询当地天气状况,每个地方都得及时汇报。赫德还在当年3月份指出,有关公布海关气象数据的工作安排也正在进行中。赫德也写信给东南亚和东亚殖民地及其他各国政府,提出在亚洲和太平洋地区,建立一套气象数据发布和交流的观测网络计划,他还热衷于建立容易被法国人或俄国人所能接受的海关制度。[②] 他制定了一份计划书,概述了他的这一计划,并且将他与殖民地或其他政府部门的来往信件重新整理并在伦敦印刷发行。[③] 坎贝尔与皇家天文学家和天文学会保持联系,并于同年在维也纳参加了第一次国际气象大会,该行动的目的是促使海关气象在该领域内国际层面的快速发展。但这次依旧失败,他的计划没有取得任何重大进展;他的这一计划需要

---

① *The IG in Peking*, vol.1, letter no.49, Hart to Campbell, 14 March 1873.
② *The IG in Peking*, vol.1, letter no.55, Hart to Campbell, 23 May 1873; letter no.56, 29 May 1873.
③ 它被送往东西伯利亚、香港、法属印度支那、菲律宾、新加坡和荷兰东印度群岛等地的总督那里,以及泰国政府驻日本机构等处。可参阅 Robert Hart, "Documents Relating to, 10 the Establishment of Meteorological Stations in China; and 20 Proposals for co-operation in the Publication of Meteorological Observations and Exchange of Weather News by Telegraph Along the Pacific Coast of Asia," *Chinese Maritime Customs Project Occasional Papers* 3, 2008.

有人来领导,但现实是没有科学家愿意接受这一设在北京的职位。

徐家汇天文台解决了赫德的这一问题,特别是在巴黎耶稣会学院沃吉拉德(Vaugirard)的物理学主席马克·德切弗伦斯(Marc Dechevrens,1876—1887年在位)担任该机构的领导后。这里是整个工作的协调中心。它有自己的科学议程,并且将取代赫德计划里的中央天文台。与其他事例一样,赫德及时地回应了这一机遇,并很好地利用了它。徐家汇地处中国海岸航运的物流中心,具有极为便利的区位优势。海关的办事处总部也设在城市里,因此能够很容易建立与本地人的联系。天文台工作人员为皇家亚洲文会北华支会(North China Branch of the Royal Asiatic Society)捐款。[1] 天文台位于中国的土地上,而不是在法国的租界或一个外国控制的殖民地上,因此耶稣会也不用承受来自殖民地的各种压力。1879年之后,海关也做出了回应,正如我们将要看到的,凡属可利用的资源——专业知识、设备、热情和义务,以及资金——都通过徐家汇得以提供,使得这一长期规划的观测网络成为现实。

实际上,根据罗伊(Roy)的分析,这是对该问题的"社会"反应,涉及商会、水手和科学家等,这是一个由国家和行使国家机构职能的海关(即使不是特殊的,也是特别类型)共同选择的结果。[2] 直到20世纪30年代以后,中国政府才开始全面恢复对海关所有职能的控制,这种反应才开始被正式的国家所取代。

尽管进展缓慢,一些海关也确实配备了气象仪器,并在1870年代初开始记录观测气象数据。其中一些数据也早在1871年就被纳入了海关外科医生每年两次的医学报告中。但在1873年从英国订购的16套气象仪器,仍然存放在上海和厦门。[3] 1879年以后,随着上海海关与徐家汇天文台联系的开始,气象服务正式启动。叙述海关的发展历史,给人印象深刻的是那预测的准确性以及天文台工作人员对于上海海岸强烈台风的预测分析过程。海关海岸检查员(Customs Coast Inspector,海洋部门负责人),令人叹服的船长毕士璧(Aelius Marcellus Bisbee),一个美国人,加入了徐家汇天文台,他用一套新的公共台风警报系统,与上海国际商会(Shanghai

---

[1] 关于该团体的研究请参阅 Harold Otness, "The One Bright Spot in Shanghai: A History of the Library of The North China Branch of The Royal Asiatic Society," *Journal of the Royal Asiatic Society Hong Kong Branch* 28(1998), pp.185-197.

[2] Roy, *The Law of Storms*, p.20.

[3] W. Doberck to Colonial Secretary, 8 November 1883, Government Notification No. 380, *Hong Kong Government Departmental Reports*, 1883.

International Chamber of Commerce)和其他各种航运代理公司合作。① 这些事情的整个过程不是很清晰,而且海关似乎在最初并没有发挥关键性作用;但在徐家汇天文台与海关密切合作之后,情况不一样了。

1880年3月,《字林西报》刊登了一篇关于德切弗伦斯的小册子的热情洋溢的长篇文章,其英文提要的主旨非常清晰。新成立的(似乎有点短命的)上海船业协会(Shanghai Shipmasters' Association)很快就开始讨论如何与天文台合作。② 热情并没有立即转化为行动,但到1881年秋天,一项计划开始启动。阻碍该计划进行落实的首要问题是组织与资金问题。谁来建立并运行这样的服务? 运行费用如何支付? 但是,海关至少从1879年就开始向天文台提供气象数据,而在徐家汇图书馆获得的藏书清单,记录了从1880年开始有系统地获得海关数据的情况。③ 上海对于台风并不陌生,但这次是德切弗伦斯掌管天文台三年多来遇到的最具破坏性的天气事件,当然这也给他提供了一个展示其发展的网络观测站潜力的机会:观测站和船只收集的38组数据被用于分析1879年风暴。利用这些信息来分析风暴的发展和过程这一成就清楚地表明,利用新电报的潜力可以提供迫在眉睫的危险警报。④

电报也是一个关键因素。中国第一条海底电缆于1870年在长江河口的郭实腊岛登陆,当时的上海海关已装设完成电灯,并于前一年试灯成功。丹麦大北电报公司(Danish Great Northern Telegraph Company)在接下来的一年里铺设了连接上海、香港、符拉迪沃斯托克和长崎的电缆。从那时起,通过中国海上的电报进行数据交换变成了一种现实。1873年厦门被引入这一网络系统,继之是1874年加入的福州。自1880年起,香港与马尼拉相连。⑤ 到1881年,大北电报公司已经有了从香港和厦门到上海的天气预报系统,并且将这些信息提供给上海的外文出版机构和上海海关。⑥ 不断发展的网络,地理范围的延伸,商业和政治情报活动设施的建

---

① T. Roger Banister, *The Coastwise Lights of China*, Shanghai: Statistical Department of the Inspectorate-General of Customs, 1932, p.8. 也可以参阅 *North China Daily News*,"The Story of Siccawei Observatory," 15 December 1927。
② *NCH*, 3 March 1880, pp.197-198. 该协会早在1879年就成立了: *NCH*, 22 April 1879, p.383。
③ *Bulletin Mensuel*, 1880, p.235.
④ Le P. Marc Dechevrens, *Le typhon du 31 Juillet 1879*, Zi-Ka-Wei: Imprimerie de la mission Catholique a L'Orphelinat de Tou-se-we, 1879.
⑤ 关于发展和争论请参阅 Erik Baark, *Lightning Wires: The Telegraph and China's Technological Modernization*, 1860-1890, Westport, CT: Greenwood Press, 1997。
⑥ *NCH*, 4 October 1881, p.355.

立,以及新闻消息等,都使得这一体系更加安全可靠,并且将它带入一个相互连接的区域气象系统范围成为可能,尽管说成本依然是一个需要考虑的因素。

因此,1881 年 9 月,《字林西报》发表题为《握手言和》的社论,讨论了由德切弗伦斯设计的气象服务计划,它是由上海外国商会主席提出的:

> 蒸汽船队集中于这个港口,并由此向四面八方驶去,它们就成了一支自愿的气象观察部队。我们已经在徐家汇设立了一个中央气象台,我们希望能够在沿海地区拥有的灯塔中设立一系列的气象观测台。大北电报公司免费提供天气信息传输的协助,商会在组织机构和承担资金管理方面提供合作。①

在会议厅举行的特别会议讨论了德切弗伦斯的提案,赫德的兄弟詹姆斯(James),时任上海海关署长,代表该署出席了会议,此外还有大北电报公司的 H. 波尔(H. Bohr)亦参加了会议。该计划概述了上海的两条天气情报,用电报从香港、马尼拉、厦门和福州传递信息,使港口有三天的时间通知即将到来的风暴,海参崴和东京也可以有 20 小时的时间通知各船返航避风。航船将被要求提供登记册和表格,公司将被要求在指定的时间进行定期的记录,这些数据将转录到表格上,并发送给徐家汇天文台。上海外滩的气象观测站成为信息收集与传播的中心。德切弗伦斯自荐为中国海岸气象局的"总干事",作为观测站的领导他是胜任的。②

我们认为,这种预测系统的可行性是基于一种理念,即已经汇总编辑了充足的有关中国的基本数据,并且此种模式是可以被清晰认知的。一般来说,是有一套大家有共识的预报规则的,航船水手和其他人因此可以提前预知天气警报,例如,仲夏时节的"阴云密布"提示着"弱季(weak monsoon)的来临……长江峡谷地带充沛的降水量,以及华北地区相对干燥的气候状况"。因为气象系统有规可循,这就使得天气预测成为一个相对简单的问题。③ 新的气象预报系统是与国际气象事业的发展同步的,欧洲的风暴及气象预报正式着手,英国是在 1859 年,法国则是在 1863

---

① *NCH*, 4 October 1881, pp. 341 - 342.
② *NCH*, 4 October 1881, pp. 354 - 355;31 January 1882, pp. 136 - 138.
③ *NCH*, 8 July 1881, pp. 29 - 30.

年,德国和俄国是在 1872 年,而美国军队亦在 1870 年发起建立了电报风暴预警系统。① 自 1874 年以来,徐家汇天文台一直有效地收集并分析气象数据。从那一年起,当地的皇家亚洲文会(Royal Asiatic Society)在其年刊上附登天文台冗长的气象数据汇编,1879 年发表的一篇社评称之为"世界上独一无二的事业"。该协会的数据取代了韩德森(Henderson)的上海气象委员会(Shanghai Metiorological Committee)原来整理的数据,该委员会自 1872 年成立以来一直隶属于该协会。②

从 1882 年 10 月份开始,德切弗伦斯向上海外文报刊发布一份每日简报(他建议,从这些简报数据中可以推测出第二天可能的天气状况)。他到欧洲去咨询并学习那里的气象服务方式,并且购买新式设备,气象信息提供者的网络也逐步扩大。各条航运线路也被纳入其中,各条航船的船长也会定期从他们的航海日志中提交报告。③ 它既是一项科学预测,同时又是一项科学研究:收集的气象数据越多,这一长时段模式的精确性就越是能得以提升。《字林西报》肯定该项目对于中国海洋区域的安全以及"对人类"的安全做出了很大贡献,但对航运与科学的贡献才是其中心主旨。上海国际商会为该项计划提供了充足的资金,至少在 1882—1885 年间是如此。④ 虽然该计划已开始实施,但从一开始,尽管该计划已经向徐家汇天文台提供了许多气象数据,海关对"官方"条款并不热情。赫德的所有举措,以及他在总理衙门(协调对外关系和监督他的工作)内的地位,都仰仗于他在最高级别上的关系。在总署署长授权官方合作之前,这类地方行为是需要高层的批准的。⑤

徐家汇天文台并不是本来就有的,因为它距离外滩不到 8 英里,尽管在 1882 年即有一条电报线通向了这里。1884 年,法国政府在法租界北端与公共租界交界的

---

① James Roger Fleming, *Meteorology in America*, *1800 - 1870*, Baltimore, MD: Johns Hopkins University Press, 1990, pp. 164 - 170.

② *Journal of the North-China Branch Royal Asiatic Society*, New Series, 13(1879), p. xxi; 8(1874), pp. Vii-Viii; *NCH*, 8 February 1872, p.111.

③ *NCH*, 11 October 1882, p. 375;"Meteorological Service for the China Coast: Annual Report of the Director, 1882 - 1883," *NCH*, 10 October 1883, p. 274.

④ *NCH*, 9 April 1884, p. 415;1 April 1885, p. 382. 这些开支是没有纳入 1885—1886 年的预算的,此后也没有再算进去,但是它或许可以从预算表中移开,*NCH*, 31 March 1886, p. 344。

⑤ *NCH*, 12 April 1882, p.400. 关于总理衙门的研究请参阅 Richard S. Horowitz, *Central Power and State Making: The Zongli Yamen and Self-Strengthening in China*, *1860 - 1880*, Unpublished PHD thesis, Harvard University, 1998; Jennifer Rudolph, *Negotiated Power in Late Imperial China: The Zongli Yamen and the Politics of Reform*, Ithaca, NY: Cornell East Asia Series, 2008.

外滩建立了一座信号塔,资金由法租界公董局提供。从那年9月起,报时球(从徐家汇由电子激活)就从上午10点开始向停泊在港口的船舶报告天气状况并提示风暴警报。① 大约83千米以外的郭实猎岛的灯塔负责提供每日的风速和风向的电报报告。印发的气象报告也张贴在那里以及港监局(Harbour Master's office)局长办公室。同一年,天文台也与上海新生的电话系统(只有三岁)发生了联系,它可以通过这一系统向与天文台取得共识与合作的公司发出天气紧急预警消息。② 新技术为发展系统提供了新的机遇。电话和电报线穿过新的中央电话交换机,然后将信息送到信号站。1884年11月,电话公司向用户提供了一项服务,让他们可以通过在中午举行的对话活动听到他们的声音。③ 因为与皇家海军在正午计算方法上有差异,徐家汇天文台最初的正午计算结果是有争议的。但在德切弗伦斯以认真且令人信服的解说证明了徐家汇天文台的正确且暗示英国海军的计算是错误的之后,这场争议与批评就平息了。④ 如此小的争议却清晰地表明了它是如何有力地建立了它的信用和领导地位的。

这一发现清楚而有效,并且很快就被应用于海关气象数据,从而促使该机构的服务进一步扩大。它也可能受到了于1881年被任命为海岸巡视员(Coast Inspector)的毕士璧的影响,他在这个岗位上直到1901年才退休。新上任者有助于新计划的推行。除了指导海关工作人员在某些港口采集每日气象数据[在口岸收集气象数据的细节不得而知,但是在1880年有14个非耶稣会观测站(可能是海关的)的数据被提供],他们在1882年5月正式被要求给徐家汇气象台发送数据。⑤ 香港天文台(Hong Kong Observatory)在1883年成立,它的成立与首任主任威廉·杜波克(William Doberck)有紧密的联系,这对于促进其进一步发展至关重要。中

---

① *NCH*, 26 September 1884, p. 347.
② *Bulletin mensuel* [Zikawei], vol. X (1885), p. iv. *NCH*, 11 April 1883, pp. 400 - 401;6 September 1884, p. 260;《上海气象志》,上海社会科学院出版社,1997,第18—19页。
③ *NCH*, 22 August 1884, p. 203;29 August 1884, p. 232;5 November 1884, pp. 520 - 521.
④ *NCH*, 12 September 1884, p. 308;20 September 1884, p. 319.
⑤ *Bulletin mensuel* [Zikawei], VI: 65 (January 1880), p. 1. 中国气象局档案馆所保存的数据是从11个海关观测站汇总而来的,时间是由1880年(大部分情况下)或更早开始,见《中国气象局气象档案馆指南》,气象出版社,2003,第24页。China, Maritime Customs, *Inspector General's Circulars*, Second Series, vol. 1,1876 - 1882, Shanghai: Statistical Department of the Inspectorate General of Customs, 1883, I.G. Circular No. 188,6 May 1882. 很明显这些数据早已发送,但是赫德于1882年5月才正式将其规范程序化。

国沿海的每个灯塔都建立了气象观测站。所有的观测站都将每月气象观测数据发送到徐家汇天文台,到1884年,也开始将数据发送给香港天文台。电报服务设立以后,从1884年开始,这些从观测站每天记录且发送至香港的气象数据被纳入天文台《中国海岸气象登记报告册》(Observatory's Daily China Coast Meteorological Register)。

许多补充性的或重叠的个人或机构倡议将目前以上海为中心进行布局的气象设施加以整合发展。该倡议更为广泛地关注知识生成与知识交流之间的联系,却较少考虑实际天气预报网络,这种逻辑就显得很残酷,它又如何能支撑起条约口岸日益增长的复杂性以及他们的日常活动呢。功能贸易的前哨变成了一个日益丰富的生态系统的一部分,它是与殖民世界和全球发展联系在一起的。到世纪之交,尽管海关是在为耶稣会机构而不是为中央政府的天文台工作的,但它已经在赫德最初的气象服务构想上获得了相当大的成就。[①] 该天文台与其香港的竞争对手需要更为全面的规划图景。

徐家汇天文台

徐家汇天文台是由耶稣会传教士在现在的上海徐汇区正式成立的。尽管试探性的工作从1845年克劳德·戈特兰(Claude Gotteland)的指导下已经开始,但是直到1872年,在奥古斯汀·克伦贝尔(Augustin Colombel)的监督下,才建造了一个永久性的天文台。[②] 当然,天文台的建立,是16世纪晚期在中国的亚洲耶稣会天文工作的一部分延续。但是,它并不是回到这个古老的传统中去,而是现代国际社会科学研究网络的一部分。的确,到20世纪20年代末,该组织负责在亚洲、欧洲和美洲维持大约30个类似的天文台。[③]

1876年以后,在奥古斯汀·德切弗伦斯(Auguste Dechevrens)的指导下,天文

---

① 徐家汇天文台负责人 Louis Froc 提供了一份明细表,这份明细表是关于政府在1905年对于因斯布鲁克会议的决议报告的历史:"Meteorological Organisation of the Chinese Imperial Maritime Customs," Appendix XXI, in *Report of the International Meteorological Conference at Innsbruck*, September 1905, London: HMSO, 1908, pp.105 – 107.
② Pyenson, *Civilizing Mission*, p.158.
③ SHAC, 679(1)3611, *The North China Daily News*,关于神父 Gherzi,可参阅"The Story of Siccawei Observatory," 15 December 1927. See Augustin Udias, *Searching the Heavens and the Earth: The History of Jesuit Observatories*, Dordrecht: Kluwer Academic Publishers, 2003, pp.276 – 281.

台的研究活动开始认真起来。① 该组织主要的气象活动有两个方面：首先，它研究并发表了国际公认的气象模式和现象的研究成果；其次，它制作并发布了天气预报，特别关注风暴预警。对飓风的研究，是天文台的专长，而飓风也正是中国海岸的水手经常遭遇到的危险——德切弗伦斯在1879年7月31日出版的《台风》的小册子，是一系列此类报告中的第一份。但是，徐家汇天文台的研究活动与出版物可不仅仅聚焦于此。此外，有关降雨量以及大气方面的观测结果和资料汇编，也会被天文台定期地予以发布。② 徐家汇天文台的科学家们并没有探索他们有可能从中国的气象著作中学到什么，而是把注意力集中在他们所认为的现代科学气象上。

从19世纪80年代开始，徐家汇天文台与海关之间就存在着密切的关系，这使得海关贡献的气象数据出版成为可能，因为它提供了大量的有价值的气象数据。徐家汇天文台工作的第二个方面，则是发布天气预报和风暴警报，那些从海关的气象监测站通过电报（主要是在关键港口，有时也是从郭实腊岛）发送过来的气象数据，当然也会辅以水手从海上发送来的气象信息，这些使得这第二个方面的工作成为可能。通过对这些数据的处理，徐家汇天文台能够在上海当地的外文和其他媒体上发布天气预报。更为重要的是，在信号系统建立之后，天文台能够向航行船员发送可靠的风暴预警。1912年以前，徐家汇天文台对整个海关库存的气象设备进行了至少一次的检查，神父斯坦尼斯拉斯·谢瓦利埃（Father Stanislas Chevalier，徐家汇天文台1887—1897年的主任）在1895年视察了大部分的气象设施。③ 徐家汇天文台也密切关注各方提供的气象数据，指出可能的错误或潜在的仪表失误。④ 它还对成为气象专业人员的海关工作人员进行专业的培训（至少是熟练的）。从档案中可以看出，徐家汇天文台的董事与海关海事委员之间的关系非常密切，这无疑有助于两家机构的高级工作人员的相对稳定。它也可能在一定程度上得益于毕士璧的国籍。英法在中国沿海地区的互动从来不是一帆风顺的。即使是在上海，英国主导的

---

① Pyenson, *Civilizing Mission*, p. 158; Udias, *Searching the Heavens and the Earth*, pp. 276 – 281; M. Dechevrens, "L'Observatoire de Zi-Ka-Wei, fonde et dirige par less missionaries de la Compagnie de Jesus, mission du Kiang-Na," *Etudes religieuses, philosophiques, historiques et litteraires* 43(1888), pp. 262 – 279.
② Pyenson, *Civilizing Mission*, p. 159.
③ SHAC, 679(1)3611, "Dossier: Meteorology, 1923 – 34," CI to IG, 1 April 1926, 3686.
④ SHAC, 697(1)21364, "General Questions Concerning Meteorological Observations, 1930 – 47," CI to IG, 19 Nov. 1930, no. 4530.

公共租界和法租界的公董局之间的关系也常常是有问题的。赫德的服务旨在使其工作人员国际化，这在一定程度上使其成为帝国主义内部互相竞争与对抗的竞技场。①作为一名美国人，毕士璧或许会给这种淡漠的关系带来些许缓和的迹象。但是很明显，最为重要的还是海关与徐家汇天文台的联合，以及资产和专业知识的匹配。

香港天文台

为了配合上海气象事业的发展，英国皇家学会于1879年在香港建立了一个天文台，这一计划是由殖民地的测绘局长（Surveyor General）在海军总司令的支持下于1877年10月提出的。② 这些计划于1883年变成了现实，当时英国殖民当局成立了香港天文台，目的是为船舶的安全航行、风暴预警、地震观测和时间服务提供相关的气象信息。随着1883年威廉·杜波克博士的到来，这项工作正式开始了。③当然，建立天文台的倡议者是受到一系列因素的影响才提出该方案的。在印度和毛里求斯成功建立一系列气象服务的经验，以及对区域风暴预警系统的需求等因素也是很明显的。赫德在1874年的请求中只是提及了这种地区性的合作事宜，"人们希望赫德能够抓住当前的机会振兴他的这一主张"④。在杜波克抵达香港后不久，他就被要求联系海关与徐家汇天文台。1883年9月和10月，他访问了汕头、厦门、上海、镇江、九江、汉口、高雄以及其他许多灯塔观测站。赫德要求他的委员们要由他授权，但是没有做出任何承诺。杜波克在12月份提交了一份与赫德合作的计划，但是该计划被总监（the Inspector-General's office）予以否决。此外还有一封信，信里承诺更多的合作内容，远比将香港的气象数据发送给徐家汇天文台的要多，可以说是"随心所欲"。⑤

---

① Ladds, *Youthful*, *likely men*, *who can read*, *write and count*.
② *Hongkong Government Gazette*, 17 November 1877, pp. 510 – 513. 也可参阅 MacKeown, *Early China Coast Meteorology*.
③ 除另有注明外，本段及以下各段均为 W. Doberck to Colonial Secretary, 8 November 1883, *Government Notification* No. 380, *Hong Kong Government Departmental Reports*, 1883.
④ Major H. S. Palmer, "On the Proposal to Establish a Physical Observatory at Hongkong," 17 July 1881, *Hongkong Government Gazette*, 3 September 1881, pp. 801 – 813, quotation from p. 811.
⑤ Hong Kong Public Record Office, HKRS 356 – 1 – 1, *Colonial Secretary to W. Doberck*, 30 July 1883; 23 August 1883; E. McKean, Chief Secretary, I. M. Customs, to W. Doberck, 26 December 1883; *China*, *Maritime Customs*, *Inspector General's Circulars*, Second Series, Vol. 2, 1883 – 1885, Shanghai: Statistical Department of the Inspectorate General of Customs, 1887, I. G. Circular No. 235, 7 September 1883, I. G. Circular No. 271, 6 March 1884.

赫德对海关所产生的信息和数据进行了严格的把控。通告指示专员提醒所有工作人员,除非有明确指示,否则任何形式的海关数据都不得公开。最初海关对于德切弗伦斯的提议犹豫不决,当然这是源自赫德制定的这种常规和严格的服务规则。气象观测当然也明确地被包含在这种严格规定当中,在德切弗伦斯视察后不久,一些暗示信号得以释放出来。① 杜波克曾拜访并敦促海关专员和领事馆,检查了他在这些地方发现的工具设备,得出结论认为,它们中的大多数都是"普遍无用的",虽然它们的用户足够聪明,但是这些人要么是生病了,要么就是没有接受过专业的训练,因此他试图搅动整个海关来改变这种局面。杜波克对在上海和厦门储存的气象设备进行了测试,认为是合格的且可以进行分配使用。他确定了安装设备的地点,为在中国的气象工作制定了一套指挥系统,设计了合适的表格,并且与上海和厦门的海岸巡视员制定了35个观测站的发展计划。殖民政府已经向赫德提议,认为新天文台的位置是独一无二的,应该成为"中国气象服务"的中心,而新任命的年轻董事们也显然已准备好在此基础上再接再厉,只要赫德认可就行。应该注意到,在杜波克的报告中没有提到徐家汇天文台。但是,香港天文台想要抢占领先地位,已经晚了一年时间。徐家汇已经建设成为上海气象系统的中心机构。杜波克的雄心和方法亦是无济于事的,虽然他曾被他的上司评价道:"他有着令人捉摸不透的品格……是最善于解决问题的人。"②

　　不过,杜波克旋风般的行动带来了他所期望的实际效果。赫德命令所有的气象记录站将他们的气象数据发送给香港,并且将这些被封存的气象仪器分发到新的观测站。海关在1885年4月派了一名工程师助理约翰·雷金纳德·哈丁(John Reginald Harding)予以指导气象设施的建设。③ 1887年,杜波克为中国所写的气象观测指南以及学术著作《东方海域风暴研究》被重新出版并被指定为海关官方出版物。此后,双方关系继续发展,即使海关断然拒绝承认香港为中国的气象总

---

① Maritime Customs, Inspector General's Circulars, Second Series, Vol. 1, 1876 – 1882, Circular No. 184, 17 March 1882; Maritime Customs, Inspector General's Circulars, Second Series, Vol. 2, 1883 – 1885, Circular No. 267, 12 February 1884.
② HKRS 356 – 1 – 1, Minute, Assistant Colonial Secretary to H. E. The Governor, 21 May 1890.
③ W. Doberck, *Observations and Researches Made at the HongKong Observatory in the Year 1885*, Hongkong: Noronha & Co. 1886, p. 2; HKRS 356 – 1 – 1, McLeavy Brown, Commissioner, Amoy, to W. Doberck, 30 March 1885.

部,并且转而与徐家汇天文台建立了更为紧密的关系。在中国,一个由英国人组成的机构会拒绝与一家英国殖民机构合作,这似乎有违常理,但赫德给他的员工灌输了一种坚定的信念,即他们是为中国政府服务的。此外,香港是处于英国在华活动的轨道之外的。它是由香港殖民当局所培养的人员与思想网络连接起来的独立的区域。而中国则是由外交部门来处理对外关系。殖民当局与外交部门从来就不是简单的合作伙伴。但是从实际意义上来说,选择上海对海关来说要好得多,因为海关总部(Marine Department)设在上海,而且已经超过了香港成为对外贸易的中心。杜波克是一个默默无闻的人,但他和他的同事们在上海又是著名的人物。尽管如此,还是有一种功能性的关联,杜波克的助手(后来的继任者)弗雷德里克·乔治·费格(Frederick George Figg)在1892年对海关观测站进行了考察,这些观测站将中国海岸气象记录数据通过电报传送到香港,他考察的目的是为了检验他们的设备。① 尽管杜波克不断强调这一潜在优势,即科学与海关在发展中的紧密关系,不仅有助于了解中国的气象,也可以了解北半球的气候状况。但是在风暴预警的实际工作上,他还是专注于香港当局,同时也专注于与海关的合作方面。②

尽管有一种基于数据交换的内在联系,但徐家汇天文台与香港天文台之间的关系以及他们各自的董事之间的关系常常令人担忧,尤其是在T. F. 克莱斯顿(T. F. Claxton)于1912—1932年担任皇家天文台董事期间,双方关系降到了冰点。克莱斯顿在殖民气象学的职业生涯中,他在1911年来香港担任指定主管前,曾任毛里求斯天文台主任一职。总而言之,海关海岸检查总长额得志(Eldridge),"倾向于认为香港皇家天文台在远东应该有优先发展的权利"③。克莱斯顿的雄心与自大没有受到徐家汇现任管理层的认可,神父弗洛茨(Father Froc)和他同样倔强,也不愿看到他在徐家汇天文台从事气象工作,这是由于他几十年献身于耶稣会的职责造成的。这两个天文台仍然保持着冰冷的关系,尽管在克莱斯顿抵达东亚后,他确实访问了徐家汇天文台,并与上海的天文台进行了交流,但他们经常选择通过海关进行

---

① W. Doberck, *Observations and Researches Made at the Hongkong Observatory in the Year 1892*, Hongkong: Noronha & Co. 1885, p.1.
② W. Doberck, *Observations and Researches Made at the Hongkong Observatory in the Year 1884*, Hongkong: Noronha & Co. 1885, p.1.
③ SHAC, 679(1)3611, "Dossier: Meteorology, 1923 - 34," Capt. Eldridge, Coast Inspector, to Frederick Maze, Hankow Commissioner, 1 December 1923.

沟通，而不是直接互相交流。

在1902年香港天文台台风预警的效率问题上的互相指责，凸显了这两个气象中心之间不同的发展路径。他们交换了出版物，但香港方面出于专业原则的考量，并没有发布"从其他地方收到"的风暴预警。事实上，据说香港并没有收到徐家汇天文台的电报报告，而是他们从上海海关处获取的信息，并且密切关注着郭实腊岛的气象数据。对于徐家汇天文台发布的风暴预警，杜波克的助手（后来的继任者）弗雷德里克·乔治·费格认为，如果要发布徐家汇的预警，就意味着香港方面同意其分析结果，而事实上这些分析结果"往往并不准确，甚至可能与我们发布的结果截然相反"。虽然数据是从当时的海关中流出的，但专业人士的嫉妒和厚爱形塑了解释的过程。现实的外交也构成了交流的途径。费格的继任者克莱斯顿必须通过香港殖民机构、英国驻港领事与当地的海关官员取得联系并进行沟通。①

这是一个内部理念有较大冲突，是被三家持不同政治态度的机构所塑造成的功能性的联合体。他们组成了一个不太可能的三重奏：一个殖民政府的机构，一个主权的亚洲国家，以及一个由宗教团体组织的国际科学网络。这也是一个科学研究势在必行的联合体，是一个比较新潮的实践尝试。尽管存在着这些戒备或分歧，但很明显这是一个跨国的、区域性的合作网络，还是得到了发展、完善与塑造。合作伙伴给这一网络带来了不同的资源：数据、实用的专业技术、科学知识，以及接触公共和私人资源的不同路径。他们还将不同的更加宽广的网络及资金资源纳入其中。海关最终在技术层面扮演的中央天文台的角色被弃置了，而香港则在自己的领域中扮演了主要的预报角色。但由于海关是中国的国家机构，而徐家汇天文台是没有正式的地位的，它与海关的关系仍然是非常紧密牢靠的。没有了海关的支持，徐家汇天文台将不会再有如此高效的运转，而且也很难获得正式的国际认可。

科学的目的是服务人类。随着中华民国的成立，在北京也成立了新的中央政府气象机构，徐家汇天文台的历史开始告一段落。在那之前的50年里，罗伯特·赫德提供他的这一服务的首要目的就是"帮助人们掌握自然法则"。1912年以后它在预报精确度上有了更好的发展和进步，这是一个强大的系统。气象数据被生成、记

---

① HKRS 356-1-3, Secretary, Chamber of Commerce Hong Kong, to Governor, 17 May 1902；Figg（担任天文台的主管）to Secretary, Chamber of Commerce Hong Kong, 30 May 1902；Colonial Secretary to Figg, 2 June 1902；Figg to Colonial Secretary, 6 June 1902；Claxton: passion this volume.

录、分发和存档,并被应用于国际研究。在中国沿海的 19 个灯塔观测站中,赫德的"相当聪明的欧洲人"从这些仪器提供的图片中读取数据。另外的 20 个海关观测站则是记录观测数据。徐家汇天文台在规划哪些数据将被记录方面发挥了主导作用。这些数据被转录成月报,通过海关署(the Marine Department)发送到天文台。与此同时,14 个观测站通过电报系统将每天的数据发送给天文台。徐家汇天文台检查并整理这些气象数据,用于其研究目的,同时也将这些数据发布到国际上。此外,它还通过电报接受并翻译这些文本、图像和各种符号图标,并以此为基础发布天气预报。当然,他们有时做的事也是有实际限度的。克莱斯顿在他担任香港天文台负责人时,曾游说海关对气象数据的读取办法进行修改,并及时地将数据分发出去。对此,海岸巡视员(the Coast Inspector)回应道:"好吧,我们用我们现有的东西做我们能做的,那就是什么也提供不了。员工对数据的解读不能超过最低的限度,因为他们不会支付这些额外任务的费用。如果我们增加解读的数据并且发现问题,那也只是表明发现了如何度过"被孤独的时间冷落了的生命"的各种方法而已。"尽管很多人的生活相对安定,但在观测站这一大家庭中,酗酒、性、赌博和仇杀似乎已经消耗了其他人的生命。此外,工作人员在岗位上如此迅速的轮转,以至于弗洛茨偶尔会抱怨"观测根本就没有科学价值"[①]。后者的回应部分是因为香港管理方法及其(在他们眼中)新任董事的傲慢态度,它们可能不会完全被视为自我批评,但它们肯定是有事实依据支撑的。这个系统的好坏取决于它的员工。尽管存在着这些问题,尽管他最初的规划设施没有完全建立起来,但赫德更加深刻地认识到,在这个领域里,海关对科学的贡献是完全实现了的。

结论

1881 年,德切弗伦斯曾希望清政府能将中国海岸气象系统扩展到中国内陆地区。徐家汇天文台可以为观察员提供中文手册,但是没有结果。上海国际商会认为,中国政府应该经营这样的气象服务,但事实是除了海关外,它并没有正式参与进来。因此,徐家汇天文台成了一个合作机构,它的资金来自商会、法国殖民当局和提供数据的海关。即便如此,中国政府也早就认为自己在气象领域发挥了一定

---

① 根据 HKRS 356 - 1 - 3:Hart to Lugard, 19 April 1912 and enclosure, Force to Claxton, 18 April 1912, Bickers, "Infrastructural globalisation".

的作用。与民众和官方发起的求雨活动相比,清政府与天文台的这种务实的互动也逐渐增多了。[①] 例如,1899 年 6 月在干旱的威胁下,北京城的官员就曾询问过美国公使馆的工作人员,最近在得克萨斯州进行的美国军队的降雨试验是否证明是有效的。他们对于这一领域的科学和技术感兴趣,就如同他们对其他领域感兴趣一样。[②] 最终它没有对其关切做出回应或施予影响,这使得中国海岸气象系统远离了主流学界的关注,它只能望洋兴叹。弗洛茨研究了因斯布鲁克(Innsbruck)和国际气象组织,并且发展了国际气象系统。清政府关注的是干旱、水资源的掌控以及人民的供给。徐家汇天文台的气象系统并没有对中国北方或内陆人民提供任何的服务。它是有过辉煌的,它的遗产也必将是持久的,但它与中国条约港口以外的世界没有丝毫关系。要纠正这种狭隘的偏差,是由民国时期主要在外国接受训练的中国新一代科学家所承担的一项主要任务,它塑造了他们的科学性与政治性。[③]

在 1932 年回顾海关气象工作的发展历史的时候,一份海关气象手册阐释了气象服务所取得的成就。在该书的使用说明中认为:"这样大规模的收集气象资料数据……可不是徒劳无益的。"特别是这项工作可以使科学家能够拓展对气象变化规律的认识,同时也可以进一步掌握这种变化对远东地区气候的影响。[④] 从气象服务开始的 60 年前,赫德最初的梦想就是对科学进步做出巨大的贡献。此外,即使是中央研究院所属的气象研究所(the Institute of Meteorological at Academia Sinica, the organization),该机构在政府支持下于 20 世纪 30 年代曾发起了一项艺术气象服务运动,也承认他们从海关那里继承了很多财富。1935 年,中国科学院气象研究所主任竺可桢在给海关督察梅乐和(Frederick Maze)的信中宣称:

---

① 相关内容请参阅 Jeffrey Snyder-Reinke, *Dry Spells*: *State Rainmaking and Local Governance in Late Imperial China*, Cambridge, MA: Harvard University Asia Center, 2009; Daniel L. Overmyer, *Local Religion in North China in the Twentieth Century*: *The Structure and Organization of Community Rituals and Beliefs*, Leiden: Brill, 2009, pp. 18 - 31. 也可参阅 Mark Elvin, "Who Was Responsible for the Weather? Moral Meteorology in Late Imperial China," *Osiris*, 2nd ser., 13 (1998), pp. 213 - 237。

② *NCH*, 6 June 1898, p. 976. 关于这些努力的历史可参阅 James Rodger Fleming, *Fixing the Sky*: *The Checkered History of Weather and Climate Control*, New York: Columbia University Press, 2010。

③ 王左月:"Saving China Through Science: The Science Society of China, Scientific Nationalism, and Civil Society in Republican China," *Osiris*, 2nd ser., 17(2002), pp. 291 - 322。

④ SHAC, 679(1), 21530, Instructions Concerning Meteorological Work, second issue, IV Service Series, No. 27, 1932, p. 4.

在过去,海关一直是中国气象服务的中流砥柱。它确实激发了我们的钦佩之情,认为你们的许多站点连续 20 多年每天要进行 4 至 8 次的观测记录,而这些活动并没有得到我国财政部门的些许资金支持。这一事实本身就极大地说明了你们政府的效率和经济状况。①

尽管有些人可能对该项目在其早期阶段的效用表示怀疑,但是到 20 世纪 30 年代,它的工作已被证明是正确的。正如赫德所希望的那样,气象服务与海关工作的其他方面一样,为其他组织建立或仿效提供了一个很好的成功典范。

如果说这项工作在某种意义上来说是正确的话,那么它也曾遭受过政治批评与攻击。竺可桢先生对梅乐和的评论中有一点是错误的,在一定程度上来说,中国政府确实是付出了代价的,因为海关毕竟是中国的一个国家机构,但竺可桢并没有很清楚地看到这一点。在他后来的著述和报告中清楚地表明,在中国气象学界争取独立自主的长期斗争中,遇到的挫折与困难是并没有被遗忘的。在中国,徐家汇天文台的卓越成就是国家的首要目标,但是海关的工作与和它有着紧密联系的天文台工作并没有区分得很清楚。几十年后,海关所保存的历史气象数据记录等问题才被重新加以审视。竺可桢在 1951 年曾声称,以前整个国家的气象服务系统都只服务于徐家汇天文台,而且只服务于英美等国的航运利益。② 竺可桢后来写到,所有这些外国活动都只是为了满足外国帝国主义列强的经济利益并对中国进行侵略。这些活动直到 1949 年还在继续进行,而 1950 年 12 月对徐家汇天文台的接管,才终止了帝国主义列强在气象方面的"文化侵略"。这些语言或许适合那个新时代,但竺可桢先生却一贯地表现出他对中国气象活动的外国殖民化的担忧。③ 气象研究被认为是中国经济发展、科学发展和国防的重要组成部分。一个世纪以来,它似乎只服务于外国帝国主义,而从 1949 年起,它转而服务于中华人民共和国了。

---

① SHAC, 679(1)21364, "General questions concerning meteorological observations, 1930 – 47," Cochin Chu, Institute of Meteorology, National Research Institute, to Inspector General Maze, 9 April 1935.
② 大多数法国耶稣会的科学家都拒绝接受后者的指控,因为徐家汇天文台的技术基础取代了法国传教士"教化使命"的服务。Pyenson 总结说,他们服务于法国的地缘政治和军事利益,*Civilizing Mission*, p. 336.
③ 竺可桢,《中国气象学会第一届代表大会开幕词》(1951 年 4 月 15 日);竺可桢,《中国过去在气象学上的成就》(1951),收入《竺可桢全集》第 3 卷,上海科技教育出版社,2004,第 56 页、59—60 页。

到目前为止,在对海关气象数据的大多数评价中,也一直在遵循着类似的分析方法,但是它的总体影响是得到承认的,尤其是罗伯特·赫德对气象事业矢志不渝的兴趣更是被认可。① 然而,徐家汇天文台和海关的角色已经完全融入了中国现代气象事业的发展记录中去了;尽管一些气象网络的基础设施仍然存在,现代的灯光也依旧在昔日海关关灯处发亮,上海外滩的信号塔现在也仅仅是一个酒吧。中国海关的真正遗产是它的气象数据。该服务机构曾拒绝将其最初的数据副本移交给竺可桢所在的研究所,但是大部分来自海关的气象数据现在都由中国国家气象局保存于北京气象局的图书档案馆。这些数据资料里最早的记录是来自1879年的。中央政府的代表从1953年春夏开始,将徐家汇档案从上海搬移到北京,而在政府图书馆保存的所有海关气象报告的清单则是在1957年编制的。1959年6月,第二批材料从徐家汇转运到北京。② 虽然已经认识到它的局限性,但是这些材料仍然是今天一个重要的气象学资源,而所有这些都根植于罗伯特·赫德广博的学术兴趣和将新机构融入全球科学实践的潮流中去的敏锐意识。

(毕可思,英国布里斯托大学历史系教授;严斌林,郑州轻工业大学马克思主义学院讲师)

---

① 可参阅陈士祺:《中国近代海关史》,人民出版社,2002。
② 《上海气象志》,上海社会科学院出版社,1997,第418—419页;《中国气象局气象档案馆指南》,气象出版社,2003,第24—26页。

上海的美国人：移民、持续性和流动性[①]

[美]兰姆生 著 张 生 校译

作为世界和太平洋地区现代贸易航线上的一个大型沿海城市，上海的突出特点之一便是其人口流动性，不论本国居民或海外人士。

柏拉图关于海洋地理位置影响的言论曾被引述，而且我们在上海确实发现，海洋贸易的气息使得商人和店主遍布大街小巷。同样在某种程度上，它激发了人们灵魂中飘忽不定的想法。亚里士多德曾经断言海洋城市总有大批商人来来往往，西塞罗同样也认为港口城市引入的异域风尚使得其社会机构不稳固且充满变数。

上海仅作为一个"贸易居留地"(tading settlement)，充满着无常感，缺乏深层根系来传承文化、保持传统和维护市民尊严。这些特质盘旋在上海和我们这些小的外国社群之上，并注入一种变化多端的意味。上海作为文明的前沿，驻军力量数易其手，今天在这里，明天又走了。正如伍德(Wood)对于海外殖民地的判断："人员永远在变动，新人代替归国的旧人，同时带来新鲜的想法。"[②]

这种流动性、无常性，以及外来征服者种族优越感的某些因素导致了社会及文化上的高度隔离。沃思(Wirth)描述犹太社区时说：

即使形势相当安稳，社区受时势影响向安好的方向调整了，犹太社区的发

[①] Herbert Day Lamson：*The American Community in Shanghai*，(*A Dissertation Submitted to the Divison of Sociology*). Part 2, *Migration, continuity, and Mobility*. Chapter 5. Havard University 1935.本文初稿由上海社会科学院硕士研究生张薇、石千千、李帅、徐子明、崔正秋、黄娟、刘懿峰、樊杨（排名不分先后，以译稿页码为序）翻译。

[②] M.M. Wood，*The Stranger*，p.169.

展也仍然趋于停滞。①

可以说,在华美国人社群的大多数人将上海仅当作休憩之所,但他们仍然愿意奋力维护上海这座城市,并非因为这是他们的家园。他们在这里做点生意,传播教义,行些善事,治理城市,冒险行事,最后衣锦还乡。传教士、政府官员、制造商代表,与家乡联系不断,大多数情况下其薪资也是从祖国发放。在沪美国人的流动性是我们与中国人一直如此生疏的原因之一,并非唯一原因。对于大多数在沪美国人来说,他们与家乡的联系远比与上海本地人的联系紧密多样。上海美国人社群虽在空间上与祖国隔绝,但他们和家乡的联系是多样的,源源不断的新到者、访客、游客和休假归来的人,还有报纸、杂志、书籍、电影、信件、电报和收音机等。当然早些年间,联络较少,交流更慢。

外国社群并非脱离母体之后再无联系的分裂体。它并非独立存活的,而是极其依赖母国美利坚,它提供工资、武装士兵、炮舰,生活方式、精神生活的滋润依靠书籍杂志和带来很大愉悦的有声电影。日新月异的太平洋彼岸给我们的生活带来的滋养甚于中国的运河。本地人赖以维生、恢复元气的也正是同一条飞速流动的西方文化之河。这种情况下,谁还能指望充满幻想、垂垂老矣的中国给上海美国社区带来什么? 代沟、文明的年龄使得彼此之间隔断。至于美国人,永无休止的年轻社区,与中国有所联络的那一部分已开始因焕发青春而战栗,褶皱的皮肉展现出了细滑的肌理。年老中国与年轻美国社区的亲密之处,并非年轻一方需要前溯一千年以便理解历史,而是年老中国发现青春之泉,重获精神焕发的姿态,与青春社区携手展现男子气概,勇往直前而非瞻前顾后。

1932年,一位受过西方教育的中国人在英国牛津大学的演讲中说:

> 中国文化是一种极度关心人的文化。这种文化仿佛是一位宽和幽默、自得其乐的老者,有醇厚智慧且有老年人的缺点,即使这样也是可爱的。西方对中国的很多蔑视仿佛一个缺乏耐心、急于改革的年轻人面对老者时的态度,而中国对西方的厌恶仿佛一个见多识广、了悟人生的老者,在9月的清晨被那些自恃聪明的年轻人从温暖火炉边的扶手椅上拽去海水浴……危险在于,尽管

---

① Louis Wirth, *The Ghetto*, p.51.

老者有足够的常识去理解9月清晨里海水浴的乐趣,但年轻人往往没有足够的常识去欣赏蜗居在温暖火炉边的美……①

正在缓慢打破上海中美隔绝局面的不是外国人,那种设想中的安静和被动的潜移默化被本地人永不停歇、积极、不平静的习惯所打破。静止转为流动的世俗需求,那些概念性的东西,外国人和中国人都将说同一种文化的语言后,将能一同继续无限的追求。

我们借以观察本族群流动性的角度有很多。美国社区中的无常感遍地都是。在一篇关于"上海怎么了"的文章中,一名美国人于1930年在一份英文的中国周报中写道:

> 尽管这座城市拥有大量财富,但显然它的一些地方极度病态、不健全。如果问一位中国游客他对上海评价如何,他一定会回答说他恨上海,但这是当前唯一能做生意的地方。实际上,对一般的中国人而言,上海象征着所有折磨着他的国家的罪恶。甚至对于许多在这座城市里发迹的外国人来说,他们留在这里也不过是因为在这儿挣得比他们在其他地方想挣到的多多了。他们公开表达很讨厌这里,有多想尽快离开。通常,这些人从不会真的离开,但在最近两三年里,对形势忍无可忍的老上海通们上演了一出真实的"出埃及记"。
>
> 上海居民通常觉得这城市不适合建立一个永久之家……老一辈通常反对把年轻人送到中国最大的港口去,除非他们确信年轻人的道德感足够坚定。②

至于在沪外籍人士的"上等生活",一位美国传教士在谈到他的孩子们即将从美国的大学毕业回上海时说:

> 父母们了解在这里出门做生意的年轻人得面对多少诱惑,轻浮的女人、酒精等等,他们不急着要求儿子们回来。我的妻子说她不想让儿子回到上海。就算他要与魔鬼为伍,她也宁愿他去美国的魔鬼身边而不是在这儿,在上海,

---

① 林语堂:"The spirit of Chinese Culture," *China Critic*, June 30, 1932, p. 651.
② Maxwell S. Stewart, "What is Wrong with Shanghai?" *Chinese Nation*, Aug. 6, 1930, pp. 119-120.

他堕落得更快。①

这就是那种上海及其流动性加速道德崩溃的感觉。

一位英国历史学家赞扬上海和它的社会格调,在1920年代早期这样写道:

> 因为上海一直是一个商业港口……我们从来不是日内瓦那样的宗教生活中心,也没有像佛罗伦萨那样用艺术装点这个世界,城市历史单调乏味……西方人到这里赚取财富,然后回到祖国花掉它。这里相比新英格兰殖民地更像克朗代克的金矿区。除了少部分官员和传教士,我们可以这样说,所有人都是全副身心投入且一直在努力谋生。因此,对大多数人来说,它仅是一个短期居留所,不是一个家。有些人,尤其是最近,在这儿定居通常是因为他们无法离开,或者只是因为习惯了而选择这儿。少小离家老大归,他们成了异乡人,无法回到家乡安顿下来。这儿的居民心中对上海毫无激情,除非在看到年度贸易报告的数字时才有些许骄傲。心中没有审美,这儿也没有文教优势,天气也不是它应有的样子,周边本地人的生活也无诗情画意般的魅力,于是,整体上而言,人们不会举家扎根此处,上海和他们祖国的关系很大程度上就像店里或者办公室之于家:这里是工作和赚钱的地方,但不是休憩、享乐、值得精心装饰或者骄傲的地方……人们……前来,赚取财富,其中一些又再次匆匆离开,仅仅留下微不足道的纪念碑或者捐赠来纪念这个使他们发财的地方。我们有"最早的居民"的说法,却没有"最早的家庭"。②

同样该作者提到"上海所有的外来关系缺乏永久性和持续性",接下来他说:

> 新来者把问题看成新的、可以解决的,他们忽视了过去几代人在这些相同的绝望困境中的折磨和心碎。就好像新来的传教士可能会假设只要他用合理的方式传播福音,理性的人们就会接受它。于是,在金融、政府事务、商业等,一批又一批的新来者把老问题当作新的来处理。工部局的成员都很忙碌,投

---

① *Interviews*, p.21.
② S. Couling, *The History of Shanghai*, Vol.2, unpublished, p.2.

身工部局公共事务的时间只有一两年；主席也不是固定不变的；只有那里工作超负荷的秘书似乎一直在。商人来了又走，公众也在迁徙中。①

这种永恒性的缺乏，这种归属感的欠缺，导致了外来居民对上海制度性机构建设恩惠极少。英侨编辑在1900年的官方报纸中评论说：

> 说上海是慷慨的、坦率的，甚至准备好了回应任何请求，这只是用另一种方式说明上海仅仅是上海。但我们承认，个人以私人的名义为社会做得很少，都"靠自己的力量"而已。汉璧礼（Thomas Hanbury）先生作为主要捐赠者，在一所学校留下了他的名字。但为什么那些有实力的居民不能步其后尘，建造博物馆，补充图书馆库存，或者为公立学校增加一幢科学楼呢？②

作为一个涉外城市社会，上海一向以它的开放和慷慨享有盛誉，但相反，侨民缺乏捐赠大笔资金建设永久城市的热情。1932年，社区教会的美国牧师在访谈中说：

> 你在外国人中间不会觉得这是他们的社区，他们不会期待建设，或让他们的孩子一起来这里并享受已经建好的一切。上海的英国人在公民责任感上优于美国人，在城市规划的谈论中可以看出。这里的美国人没有人愿意在纪念窗口、机构、教堂附属的地方工作。我们毫不费力地提高了教堂目前的预算，但如果继续就非常困难，因为"这里并不是他们的家"。③

一位美国妇女在戏剧和游行表演中帮助中国大学生收集了各种各样的道具和衣服，她评价说："如果你觉得自己会在这里度过余生，你难道不会做更多吗？"④

另外一位在上海居住了超过二十年的美国女士，提到外侨群体的一般态度，尤其是女性时，她在1932年评论说：

---

① S. Couling, *The History of Shanghai*, Vol. 2, unpublished, p. 104.
② *North-China Daily News*, Mar 26, 1900.
③ *Community Church folder*, pp. 153-154. (H.L.)
④ *Attitudes and Casual Conversations*, p. 15.

我对上海的感觉是,人们出来做一件具体的工作,他们对工作很坚持并很感兴趣。工作和他们的娱乐活动是他们感兴趣的两件事,而不是别的。在美国,许多妇女做她们自己的事。她们来到上海,有足够的仆人为她们服务,而她们只需要休息。事情越多,需要亲自动手的就越少。于是,茶和桥牌就花费了大量的时间。①

1932年,一位上海基督教青年会(Y.M.C.A)的秘书采访中回答我的问题:"你认为这些在沪人员对上海持有怎样的态度呢?"

我们发现了各种各样的在沪人生观。有天,我和一位失业的男性谈话(我们在这里经营一家职业介绍所),我问他:"你为什么在没有工作保障的情况下来上海?"他摆摆手让我们不要谈这件事情。我得出了一个结论:大多数人在没有得到有前景的工作的情况下仍然来到这里,是因为他们想忘记或逃离发生了某些事情的故国。我认为那些来到上海工作了的人会有这样一种感觉,上海并不会成为永久居住地。因为越来越多的中国人正在取代外国人。从工部局的政策中就可以看到这一点。例如,在消防部门,他们正在尝试逐渐将外国人替换为中国人,但他们需要克服没有找到足够合适的中国消防员的障碍。如果一个中国人想得到一份工作,他需要向中间人寻租,但工部局管理职位寻租对多数中国人来说很难。

对于很多外国人来说,上海吸引他们的其中一个原因在于,在这里能比在家乡赚到更多的钱,有更高的工资。另外,一个不是大学毕业生,但受过煤气员或绘图员等技术培训的人来到这里,会发现自己能拥有许多苦力和下属,他处于中层领导的地位。②

这种能够有仆人、支配一些所谓的劣等民族,并能用工资购买所有种类的干粗活的家庭仆人的感觉,是他们被吸引来上海生活的原因。比当地人强太多,让人自

---

① *Interviews*, p.5.
② *Interviews*, pp.36-37.

我满足的尊贵感受,带来一种值得考量、天天向上的社会流动感。

一位出生在上海的二代美国女性,用上海人的语气评价说:"你可以说出你想要的上海意见(Shanghai mind),不能反对上海感情(Shanghai heart)……的确,在这里得不到公民自豪感,也没有在美国城市中成为永久居民的感受。但我们的妇女联合委员会一直将努力促进公民自豪感作为一项方针。"

> 你会发现有些人因为上海的便利而喜欢住在这里,对于妇女而言,这里的用人相对便宜,当她们回到美国看到不得不做的家务时,她们会希望回到有用人帮助她们干活的上海。①

上面引用了许多在上海居民的话,我们可以深刻理解"无常""机动性"和"缺乏坚实传统"的感觉。其中的一些特征可以概括如下,上海是这样的一个地方:

(1)贸易和寻求财富是城市生活的主题。(2)不能强迫外侨保有对上海的城市热爱,对中国城市移民也一样。(3)外侨不觉得他在为子孙后代构建城市,因为后代很可能完全不在中国。这意味着外来人几乎不会在上海机构留下重要遗产。(4)在这种情况下,市场、贸易和商业娱乐中的非个人关系使年轻人更易堕落,这使得父母将上海推荐给孩子时显得比较谨慎。第二代上海人不会被上海城市自然吸纳和同化。这是多重混合产物,不包含忠诚和奉献的特征。(5)它的商业动机、它的冒险诱惑、它的战利品和它在命运之轮中的空白,就像是前沿的矿业城镇,或能够移动的贸易点。(6)它相对简单的生活和廉价的个人舒适的愉悦,它潜在的兴奋的暗流,它的匿名,它混杂的忠诚,或许会使一个人得到成长。(7)教育、艺术、音乐,对知识的追求的"文化"优势并不明显。(8)作为走在前沿的城市社区,它以宽容的心态对待慈善的情感诉求。(9)那些为了逃离不愉快回忆不愿回家的人,可以"消失"在远方。(10)通过垂直向上的循环过程,中国人越来越强势地渗入各种职位,外侨会下台或离开,或换一个职业。(11)外来者会在新的社会分层规模中忽然变得重要,他们在新环境的经济水平要比他在老家的高。

除此之外,一些政治上的因素影响到上海的法律地位,这增加了更多不确定因素。

---

① *Interviews*, p. 151.

纵观上海历史,它在精确状态下涌动着不确定的暗流,中国人及其中央政府经常阻碍外来者想要做的事。直到现在,在工部局据以设立的宪章《土地章程》中,中国和外国的解释始终不相统一。① 外来管理者为适应市政增长的复杂性,尽可能地延伸自己的有利部分,但本地人的条文解释都为了限制外国影响。

过去,在上海的外国人累计了许多特权和权利,这是没有严格的法律条文依据的。曼利·汉德森(Manley O. Hudson)教授评价说:"因此,现行的土地管理制度必须由一位地方官员和一些中国的下级官员同意。这只是默许了中国政府将对此更负责任。"

一位现代中国人,在描写上海地位时指出:

> 我们研究各种与上海相关伤脑筋的问题时,认为从法律角度来说,有些问题是无法解决的。在为某一方伸张正义时,我们可能立刻对另一方造成不公。在大多数情况下,它是政治问题,起源于不同种族类型和不同文明之间的接触程度。②

这种不确定性是缺乏公民自豪感,缺乏"这是我们的城市"感觉的原因之一。外来者被促使去捍卫自己的权利,并试图确保让新人们知道这片领土不是他们自己的,它只是暂时处于外国的控制之下。这是阻挡个人大量捐款的因素之一。这一点可以从一名外国基督教女青年会秘书的一段报告中看出。她正在为在上海的各国妇女建造一幢类似于现有的基督教青年会的建筑进行宣传。在1930年3月9日的通函中,她写道:

> 因为时机,因为一些政治和经济的原因,我担心我们不得不等待我们的大楼!奇怪的是,当研究开始的时候,就外国商业而言,发生了两件非常重要的事。第一,工部局任命了费唐法官来研究有关上海地位的问题。在他提交报告之前,外国企业不愿与新的本地企业进行合作。第二,南京国民政府宣布废除治外法权也影响了外国企业的态度。在未来,很清楚的是,要寻求本地对大

---

① *Feetham Report*, Vol. 1, Ch. 4.
② Hsia Ching-lin, *The Status of Shanghai*, Shanghai, 1929, p. 30

楼的支持有些困难。①

这说明,政治因素和社会项目会产生相互作用。特别是在现代民族主义运动发展之后,外商始终无法很好地立足。这增加了不确定的感觉,因为他们觉得自己将被迫放弃长期拥有的特权。

美侨及其他侨民的人员流动

关于美国族群社区流通量,我们可以引用美国社区教堂牧师在1932年年度会议中的关键发言:

> 因为我们之前总是听到会员对于人员流动的非议,所以有关大流动量的一些好处也应该被提及。人员流动量大意味着大约需要占用四分之三的牧师时间来唤醒会员保持平衡。我们本来培养一些人适应某个职位,但是接着这些人的公司或者领事馆、总公司又把他们派往别处的岗位。每年我们还会接受大约相当于原有成员四分之一数量的新成员加入,这样就避免教会一直走老路,就可以使我们一直有新想法。在过去的四年里,大多数人们在教会里负责着他们所对应的职责,但是也有八到十个例外出现。②

1931年5月20日,一年一度的社区教会报告显示,截至去年底,教会共发展会员482名,包括来自14个国家34个不同教派。其中,249人来自商业和专业家庭,占总数比例52%;有165人来自传教士家庭,占34%;有68人来自上海的美国人学校的寄宿部,约占总人数的14%。据报道,在这482个总会员人数里面有120人在前12个月就已经加入了,119人则是前年加入。于是,有239人是在两年前加入的,约占一半,所以在同一时期净增只有47人。教会数据显示,年度人员流动在25%左右。③

---

① Eleanor Hinder, mimeographed letter to those who responded to the questionnaire regarding the proposed venture of a building for international business and professional women, March 9, 1930.
② Community Church, *Annual Meeting*, May 11, 1932.
③ *Tenth Annual Report*, May 20, 1931, The Community Church of Shanghai, p. 7; *Annual Report of Acting Principal 1930-1931*(*mimeographed*).

在 1930—1931 学年,上海美国人学校登记入学的人数是 595 人。同一年有 100 人退出,"一个非常有意思的流动特征的社区指标",退学率为 16.8%。

同一学校,1931—1932 学年,总计 644 人登记入学,退学人数 145 人,约占总人数的 22.5%。这一年,在 70 个非美国学生里面,退学人数为 11 人,或者说退学率是 15.7%。574 个美国学生中,退学率为 23.3%,即退学人数为 134 人。在 1932—1933 学年,登记入学人数为 600 人,100 人退学,占 16.6%。在这 548 个美国学生和 52 个非美国学生里面,美国学生退学率为 16.2%,非美国学生退学率为 21.2%。

下面这张表格(表1)显示出上海美国人学校职员的流动率,并不是所有的教职工退后都离开了上海,而是寻找到一些福利更好的工作。因为学校缺少投资,所以教职工只有相当低的工资收入。

表 1　上海美国学校教师服务期限

学年	职员数	学年结束退职数	百分比%
1924—1925	27	10	37
1925—1926	32	15	47
1926—1927	30	16	53
1927—1928	37	19	51
1928—1929	30	9	30
1929—1930	33	10	30

(Minutes of Executive Committee, Shanghai American School, October 1, 1929)

在 1930 年 8 月发布的公告[1]上面记载着上海美国学校老师第一次开课的日期,我们找出一些美国老师,并总结了其开课日期:2 位 1930 年开课,12 位[2] 1929 年开课,8 位 1928 年开课,6 位 1927 年开课,4 位 1926 年开课,1 位 1925 年开课。

学校始建于 1912 年,1918 年董事会重组,加入了商人和传教士(在这之前只是由传教士维持学校运转)。在 1925 年至 1930 年 6 月,在这个学校没有一个美国人提供延续不断的教学服务,只有一个美国人在 1924 年时断时续在这个学校供职。

在一份备忘录上,学校阐明,需要更多投资来为教职工提供高工资和终身稳定

---

[1] *Shanghai American School Bulletin*, Aug. 1930.
[2] Of these, one had previously taught at the school from 1924 to 1926.

的教职。我们也认为这是教师在这所学校工作的动机：

> 现在如果有人想要来上海美国人学校教书，那首先是那些喜欢旅行的人，这也并不意味着我们得不到好老师。我们教职工里面也有些好老师，他们来这儿的初衷很简单，就是想来上海，看看中国……我们发现要想留住老师很难，因为他们看不到自己的未来。①

在这篇文章的另一部分，属于公共租界内的上海工部局英国学校付给外籍男教师的钱是美国学校男教师的四倍，付给外籍女教师的钱是美国学校女教师的三倍。②

一般而言，传教士是作为终生职业的，但许多传教士在面对健康这一因素时，他们很难终其一生都在其首次涉足的国度。有些离开传教岗位，作为一个全职或是兼职雇员，为政府部门或者使领馆专员工作，有些投身商业。有来源说明，早年间为美国大使馆提供大量外交服务的传教士们是那些懂得汉语的家伙，并没完备的数据说明有多少人在中国从传教士行业转岗，但我在研究中确实碰到过几个例子。下面引用在上海一次教会会议上某发言人的演讲，他反对那些丧失信仰热情的人和渐渐对"无神论环境"变得温和的人。

1867年印刷的一个新教传教士的名单上，包括英、美两国人，有338个名字。他们工作总时长是2511年，也就是说每个人平均服役7.4年，其中还包括了假期。该书出版时已有124个传教士不在岗位，也就是剩下的214人要完成传教工作，总计是1559年，平均每人7.3年。这些数据不仅仅是上海地区的，还包括1862年之前中国其他地区的，甚至包括上海可以让外国人居住之前的。

它表明了那些希望在中国终其一生的传教士，即使完成了他们的工作，总计来看也就7年多，不需要他们用一生的时间。这个相同的报道也给出了一个关于338个新教传教士群体服役时间长度的表格，如下所示：35—40年，2人；30—35年，2人；25—30年，13人；20—25年，4人；15—20年，22人；10—15年，39人；5—10年，70人；5年以下，186人。注释写道：在这61个完成他们教会服役的传教士中，有6

---

① Manuscript, mimeograph No. G119, no date, probably early 1930's, p.3.
② Ibid., p.2.

名死于暴力。① 从 25—30 年这个阶段,传教士的数量一下子跳升到 13 人,最可能的原因就是 1842 年五个港口的开放。

K.S. Latourette 教授阐释了一些传教士和传教时间长短相关的原因。

> 新教传教士在中国服务的时间长度不是那么必然的,就中国南部 51 个传教士执行情况来看,时间从半年到 39 年不等,并且平均下来七八个月。②

平均 6 年半。这个时间很明显是不包括休假时间的,就像是 1867 年的列表里面计算的那样,这样会把在 7 年和 8 年之间的两个数据达成一种相当近的一致。

1877 年上海的新教传教士举办了第一次全体大会,宣布 124 个传教士的平均服役时间自他们来到中国算起约是 11.6 年。如果我们把那 8 个只把文章发来而没有参加会议的人也算上的话,那么平均数就增加到 12.1 年。并不是所有的新教传教士都参加了这个会议,而且教会群体会想要那种比较有经验的传教士来讨论教会问题而不是那种新来的传教士。③

伴随着 1927 年发生的政治动荡,一场反外国人,有时候也会反基督教的运动轰轰烈烈展开,这也导致了很多美国和其他国家传教士的出走。在所有教派里面新教传教士占的数量最大。据全国基督教理事会字典记载,在 1927 年之前有 8250 人。在 1927 年的春秋两季有相当一部分传教士离开中国。1930 年的全国基督教理事会字典显示有 6346 个新教传教士,是 1927 年数据的 77%,还有 18% 是因为休假而没有出现在数据里。一个只为美国传教士汇编的记录显示 1930 年的传教士数量是 1924 年的 74%。④

经济上的萧条导致社团群体收入的减少,使得美国的传教士在中国终其一生的职业规划不得不调整。我们认为这种情况和影响对在中国的外国人是有一定的无常感的。

---

① Alexander Wylie, *Memorials of Protestant Missionaries to the Chinese*, Shanghai, 1867, Preface, pp. Iv-v.
② *A History of Christian Missions in China*, 1929, p.409 footnote, 237.
③ Figures Calculated from dates of arrival in China given in *Records of the General Conference of the Protestant Missionaries of China*, Shanghai, 1877.
④ These figures cited in, O.A. Petty (ed.), *Fact-Finders' Reports Laymen's Foreign Missions Inquiry*, Vol.5 Supplementary Series Part 2, China, 1933, p.89.

一些具体的情感因素开始在这种关键时刻显现出来。首先,在传教工作的压力下一种新的无常感总是强迫他们做一些事情。一个案例报道,那些将其作为终身职业的人往往会以暴力结局,这样就给那些已经返回祖国的传教士的事迹添上一些不好的色彩。毫无疑问的是,他们在态度上往往显示出慷慨大方来,但是实际上他们也经常无意识地变得暴躁。一些幸存者让那些教会人员印象深刻的是他们受过那么重的伤害,幸存者们往往说的那些他们在这种暂时的困扰里面的关系和对未来的恐惧,言过其实。他们把那种自怜的感觉传染到其他人身上。新来的人们很快就被这种感觉所包围。于是,传教士的心理服务从一种长久的服务变成暂时的。跟很多传教士交流之后,你会发现这是一个人所共知的现象。①

一个美国的传教士在提及传教士的后代返回中国时说:

我相信这些教会孩子在返回中国后,他们中有很大比例会向商业领域进军而不是从事教会职业。在中国也并没有很多的教会职位提供给他们,这种工作能不能作为终身职业带有很大的不确定性。传教士在中国的平均服役年限已经有所增加。也就是说,1927年之后来的传教士人数少了,但是中国当时也还有很多老的传教士。对于那些在中国已经待了25或者20年的传教士来说,再去找一个别的工作来做是非常困难的。②

一位美国共济会上海分会的前"尊主"(Worshipful Master)曾评论说:"我们很难保持一个稳定的集会点,因为上海人员流动太多、太快了。"另一名负责住宿安排的秘书则说:"每年都有半数人要换上一遍。许多人没给我打招呼就离开上海了。有时直到他们走后,我才在留言条上看到消息。"

上海的美国人和其他外国人之所以会有这样强的流动性,原因之一就在于,在这里从事外交、商业和传教事业的人都有周期性的调动或休假。以美国人为例,他

---

① O. A. Petty (ed.) *Fact-Finders' Reports Laymen's foreign Missions Inquiry*, Vol. 5. Supplementary Series Part 2, China, 1933, p.91.
② *Interviews*, p.21.

们会花时间外出旅行,也许去欧洲转一圈儿,但大多数情况下是"常回家看看"。这些周期性的调动是因为:派遣代理人到当地直接处理东方事务的要求,外国人回归本土见到自己亲戚朋友的渴望,各种精神上、身体上的健康因素,以及一旦美国将介入对中国的占领所需要的必要准备。在这一方面,我们的美国同胞不同于那些无根的、铁定了心思外出闯荡的移民。那些人断绝了自己的后路,不再期望重新踏上故乡的土地;即使他们想要叶落归根,也要在异域待上很多年。

对于上海最早新教传教士们来说,并没有明确规定指出他们要在海外奉献多久。理论上,这是他们终生的事业——这并不是因为他们不想回来,而是因为当时还没有制定出今天这样的轮调和休假制度。然而,通过一些资料,我们可以看出传教士们服役的平均时长,对他们服役期之短暂能有一个概念。我从《在华新教传教士回忆录》中搜集了相关资料,统计了从上海开埠到1867年该书出版之间上海传教士的在华时间。由于没有中央机构管理各类传教士的全部活动,因此这份名单也许并不能做到完全精确,但它能使我们粗略了解到他们在沪时间的长短——在他们首次休假、死亡、调职之前。表格(表2)里并不显示他们休假后是否回国。大部分情况下,他们会留在这里。如果自己身体或家庭有需要,离开上海乃至中国也会成为一个必需或明智选择——直到1867年,外国人还没有在中国找到一处躲避盛夏酷暑和摆脱一年工作烦恼的胜地。1867年第二段服役期结束的人也包含在这个表格里。有三名传教士1860年来沪,此后一直待到1867年,我们把他们的服役期计为7年。所有人从最短到1年到最长的12年不等,平均的一次性服役期是4.8年。如果不计入调往中国其他地方或日本的六条记录,平均服役期是4.9年。有些人可能来上海前在广州或宁波待过,这样他们在华时间比在沪时间更长。但是如果可以用这个特殊案例来估计全中国传教士首次休假前服役期的话,那么平均时间不会超过5年半。

表2 上海美国新教传教士1845至1867年间(第一服役期或数个服役期)

名称	来沪时间	离沪时间	大概时长(年)
Shuek	1847	1851	4
Bridgman	1847	1852	5
	1853	1861	8
Culbertson	1850	1856	5

（续表）

名称	来沪时间	离沪时间	大概时长（年）
Syle	1845	1853	8
	1856	1860	4
Pearcy	1848	1854	6
Carpenter	1847	1858	11
	1860	1864	4
Wardner	1847	1857—	10
Yates	1847	1857	10
	1860	1864	4
	1865	在沪	—
Spaulding	1847	1849	2
Jenkins	1849	1852	3
	1854	1861	7
	1864	在沪	—
Taylor	1848	1853	5
Wight	1850	1854	4
	1856	1857	1
Keith	1851	1857	6
	1859	1862	3
Tenny(Mrs. Keith)	1850	1857	7
	1859	1862	3
Nelson	1851	1859	8
Crawfold	1852	1858	6
Cabaniss	1853	1859	6
Cunnyngham	1852	1861	9
Byers	1852	1852	—1
Blodgett	1854	1860	6 调往华北
Aitchison	1854	1858	4

(续表)

名称	来沪时间	离沪时间	大概时长(年)
R. Lowrie	1854	1859	5
	1860	1860	1
Kelly	1854	1856	2
Lambuth	1854	1861	7
	1865	在沪	—
Belton	1854	1855	1
Macy	1858	1859	1
Fish	1855	1857	2
	1858		3
Liggins	1856	1859	3 调往日本
Williams	1856	1862	3 调往日本
Mills	1857	1861	5 调往华北
Gayley	1857	1862	4 调往华北
Schereschewsky	1859	1862	3 调往华北
Farnham	1860	在沪	—
Purdon	1859	1860	1
Doyen	1859	1865	6
Hubbell	1859	1861	2
Roberts	1862	1865	3
Allen	1860	在沪	—
Wood	1860	在沪	—
Boone	1845	1852	7

最近以来,海外传教团体同时实行着好几种不同类型的休假制度,其中最主要的是6+7模式,即第二服役期比第一服役期长一年。1933年美国浸礼宗海外传道会(北美浸礼会)有三种休假制度:(1)不参加国内培训,五年服役加八个月的休假;(2)参加一年的国内培训,五年零九个月的服役加十四个月的休假;(3)六年零九个月的服役加十五个月的休假,包含旅行时间。一名传教事务秘书在一封信中,对这

些服役方式评论道：

> 我们认为，通常来说第一服役期最好是五年。而至于第二服役期，大部分传教士能坚持六年艰难而忠诚的付出。所有华东的传教士都可以归国休假，我们以为这不仅是明智的更是必要的：这样每个传教士都能在获得认可的学校里学习他们工作所需的知识。①

在商业领域，归国和休假的时间要比传教事业少很多。对于小企业的员工，尤其那些不与更大的机构打交道的、一两个孤身经营的人，归国的机会更是难得而渺茫。有些人甚至来到上海后就再也没回过美国。其中一位居沪美侨的女儿在访谈中这样说：

> 我爸爸还是个小伙子时，就漂洋过海到上海了。他从来没回过美国，虽然他时常会思念家乡。甚至在去世前，他躺在病床上，还迷迷糊糊地说到海船的颠簸——他以为自己在回美国的船上。传教士和那些有机会回国的人，他们拥有自己的假期；但是那些孤身闯荡、独立打拼的人，一踏上这片土地就没机会离开了。②

1932年，我曾采访过一位1886年来沪的退休美国商人。他谈到自己早年的商界情况时说：

> 当时没有任何休假安排，你来了就得一直待下去。你也许有机会到内地或日本去一趟，但不会有机会回到美国国内去。③

此人是美国商人群体中为数不多的"老人"了。他生于1856年，1906年从上海商界中隐退。"他非常喜欢上海，在环游世界之后又回到这座城市定居。"
有一家在世界范围内运营的英美公司在上海设有分公司，他们对在华美国员

---

① *Mission Correspondence*, *Mission Secretary to Home Board*, dated Sept. 7, 1934.
② *Interviews*, p. 139.
③ *Interviews*, p. 179.

工的休假安排是每工作四年能回国休假三个月,"然而,有些高层管理人员常常在国内处理事务"①。

一家开设于上海本地的美国房地产公司的休假计划是:每工作一年可以积累一个月的假期;等工作四年期满,就可以有四个月的假期,同时享有全额工资和旅行补贴。此外,每年还有两周时间可以在当地休假。

1933年春天,一位大型灯光和电力工厂的美国雇员给我描述了他们的休假制度:每工作四年休假九个月,但是这个假期实在太长了,他们宁愿减为每四年六个月②。

美国商务参赞评论说,美国公司实行的休假制度通常是工作三四年后休假六到九个月,包含路途时间。③

1923年5月,上海美国商会劝说国务卿给予领事官员足够的旅行许可,使他们能携带家人搭乘美国船只出行,并且每隔四年可以享有五个月的往返驻地的假期。④ 似乎有些领事官员更青睐搭乘其他国家的船只,这种方法比坐美国自己的轮船更加便宜。

这样,无论是大型商业企业,还是政府机构,抑或传教团体……每天都有人来来往往于上海和美国之间。

至于驻上海的美国海军陆战队,他们轮换的周期更加短暂,他们在华的"服役期"只有两年。

关于那些在美国上大学后又返回中国的美国孩子,我们在1929年找到了一些美国学校的相关记录:

> 那些在中国长大、在美国接受教育的男女学生们对中国人有着更深的了解。他们既有能力,也有意愿留在东方,能适应在中国工作的各种需求。他们往往成为更优秀的传教士和贸易代表……⑤

---

① *Interviews*, p.183.
② *Attitudes and Casual Conversations*, p.23.
③ *Interviews*, p.204.
④ *Minutes*, American Chamber of Commerce, Shanghai, May 1, 1923.
⑤ *Circular letter* dated Feb. 27, 1929.

我们现在要讨论的是，在中国长大的美国小孩中，在中国经历高中教育者是否比在幼时返回美国接受教育者，更愿意返华工作？这些上海美国学校的毕业生返回中国了吗？在1917—1928年间12个毕业班中的195名毕业生中，只有62名毕业生留在或返回了中国，占比约为32%，55%的毕业生在美国接受了大学教育。在之后的班级中，也无法排除他们日后返华的可能性。以上数据截止到1933年5月。他们返华主要是为了从事商业或临时性教学，并无一位非传教士家庭的孩子成为传教士，而且大部分传教士家庭的孩子也并未从事传教工作，不过也有少数例外。在经济大萧条时期，美国的委员会没有新的外派驻华活动，返华尚未成为主流。有时返华与家人重聚的子女们会在上海找工作，有的在教会学校里传教，有的是在大学教书当合同工，而非仅仅出于一种委派。有人在美国学校里教书，但由于在那里受到的持续阻力，他们只能领取微薄的薪水。除非这些大学毕业生们在他们离开前能够获得一份明确的指派或者合同，前往中国所花的昂贵代价对家庭来说独木难支。这也是因为委员会并不经常给这些孩子毕业后的旅行资助津贴，而一般的教会家庭显然是无力支付这笔昂贵开销的。

有三分之二的离华毕业生日后没有返华的事实揭示了，中国对在华美裔的下一代并无多少吸引力，但这并不能表明这些美国人就只想留在美国。那些毕业回国的美国学生虽然留在美国，但依然打算在东方闯荡此生。年轻的女大学毕业生，如果足够受欢迎，还可以有更好的选择：留在上海与优秀的英美年轻商人结婚。事实上，如果遇到门当户对的优秀男士，那些没有去过中国的单身女传教士，在被派往中国前很多年都会嫁出去，这让外派群体大为头疼。

有时候，那些传教家庭的孩子，尤其是那些在仅仅从事过宗教工作的家庭成长的孩子，会对宗教生活产生一种逆反心理，甚至当他们被派往中国后，会优先选择非传教行业。因此从一个职业角色到另一个职业角色的改变，不全然会使得那些流动的人群心胸开阔，与此相反的是，他们往往不愿意从事他们之前的工作。

一位美国的传教士对于美国学校在子女返华中扮演的角色是如此评价的：

> 我们在发展学校时候的共识是让这些美国子女在中国留得更久一些，他们不必很早就返美学习。他们可以学习更多的汉语，这样可以有更多人返华传教。但是这种单纯的想法并没有实现。更多的学生没有回来。我们原以为就算他们返华从商，也可以增加信教商人的人数。在芝罘、牯岭、通州的中国

内地教会学校较之上海美国学校,有更多的孩子返华传教。上海过于商业化的气氛起了坏作用,学校氛围不足以让我们愿望成真。中国内地教会学校的人们把他们的孩子送回美国宗教气氛更加浓郁的培训学校,所以他们很多都回来传教了,但是大部分的教派都没有这种经验。

  当我是这所学校的校长时,我试着在员工中组织祈祷会,但是说来够奇怪的,只有很少的男职工到场,女职工就更少了。我们没能让教员认识到他们的工作是宗教性质的,他们并没有认识到工作是一种"命令"。在芝罘的中国内地教会学校,所有的教师都是教会的日常成员。我们上海美国学校的老师并没有宗教任务。上海生活对我们的老师诱惑十足,尤其是女老师喜欢去参加茶舞、歌剧、展演等等。这种生活对他们来说吸引力十足,他们可以轻松地投入很多种这样的生活。他们中很多人来自小乡镇,在这里刚刚第一次闯入了城市生活。上海的男人比女孩多得多,所以女孩们总是邀约无数……

这解释了在美国来沪移民流动和城市生活中的很多现象。对于那些没有全身心投入宗教工作的人来说,想要拒绝大城市里面享乐的机会太难了,尤其是对于那些来自小乡镇之前没有城市生活的人来说。因此,他们属于那种跨越洲际的城乡移民。

流动、世界主义和上海

  在索罗金(Sorokin)教授所著的《社会流动》这本书中,他总结了一些关于流动对人类行为和心理产生的影响。让我们来审视这些主张,看看它们是否能适用于我们在上海的现象。他是这样说的:

(1) 人的行为会越来越可塑且全面;

(2) 流动的增加会使人消除短视、专业性以及其他特质;

(3) 流动会增加精神压力;

(4) 流动促成发明发现;

(5) 流动促成智力活动的增加;

(6) 流动促成精神疾病的增加;

(7) 流动会使人肤浅,减少他们神经系统的敏感程度;

(8) 流动促成怀疑主义、犬儒主义和厌新主义；

(9) 流动减少亲密，增加精神隔离，使人孤独和心神不定；

(10) 流动促使人道德解体。

根据其第一个主张，流动会使得人的行为更加可塑和全面。这个主张在我们在沪美国人身上得到了印证。以教会人员为例，他们中绝大多数都努力让自己适应上海这个未知的环境，在此之前很多年他们可能是建筑工、建筑师、传道士或教师，从事着不同的工作。现在那些太死板、不能适应的人不被中国人所接受。以商人为例也同样适用，上海欢迎那些灵活多变的人。那些试图一招鲜吃遍天的人往往都成功不了。这在其他的地方体现得更多。对那些在同行业中频繁流动的美国人来说，与本土人和社群维持持续联系的机会大大降低了。

第二个主张认为流动的增加会使人不再短视，削弱其专业狭隘以及其他的一些特质。我怀疑其是否能够适用所有场合。尽管多变的工作和社会使人有更多同感，但另一方面也会使人对其之前从事的工作产生敌意。例如，假设每个不同行业的人之间都有一条鸿沟，那么行业变动并不能自然而然地使那些跨行者变得更加宽容。相反，他们能够很快就轻视他最先从事的职业，也能很快就因新行业的歧视而失意。在上海有为数不多的少部分教会人员转而从商，之后他们就不喜欢被人提到他们之前在教会工作过。有时教会子女对教会职业嗤之以鼻，无论是在美国还是在其返华的时候。

再者，一个人可能在经济状况改善后不会去同情他之前所处的较低阶层，相反会说以自己所处的更高阶层来掩盖自己的背景，"一脚踢开了自己爬上来的梯子"。我们注意到这种现象在上海普遍存在。一个人可能生在经济状况较差的虹口区，后来进入了经济状况较好的静安区，会不屑自己之前所处的那个地区甚至否认自己在那里生活过，或者直接忽视那个地区，以此来快速克服来自新地区群体的歧视。

或者考虑到平行流动的话，我不认为这个主张完全适用于那些仅仅为了减少歧视和自行拓宽视野而流动的人。索罗金教授还提到：

> 数据显示现今西方社会国际流动普遍存在，并且还在不断增长。相应地，前往特定地区的指派也变得越来越短、越来越少，流动人口变得越来越多。在这种情况下，诸如"亲爱的祖国""我深爱的家乡""我家乡"这样的话可能也会

变得越来越少见。由于现在人们都是今年待在这个地方,明年换一个地方,后年再换一个,如此以往他们无法和家乡产生过多交集,很难养成那种长久生活后与生俱来的爱国情怀。不同于"我的祖国"和"我亲爱的家乡",我们更多认可"心安即是归处"。①

索罗金教授进一步展开,"因为他们已经变成了环球旅行者,所以他们自然并不具有处于稳定社会中的人口所具有的阶层特色——爱国"②。上海的美国人爱的不是上海,而是美国。在上海的美国人和肯塔基州的登山者的爱国情感很可能是不同的,不过,当你生活在一个你所依赖的国家的武装保护之下时——即使你远在千里之外,这个国家也能对你负责,你的祖国意识就会明确强化。上海的美国人看到本国停泊在港口的战舰装载的武器和飘扬在空中的国旗时,他很可能会自觉感到他作为一个美国人,与英国人和法国人的明显区别。但是这种情感从来不会出现在国内的登山者中。

上海的美国人可能对美国的某个特殊的地方没有激烈的感情(尽管他可能会感受到一种强烈的乡愁),而这种激烈情感正像处于稳定中的中国乡村村民对他所生活的土地所拥有的。不过美国人对国家的依恋也许,并且很可能要比江苏省的农民更加激烈、更加生动,江苏省农民在传统上没有太多关于国家的概念。流动性可能有利于个人主义的增长,但是在上海的美国人的生活有时是依赖他对民族的忠诚性的。租界模式和工部局建立在一个明确且清晰的国族概念基础上。没有护照和没有属国的外国人,只能作为一个"无法认证的外国人"生活在上海,并需接受中国政府管辖。

一个已婚并想拥有合法地位的美国人需要在他国家的领事馆登记;且一个有孩子的美国人如果希望他的孩子得到法律承认,他也需要进行登记,并由他自己的国家机关,而不是任何当地政府来发布一个出生证明;当一个美国人去世时,他的财产不能在没有美国国家机关的监督下被决定。如果他在公共租界中因为超速被逮捕,那么他应该在上海的自己的国家法庭中受审。考虑到在1927年和1932年制定了许多在危险情况中撤离妇女和儿童的计划,外侨确立自我国籍是重要的。因

---

① P. A. Sorokn, *Social Mobility*, pp. 388 - 389.
② P. A. Sorokn, *Social Mobility*, p. 541.

为撤离计划由各个国家制定,而非在上海的白人种族或者中国人,或者公共租界当局制定的。在上海,无国籍人并不因为是一个世界公民就值得羡慕,而是正好相反。

从纽约搬到芝加哥,或者从圣·路易斯搬到水牛城的美国人可能不会在他到达后发现这样一种情况,不会使他敏感地意识到,他仍是一个纽约人或者一个圣·路易斯人。对比这些地方的差异,对一个大陆内移民来说,没有那么明显。纽约没有执政官,没有专门法庭;芝加哥没有武装部队和用来防卫、代表以及支援他的炮艇。当他在一个国家内部时,迁移可能会使他爱上这个城市,或至少那个城市。但是当这种迁移在不同文化环境中进行,例如美国和中国,当这些传统模式——治外法权、外国机构、文化孤立等被确立时,而这些传统模式是为了使在上海的外国人尽可能地像他们在自己国家一样生活,这样新的移民进入了这个流动环境,通常需要服从。

作为一种类型,美国的环球旅行者似乎更倾向于一种使命感,去向世界其他地方宣扬美国的美好程度,而不是美国深入研究各种与美国有联系的文明。我已经了解到在上海的美国人,当他们的船停在港口时,他们更喜欢去体验在上海的外国人生活,如去参观一个当地的音乐商店,去看从美国传来的最新唱片,或者去外国酒店闲逛或观看歌舞表演,而不是试图去体验他们看到的中国的小部分。正如一本在上海的中国周刊所描述的,一位中国留学生招待了这位美国环球旅行家,而他也是一位大学朋友的父亲。这位美国人向他的房东说了些这样的话:

> 让我来告诉你一些事情。欧洲人正在采取我们的方式。举个例子,不管我去哪儿,我都可以找到骆驼和可口可乐。就拿我们昨天去的那家百货公司来说,我非常吃惊我可以在那找到美国制造的衬衫。
>
> 相信我,我已经去了这个世界上足够多的地方。但是让我告诉你一些事——我为这个美好的老美国感到十分骄傲。毕竟,我们是能够教导世界上的其他国家一两件事的人。[①]

显然,就在世界各地移动来说,这个人做得很好。他完全享受这种类型的流动,但是这并不能减少他的偏见,或者说多一点宽容。这也没有改变他的美国特质。

[①] *China Critic*, Jan. 5, 1933, pp. 14-15.

更多的流动，地方之间的改变，从城市到另一个城市，从国家到另一个国家，并不能保证产生广泛而平衡的态度，也不能减少狭隘主义。

不管当他开始旅行的时候，他的打算多么广泛，出国旅行都可能会在一定条件下激化自己的爱国情绪，而不是把自己变成世界公民。

在中国的美国游客可能对中国一无所知。美国人远不是世界主义者，他们在用他们的方式走向世界时，总是把"我的国家"或者"上帝的国家"挂在嘴边。上海的美国居民、传教士和贸易商总是不断思考和比较中国和他们家乡的生活方式的不同，并找出前者的劣势。在那片乡土上永远有一个浪漫的地方。一小部分人可能会成为"中国爱好者"，但这不是他们在中国的生活方式。

对于美国人来说，在上海保留他们的文化趋势并不罕见。欧内斯特·迪米特（Ernest Dimnet）谈到了巴黎的美国殖民地。

> 在过去的三十年，我一直关注巴黎的美国殖民地，我从来不知道有这样一个例子，一个美国人变成了法国公民，或者甚至允许他在巴黎出生的儿子可以在21岁时同意简单程序来获得法国国籍。……那些美国人致力于献身他们的国家，并且许多人都已经证明服军役并非必需的，反而同意豁免他们，而美国人却依然如此。①

维系一个人的国籍，在很大程度上会受到一个民族群体生活的影响，不管这个民族群体处于法国还是上海的"中式世界主义"环境。事实上，保留所有的本土特色，完全不受任何外来文化的影响是不可能的。但是尽管在巴黎的美国人可能已经吸收了具有法国特征的文化，但他们不会变成这个城市的公民，这个事实揭示了他们的基本态度和他们不愿意变成世界主义者，这比他们对法国文明的任何声明都来得清晰。同样地，在上海，例如美国传教士可能对中国人非常忠诚，并且可能为服务他们牺牲一辈子的时间，但是至今他们不会变成中国公民，也不允许他们的孩子这样去做。相比于中国文化，法国文化与美国文化没有太大差异。正如迪米特所说，国外的法国旅行者可能都对钟楼纳塔尔（clocher natal）有印象（尖塔村是一个常见景观），钟楼纳塔尔印在流浪的法国旅行者的心里。正如迪米特提醒的那

---

① "Why the French Do Not Emigrate," *Literary Digest*, Dec. 23, 1933, p. 15.

样,上海的美国人也会感到夏多布里昂(Chateaubriand)的感觉。即使一个贪心的旅行家,他"从来没有离开过他的家乡,也没有听到过玛丽斯图亚特的抱怨:你那美丽的出生地"①。

但是正如一个在上海的美国商人写的那样,这样一来,这种回家的传统可能会在实际回家时变成浪漫理想的过去和对本土事物的萦绕。

> 在中国,当我想到北卡罗来纳州的时候,我愿意以我有限的方式来支付任何价格的玉米面包、盐和黑眼圈的豌豆,这是我习惯的家常菜。但是后来我把这些都带了出来。
>
> 我在国外并不恐惧,家乡的食物延续着习惯的生活……尽管在东方国家,我实际上能得到在家乡吃习惯的任何东西。但烹饪方式变化,味道不同了。我特别想小时候家里的鸡肉饼,但讽刺的是,当我真的回到美国老家吃到鸡肉饼时,它甚至不如我在其他任何地方吃到的更美味。②

这就是对于家乡的罗曼史情节。

另一位在上海生活了差不多一生的上海美国人,曾回答过我的问题:"你打算返回美国吗?"

> 我有三次回到美国老家想安顿下来,但是我坚持不了。二、三次都成了梦想罢了。上海美国人的流动并没有让他看上去成为"世界公民"。

基于在第三议题上我们保持的一致性,迁移会使我们精神变得紧张。发生在上海的美国人身上比比皆是。即便是中国人移民之间生活价值观也多样,且容易产生精神紧张和矛盾。例证比比皆是。

第四个议题,关于迁移会带来更多发现和创新,好像并没有什么值得说太多的地方。确实,如果西方人不迁移的话,那么他们也就根本不会"发现"中国。坦白说,这两种不同文化之间的联结确实给双方带来适应性的变化,但是上海还是没有

---

① *Literary Digest*,Dec.23,1923,p.15.
② J.A. Thomas, *A Pioneer Tobacco Merchant in the Orient*,1928,pp.78-79.

成为科学研究或是智力追求的中心。它首先是一个市场贸易的地方。但传教士在学术方面所做的贡献大大多于其在商业方面的贡献,即使他们在上海不是索求知识而只是传播他们的教义。

正如所表明的那样,在第五议题上,关于流动性促进了社区精神生活的提高并不一定是正确的。按照传教士本性来说,他们的精神生活应该是以传播他们所学习的西方神学和科学以及一些经文的翻译,还有就是把一些神圣文学和现世文学转变成汉语为己任。传教医师们不仅在医学期刊发表了很多作品且在医学教学系统起着重要作用,而且他们还负责着相当一部分的医学研究。但是就整体来说,在上海提高智力生活的环境并不是很多。这里有充足的材料以供研究,但是作为一个大型的海运类商业城市的这种气氛并非首要的。这种人口流动或许在某些方面促进了智力活动的提高,但我不认为这个"方面"与上海美国人群体有关。上海的专业性社团组织如英国皇家亚洲文会、中国科学与艺术协会等,各种各样,但是它们其中的任何一个也很难去声辩"如果比照美国人在美国时期的精神生活,它们确实提高了美国人在上海时候的精神生活"。在某些方面上海确实没有这些美国群体他们家乡城市建设得那样好,比如一些公共图书馆、博物馆、公共课和一些拓展类课程。

就纯粹的人口流动来说,它们是提高不了精神生活的。环球旅行蒸汽轮船上的乘务长以及船长还有轮机长等是流动的,但是他们并不十分关心精神层面。吉普赛人和流浪汉只是单纯的人员流动,精神活动并不丰富。也许应该是一些富裕的人或者是一些商人可以起到帮助。就平面上来说,人口的流动会提供更多提高精神生活的机会,但不是百分之百确定的。就垂直面的人口流动来说,也不能够保证这种提高。

数据上面没有显示关于上海的人口流动是否会增多或者减少人们得精神病的概率。

在我们的研究领域可以同意的一个议题是这种人口流动会增加一些表面性的事物。在别的国家,居住者或者旅人的讨论上文有一些提及了。

美国人生活在上海会对美国人自身产生一定程度的影响,而这种影响则整体上渐渐证实,人口的流动会降低神经系统的灵敏性这一议题。上海有很多"光亮和响声"刺激着在沪美侨不得不建立起防守物体来保护自己的神经系统。一个人第一次坐黄包车会有明显的不舒服的感觉,至少对笔者来说是如此,让人感觉这是人在做着一匹马或者是一辆汽车的工作,这样看起来像是对人性的侮辱。但是很快人们就没有那种感觉了,或者让这种不合理在内心变得合理起来,毕竟这比起有些美国人在工厂里面做的一些工作并不会差。人们会想出种种可以相比较的借口来抹平心中的那种不合理感,于是一些不合理的事情在人们的心里变得易于接受并合情合理。神经系统开始变得不那么敏感了。在上海可以看到很多乞丐,他们的形象往往使人慷慨解囊,但是也会有很多人不为所动,这些人会在心里想"他们也许是假装的"。正如一个美国女传教士在1853年写的那样,那种原有的敏感性就这样慢慢被稀释了。

> 墓群是土堆一样的形状,在地表之上。在上海……有许多这种墓群。起初时候我是不敢在这些墓群行走的,因为我总是注意到我是在一群逝者之间行走,但是现在我很少注意他们的存在。我不过就是行走在一群异教徒中间,一群无信仰的墓葬之间。我无意识地进入所熟悉的一些事物忘却危险。①

第八个议题是"人口流动"支持怀疑论者、犬儒主义和守旧派。美国群体在一定程度上确实是这样的。然而,从根本上来说并不是为了成为思想中心,怀疑论者和犬儒主义者并没有堂而皇之地炫耀他们自己。对那些旧日的追随者来说,是尘世的诱惑而不是智力运动装饰了这场竞赛。一个美国牧师告诉我说"上海是我所听说过的最大的葬送忠于教堂的人的地方"。但是我想没有任何一个无神论群体或者说是自由思想家们会对新来的人们这样打招呼:"世界上没有上帝。"

就传教士这一方面来看,起初的传教士群体较现在大批量的教士来说可能会更为武断和更为好战。早些年间那些并不很坚强和有决心的传教士迅速离开了或者转投到其他行业中去,他们这样做是因为在早年间那些困难和令人沮丧的事情比现在多很多。但即使现在仍然需要他们坚定信念,不要受那些批评和可能会削弱他们信念的一些关于反对教义的宣传而有所动摇。有一些批评确实会侵蚀他们对教义的坚守,但会有一些强有力的防范机制来抗衡,并且他们的信念会因为这种抵抗比之前变得更为坚韧。这种情况同样适用于政治信念,比如说关于中国人有没有能力成功管理一个政府部门呢?一些中国人要求交出治外法权,但这些批评

---

① Letter dated Oct. 27, 1852, in *Memoir of Mrs Caroline P. Keith*, 1864, p. 172.

和争论层出不穷,反而加强了另一方人对中国政府能力的信念。那些坚守现状一点不想改变的被冠以一个"顽固派"的称号。

　　一些关于传播的思想的批评并不总是带有轻蔑的感觉,这必须是欧战结束之前在上海待几年才能明白的。这次欧战也确实毁坏了一些国际组织。后面会详细讨论。这些批评的目的是为促进上海在跨种族、跨宗教、跨国际之间达到和谐状态。关于宗教问题,上海举行了不可计数的会议,无论是孔教、道教、佛教、伊斯兰教、天主教、拜火教,抑或是其他一些想代表自己所在宗教表达信仰的群体都派出代表参加。在上海,这些宗教禁止戏谑或者轻蔑任何一个其他的宗教群体。一个宗教不可以在教区使别的信徒改信其教。冒险行动是在一个独立自主的美国传教士操持下进行的,这位传教士信奉基督教,但同时他也让每一个宗教群体可以发声,就像对自己宗教教义的信念一样。他和那些热衷于笼络教众的传教士相比是不受欢迎的。于是出现了这样一种现象,就是他的演讲和讲解是积极的而不是批评的。这项运动既不是怀疑论的、犬儒主义的,也不是"守旧派"的。这项运动毫无疑问地促进了每个宗教之间的互相理解,但是也没有足够有力、广泛地在任何层面减少不同教义之间的互相影响。

　　流动会减少人与人之间的亲密性,增加人与人之间的界限和孤独感,让人感到坐立不安,看起来这种说法对城市居民来说是真的。这种现象不只是在大城市,就一些原住民来说这也会增大他们远离家乡的感觉。不过还有另一方面就是一些不同的国族发声的趋势开始出现,并且有一些互援会和对社会生活有帮助的机构在不同国家社群之间开始出现。这种水平的流动,美国人随意来来去去,大大减少了长时间发展一段友谊的概率。军队的定期休假以及其余的请假则保证了这种人员流动的鲜活度。其余留在上海美国社区的人在谈论起军事占领问题时往往坐立不安。但是证据显示,在上海的英国人比美国人更容易显得焦躁不安。外国社群在上海往往会有旅人或是陌生人的心理,并不会在这里扎根。在中国文化中,他们没有当地的文化自豪感或者感情维系。这里不是他们祖先的家,在将来也不会是子孙后代们的家。

　　第十个议题认为,流动性会使道德更容易败坏。对上海的美国人社团来说,仅仅部分如此。例如,传教士的职业让他必须维持一个高水准且不容置疑的道德行为,我不相信横向人员流动会降低他们的道德标准。在上海的社会环境中,也有一种削弱精神敏感性的趋势。同根植于内心的精神以及道德方面的抑制一样,生活在小社团或者含有中国人及其他人的混合社团中,一种强有力的社会性的抑制同样存在。

他的生活被细致地审查与注视。因此,即使生活在一个陌生的地方,或者从一个地方向另一个地方游历,这种内心同外部的压力,都迫使传教士维持其道德。因而,流动性本身并不能自发地使道德败坏,存在一种职业的限制条件。甚至在纵向流动的范围,一个传教士也不倾向于道德败坏,他可能从一个平庸的教会员工升职为一个教会管理人员,在他手下有很多下属。或者,他也可能经历一个被我们称为分权的过程,从一个领导的位置上跌落,转而一个中国人得到支持。但是,并没有证据表明,相比他一直在同一个位置,这种纵向流动会让传教士的道德有所沉沦。

至于非教会的社团,状况是不同的。确实有一种确切的道德对立,或许是冷漠。在上海生活,有许多种途径可以使得道德败坏。像这章描绘的关于职业分配的处理那样,虽然没有图表证实,但确实有一种不变的选择持续存在。来自酒、女人、赌博的诱惑,在这里,金钱能购买到如此多的愉悦,尤其对许多年轻人来说,这条堕落之路让人难以抗拒。

这一因素让上海具备城市筛选功能,一个人如果不能找到一些方式来适应,他将很快失去他的位置,然后被撤离上海,无论有没有援助之手。

另外,也存在一种社团控制。① 即使在大城市,美国人社团本身也很小,人们设法去弄清楚到底发生了什么。在经济上,道德败坏很容易暴露他自己,社团不允许美国人变得穷困潦倒,在大街上流浪很久,他会被遣离上海,将不会再看到他。因此,恶劣的道德沦陷会从上海图景中消失。没什么确切的证据表明,生活在上海的美国人,他们的道德在整体上比生活在纽约的那些相似职业水平的美国人有任何败坏。同样的城市生活也存在,可能是被大量的较低经济水平的中国人口所放大了。相比从一个小城市移民到纽约,最初接触上海时受到的文化震撼很可能更强烈。他们虽然保持着这种震撼,但至少普遍不会偏离社区常态,他们仍然被美国人社区所接纳。"强大的流动能力像一个巨浪,扫过或者赶走所有根茎脆弱的树木。"②

确实有一小部分外国人来上海是因为上海的异质性与匿名性,他们尝试让自

---

① See discussion of similar community control of Americans in the Philippines by M. M Wood in *The Stranger*, p.166.
② P. A. Sorokin, *Social Mobility*, p.532.

己失踪,或者逃避家乡的管辖。后者比前者更容易些。

合计所有我们关于上海美国人社区流动性的理论,我们可以说,尽管上海是一个有国际特性的城市,但是在我们的社区里,我们找不到"世界公民"的类型,也找不到那种认为"此心安处是吾乡"的世界主义者和国际主义者。我们找不到一个理论上热爱整个世界的美国人。甚至那些信奉普遍的兄弟观念这种教义的理想主义传教士,也保持着他们美国人的忠诚,在感情上依恋他们的祖国,在危急关头愿意拿起武器去保卫他们的国家(即使他们可能反对"炮舰政策"和"帝国主义",即使他们实际上把自己的诚挚都奉献给中国人民)。虽然流动,我们共同体仍然公平地、明确地定义这样一种观点,或许不是全体一致,但是至少绝不是宽容的世界主义。在上海的国际会议中,每个人的演讲都在说世界主义,以及对停止国家主义与种族主义路线的友好支持,但是这绝不是说,他们对美国人的爱,或者对身为美国人的自豪会有所减少。在我们共同体中,似乎不存在索罗金所说的那种类型,他说"许多对国际主义与'人类'最狂热的信徒,在他们的行为中却充满了对真实的人的蔑视"[1]。

在上海,对忠诚的吸引力有两个方向——对他们自己的国家或者对中国。后者的需要是更不容忽视的、更真实的,美国人帮助他们的计划是非常切实的,每个人非常忙,故乡的梦非常甜美,以至于他们陷入了如以上引述的那般含糊的、没有人情味的、冷酷的国际主义中。这种分歧又变为两条路线——亲华与反华——的趋势,也就是说,赞同或者反对一种针对中国是主张调和还是采用强力的政策,而不是国族主义还是国际主义。因此,上海的美国人社区所拥有的流动状况的类型中,含糊的世界主义,以及疲软的支持人性但对自己国家保持忠诚的团体,并不是作为这种流动性因素的结果,也非伴随其而出现。

更进一步值得思考的问题是,尝试发现在个人主义与价值观的流通方面,上海扮演了怎样的角色。这涉及农村区域。索罗金和齐默尔曼总结道:"在文化变动的动力中,城市在多数情况下扮演着革新者的角色,同时乡村扮演着保护与维持国家文化的角色。"[2]在中国,上海扮演着革新者的角色,因为如此庞大的外国的元素被聚焦于这个大都市的中心。新的东西在上海卸下,并且顺着同其他城市交往的路

---

[1] *Social Mobility*, p.543.
[2] *Principles of Rural-Urban Sociology*, p.405.

线,传播到其他城市,以及传播进乡村区域。

这些作者进一步补充:"相比乡村,城市是一个在国际化、世界化、去国家化方面,有着更高维度的元素。"①我们在别处讨论了,在上海存在的反对世界主义、偏向国族主义的一种趋向。当作者表明,城市比乡村人民拥有更少的国族主义时,我们需要对这个理论在上海的适用性进行修正。当在上海的中国人比一些乡村中的人更早地采用外国的方式时,现代国族主义运动在中国也趋向于集中起来,并且时而迅猛发展,在这些大城市,尤其是上海这种被大量外国元素所压制的城市,这种压制促使中国人的耻辱感得到加强。当中国陷入一些国际事件或者耻辱的时候,从这个城市开始,学生群体逐渐形成,并且走向乡村,去唤醒无知的村民,告诉他们正在发生什么,并且煽动他们的国族主义情绪。依照他们的习性,乡村人民并不是如此关心排外运动和国家的爱国主义,直到他们被城市演说家极具战斗性的宣传所煽动。

在中国城市,非常不同的特征是对外国支配的明确反抗。这些反抗者可能被外国对象强烈影响,他们猛烈地抵抗那些被他们认为是文化支配的东西。因此,在上海不仅有文化相关性,还有文化抵抗。因而,我们发现,国族主义在大城市得到更迅猛的发展,而不是在乡村,但是后者可能更加坚定地维护着旧文化。城市的国族主义更多是一种政治事务,而不是一般意义上的文化事务。当国家被外国势力在政治上征服,乡村居民仍然保守着旧文化,像在中国发生的那样。当在一个现代时刻,已然面临着来自日本和西方的威胁时,城市变成了抵抗者,并且维持着国家政治身份的认同。

故而,或许我们可以这样说,当城市居民更少地方主义(本土主义)而更多国族主义时,相比而言,乡村居民更偏向于地方主义(本土主义)而较少国族主义。因此,上海不仅仅是一个国际性都市,并且伴随着它的国际主义,一种聚焦于民族主义的浪潮也逐渐扩大,无论是对于外侨还是中国人。

(张生,上海社会科学院历史研究所副研究员)

---

① Ibid., p.407.

大上海的小组织
——"保卫中国同盟"上海分会考述

徐锋华

保卫中国同盟(China Defense League,简称保盟),是伟大的共产主义战士宋庆龄于1938年联合各国各方人士,在香港创立的抗日救亡组织。宋庆龄领导该组织,依托香港独特的政治与社会环境,在海外华侨中呼吁抗战,发起募捐,举办工业合作社和各种义演、义卖活动,为八路军、新四军提供了大量医药和物资援助,并将中共的抗战业绩向世界宣传。1941年香港沦陷后,保盟总会迁至重庆,在不得不应付国民党阻挠和破坏的同时,继续向各界募款支援抗日根据地,并致力于救济自然灾害中的难民和贫病文艺工作者的工作。

学术界对保盟早已有所关注①,在讨论宋庆龄对抗日战争的重要贡献时也会提及保盟②,当然还有一些亲历者的人生回忆③,但对保盟的上海分会的研究尚付阙

---

① 林影:《宋庆龄与"保卫中国同盟"》,《杭州师范学院学报》1989年第2期;王俊彦:《"保卫中国同盟时期"宋庆龄与宋子文的姐弟情》,《海内与海外》2004年第7期;丁俊萍:《宋庆龄和保卫中国同盟的国际宣传工作》,《武汉大学学报》(社会科学版)1993年第1期;李重华:《从"保盟"〈通讯〉看抗战时期的宋庆龄》,《湖北省社会主义学院学报》2005年第5期;徐锋华:《抗战时期的宋庆龄和蒋介石——兼论保卫中国同盟》,《2007两岸历史学研究生研讨会论文选集》,香港珠海书院2008年出版;徐锋华:《社团与政治:宋庆龄和保卫中国同盟研究》,《史林》2014年第2期。
② 陈漱渝:《由香港到重庆——宋庆龄在抗日战争时期》,《上饶师专学报》1988年第1期;尚明轩:《宋庆龄与抗日战争》,《史学月刊》1988年第3期;田保国:《宋庆龄抗日民族统一战线思想的演进及其理论贡献》,《吉林大学社会科学学报》1996年第1期。
③ 许乃波:《回忆抗日战争时期的宋庆龄》,《抗日战争研究》1991年第1期;爱泼斯坦:《对〈回忆抗日战争时期的宋庆龄〉一文的补充说明》,《抗日战争研究》1992年第1期;爱泼斯坦:《追本溯源话"保盟"》,《今日中国》1998年第6期。

如，目前仅见当事人的忆述①。笔者在做博士论文时就曾注意到这一研究现状，并收集到不少相关资料，现就手头所及，将保盟上海分会的成立和结束始末、主要成员及其贡献做一简要考述，以飨读者。

一

1937年底，上海沦陷，宋庆龄遵照中共中央毛泽东和周恩来的意见撤离，当接到地下组织联络员李云送交的中共中央电报时，立即表示同意由李云陪同移居香港②。根据个人条件，在香港这个相对自由又易于与国际联系的地方，宋庆龄可以为抗战事业多做工作。只有她才能"最广泛地团结一切可以团结的力量，最大限度地调动一切可以调动的积极性，最充分发挥各路人马的聪明才智"，她是"国际友人和海外华侨心里的一面旗帜"③。宋庆龄同周恩来仔细商量，决定把香港变成一条同外界联系的渠道，以便取得全世界反法西斯力量和海外华侨的支持，其目的是加强国共两党的统一战线和全国人民的抗日斗争。宋庆龄由于她的经历、她的坚定的原则性和磁石般的个人魅力，不可替代地成为这一事业的支柱和灵魂。

这时，香港的八路军办事处已经接待了一批又一批转道香港去抗日根据地的外国志愿人员，而响应宋庆龄号召支援中国抗战的海外捐款也陆续汇到，有关方面深感迫切需要一个处理此类事宜的对外机构。在这个紧急的有利形势下，宋庆龄和廖承志研究决定尽快建立一个面向国际的救援团体，成为中国人民与海外之间的桥梁。这个团体必须而且敢于冲破国民党政府的阻挠。它是民间组织，不属于任何政党，但具有鲜明的奋斗目标，有坚定的原则，它的全部工作是帮助赢得反法西斯战争的胜利④。

1938年6月14日，在香港宋庆龄住宅的小客厅里，"保卫中国同盟"宣告正式

---

① 耿丽淑：《我所知道的"保卫中国同盟"上海分会的一些情况》，《上海党史》1989年第9期；吴大琨：《孤岛上的"保卫中国同盟"》，《群言》1987年第8期；吴大琨：《我参加抗日救国工作的经过》，《抗日战争研究》1992年第1期。
② 李云：《三十年代在庆龄同志身边工作两年》，《解放日报》1981年5月23日。
③ 铁竹伟：《廖承志传》，人民出版社，1998，第171页。
④ 杜淑贞：《香港与中国福利会》，中国福利会史志办公室编：《中国福利会史志资料》，1997年第3期，第5—6页。

成立①，宋庆龄从抗日民族统一战线出发，建议请宋子文担任这个机构的会长②，宋庆龄自己担任主席。经宋庆龄邀请，国际友人、香港医务总监司徒永觉的夫人希尔达·塞尔温-克拉克女士任名誉书记，香港大学诺曼·法朗士教授担任名誉司库，英国人约翰·利宁负责宣传工作。主要成员还有新西兰作家兼记者詹姆斯·贝特兰、廖承志、廖梦醒和邓文钊。保卫中国同盟就这样成立了，一个向游击区——华北和新四军进行抗战的安徽——输送金钱和物资的国际委员会。

保盟在国民党统治区开展募捐救济工作是极端困难的，但一些外国人出于对宋庆龄的尊崇以及对中国革命的同情，利用外国人身份的便利，自发或自觉地为保盟工作。1938 年 9 月，美国合众社记者爱泼斯坦参加了廖承志在广州召开的会议，由于他报道了广州人民的苦难和斗争，宋庆龄让他在广州组织一些外国侨民、教师和留学生，成立"保卫中国同盟"广州分会，动员外国友人提供医药等方面的物资来支持中国的武装抗日斗争，特别是极为有效的游击战。但不到一个月广州就沦陷了，"保盟"广州分会没有得到发展的机会，实际上没来得及做什么工作。③ 后来，爱泼斯坦到了香港，接受宋庆龄的邀请参加了保盟总会工作。

宋庆龄还曾打算在菲律宾、印度等地成立分会，但都因战事发展太快等客观因素而未能实现。"保盟"的正式分会，应该只有上海的分会。

二

1938 年夏，原在全国各界救国联合会担任宣传部总干事及《救亡情报》主编的吴大琨在香港拜望宋庆龄，宋庆龄对他说，"当前最重要的事情是要支援抗战"，希望他能参加保盟。④ 在吴表示愿意参加后，宋庆龄让他带着介绍信回上海找基督教女青年会的耿丽淑，一起组织上海分会。离香港之前，吴大琨见到了中共上海办事处主任潘汉年，潘让他回去后与负责上海工作的地下组织成员刘少文联系。

1938 年冬，吴大琨从香港秘密赴沪找到耿丽淑。他介绍了保卫中国同盟的性

---

① 廖承志：《保卫中国同盟的初创时期》，《人民日报》1958 年 6 月 14 日，第 4 版；《点滴的回忆》，宋庆龄、董必武、廖承志为《中国福利会二十年》撰写的文章，C45 - 1 - 161，上海市档案馆藏。
② 中国福利会编：《宋庆龄与中国福利会》，上海人民出版社，2000，第 7—8 页。
③ 爱泼斯坦著，沈苏儒等译：《见证中国：爱泼斯坦回忆录》，新世界出版社，2004，第 115、116 页；《爱泼斯坦谈保卫中国同盟》，中国福利会史志办公室编：《中国福利会史志资料》，1994 年第 4 期，第 3 页。
④ 1988 年吴大琨在中福会成立 50 周年上的讲话，中国福利会编：《中国福利会会史资料》，1989 年第 1 期，6 月 14 日，第 15—16 页。

质,然后转达了宋庆龄的设想,在上海建立保盟分会,接应国外救援物资,并将物资转运新四军皖南军部,请耿丽淑参加筹备。几天后,在耿丽淑的住所举行了首次会议,由吴大琨、耿丽淑、沈体兰、吴耀宗、张似旭五人组成保盟上海分会核心,宣布分会的成立。为防泄密,会议使用英语交流。耿丽淑是唯一的外国人,被选为分会秘书,负责接应国外的捐助以及与其他革命组织的联络。① 共同的目标,共同的心愿,把工作在不同岗位的人们联系在一起,"在那白色笼罩的上海,又多了一个不寻常的地下组织"②。

保盟上海分会的成员并不是专职在保盟工作的,他们各有自己的职业,主要在公共租界活动。耿丽淑当时的公开身份是上海基督教女青年会学生部的顾问,这给工作带来了方便,可以利用特殊身份达到目的而又不被发现,她是上海分会的中心人物。③ 张似旭是归国华侨,当时是美商友邦人寿保险公司营业部主任、大美出版公司经理;吴耀宗是宗教界人士,当时在基督教男青年会工作;沈体兰是教育界人士,当时任麦伦中学校长;而吴大琨参加的是全国基督教青年会军人服务部工作,都较易于开展活动。当然,保盟上海分会并非只有这五个成员工作,据耿丽淑回忆,"上海分会有很多同志和外国朋友在工作,这是由于在很多场合以我们外籍人员面目出现更为合适,可以起到中国人自己起不了的作用"④。

上海分会成立后就开始募捐,并与中共派驻上海的负责人刘少文取得联系,八路军驻沪办事处及中共江苏省委对分会的工作给予了有力的支持。⑤ 分会通过各种渠道,与新四军建立了联系,并开始为新四军征募医药用品和寒衣等等。将资金物资送给新四军,并动员了一些进步的医生和护士去参加新四军的医疗卫生工作。⑥ 保盟上海分会主要是接受保盟的指示,除了接应国外寄来的募捐品,负责把它转运给新四军、八路军外,还在本市做些募捐工作,如举办义演、义卖是常有的事。有一次联

---

① 肖岗:《耿丽淑》,辽宁人民出版社,1993,第88—90页。
② 耿丽淑:《我与中国福利会》,载中国人民政治协商会议全国委员会文史资料研究委员会、《文史资料选辑》编辑部编:《文史资料选辑》第15辑(总115辑),中国文史出版社,1988,第8页。
③ 石川照子:《耿丽淑在抗日战争时期开展的活动——以保卫中国同盟及上海基督教女青年会的活动为中心》,载张世福主编:《宋庆龄与中国抗日战争》,上海社会科学院出版社,1996。
④ 耿丽淑:《我所知道的"保卫中国同盟"上海分会的一些情况》,《上海党史》1989年第9期。
⑤ 郑灿辉等:《宋庆龄与抗日救亡运动》,福建人民出版社,1986,第191页。
⑥ 吴大琨:《孤岛上的"保卫中国同盟"》,《群言》1987年第8期,第31页;吴大琨:《我参加抗日救国工作的经过》,《抗日战争研究》1992年第1期,第10页。

合上海的一些大团体,举行名为"文化之夜"的大型募捐活动。① 保盟上海分会的成立,开拓了分会主要支援新四军、香港保盟总会主要负责支援八路军的新局面。

1938年12月,保盟上海分会刚成立不久,新四军代表、军医处长沈其震和材料科长吴之理就到上海向耿丽淑紧急求援。保盟上海分会募捐到现金10万多元,为新四军购买了5万套军装所需的布匹和一批药品,②在上海党组织安排下,由王纪华、顾执中率领第一批上海各界民众慰劳团,通过日军封锁线和国民党第三战区顾祝同的防地,送达新四军军部。

1939年初,皖南新四军又得到手术器械、药品、被服、食品、文化用品,③特别是获得了名叫"白浪多息亦"的消炎药(磺胺的前身),是当时世界上刚生产出的最新产品。同年夏天,宋庆龄得知新四军地区蚊子猖獗、疟疾流行的消息,随即安排上海分会向新四军提供一批紧急援助,并以上海地方协会名义,派出第二批慰问团,携带所需紧急物资前往新四军根据地,其中有6000码蚊帐用料、20万片奎宁、400听炼乳、几万剂预防霍乱的疫苗、2000个消毒包等。④ 慰问团中有20多名青年留下来,参加了新四军。此外,新四军的军部医院,就是依靠保盟上海分会建立起来的;许多新四军的伤病员在这座医院得到医治、疗养,康复后重返前线;保盟每月还向新四军医院提供1500元的日常开支费用。⑤

上海"孤岛",当时在客观上成为新四军取得人力、物力、财力支援的主要根据地。⑥ 当时从上海运输物资去新四军驻地很不容易,大都是通过邮局里的内线关系设法转运出去,而邮局里也只有两三个进步人士可以委托。一般做法是将包扎好的、已经检查过的邮包在下班后打开,把药品、器械、食品等急需物资放进去,请邮局同志以邮包形式护送出上海。⑦ 还曾请教会医院的一位医生朋友帮助,将药品从上海带到九江,再转运去新四军驻地。

---

① 1985年8月耿丽淑谈话,中国福利会编:《中国福利会会史资料》1989年第1期,6月14日,第15页。
② 中国福利会编:《宋庆龄与中国福利会》,上海人民出版社,2000,第48页。
③ 肖岗:《耿丽淑》,辽宁人民出版社,1993,第93页。
④ 邬正洪:《上海人民对新四军的支援》,上海《党史资料丛刊》,1985年第2辑。中国人民政治协商会议上海市委员会文史资料工作委员会编:《上海文史资料选辑》第50辑抗日战争胜利四十周年纪念专辑《抗日风云录》下册,上海人民出版社,1985,第15页。
⑤ 中国福利会研究室:《宋庆龄与新四军》,载中国福利会编:《中国福利会会史资料》1989年第3期,12月14日,第18—19页。
⑥ 吴大琨:《纪念张似旭》,载中国福利会编:《中国福利会会史资料》1990年第3期,7月14日,第9页。
⑦ 耿丽淑:《我所知道的"保卫中国同盟"上海分会的一些情况》,《上海党史》1989年第9期。

三

　　新四军医疗服务的核心是来自南京中央医院的 8 位医生和一些熟练的护士。就在这个人数不多的核心的基础上,再加上这 8 位医生带来的 600 元,便渐渐形成了一个医疗系统,包括司令部的一所后方医疗、一个医疗培训学校、几所师级医院(共有几百张床位)、一些化验室、一个营养食堂,以及同情者捐助的 X 光检查器和一些手术器械。这是长期无私奉献、精打细算,使有限的经费发挥最大效益所取得的成果。① 这些医院设在风吹雨打的破庙里。一块木板支起来就是病床,化验室位于茅屋中。没有瓶子,他们就把竹子掏空了用。他们动员锡匠,用原始的工具制造蒸馏器、保育箱、消毒器。若不是有保卫中国同盟、中国红十字会医疗慰问团这些无党派团体的帮助,若不是它们捐助了不少医疗用品和器械,并给予少量技术援助的话,新四军的负担甚至将会更加沉重。② 一位外国记者参观后,报道说:"新四军医院的工作办得比中国任何的军队都好。这里的医疗机构里没有贪污,医生是合格和诚恳的。"③新四军的医疗系统不仅供军队使用,而且为整个地区人民服务。据统计,1938 年 4 月至 1939 年 5 月,仅新四军军医部的两个门诊室就治疗了军民病人 77000 多人次④。

　　不幸的是,保盟上海分会刚有所成效,在人事上却发生了一系列变动。分会成立不久,11 月吴耀宗、沈体兰即离开上海,去印度马德拉斯参加国际宣教协会会议,途经香港时拜会了宋庆龄,报告了上海分会的工作。⑤ 宋庆龄给吴耀宗写了几封亲笔信,请他代表"保盟",访问甘地、尼赫鲁、泰戈尔等印度进步人士。后来尼赫鲁回函宋庆龄,表示同意出任保盟的名誉会员,从而提供了重要的国际支持。吴耀宗 1939 年从印度回沪后,经常去内地访问,太平洋战争爆发后留驻成都,直到 1946 年 5 月 10 日才返沪。宋庆龄邀请他参加了中国福利基金会,共同为争取和平民主、医治战争创伤努力工作。⑥ 可见,吴耀宗和沈体兰长期不在上海。

---

① 爱泼斯坦著,贾宗谊译:《人民之战》,新华出版社,1991,第 265—266 页。
② 埃德加·斯诺:《为亚洲而战》,新华出版社,1984,第 112 页。
③ 贾克·裴尔顿:《新四军访记》,《大美晚报》(英文),1939 年 1 月 12 日。
④ 陈漱渝:《宋庆龄传》,北方妇女儿童出版社,1988,第 194—195 页。
⑤ 《吴耀宗日记》,1938 年 11 月 30 日,原件藏于中国福利会档案室。
⑥ 陈维博、吴让能:《宋庆龄和吴耀宗》,载中国福利会史志办公室编:《中国福利会史志资料》,1993 年第 3 期,第 16 页。

吴大琨慰问新四军后在返回的途中被国民党逮捕，关押在江西上饶茅家岭监狱，皖南事变后又被关进上饶集中营。经宋庆龄多方营救，直到1942年11月下旬他才得以交保获释。1944年，他以东吴大学经济系副教授身份担任了美国十四航空队的顾问，认识了英国驻华使馆文化参赞李约瑟博士。当时李约瑟也参加了保盟的工作，便举行茶会安排与宋庆龄安全见面，吴大琨详细汇报了上海保盟对新四军的援助情况。① 吴大琨一度身陷囹圄，自然也无法为保盟上海分会做更多工作。

分会另一个活跃分子张似旭，于1939年7月19日，在上海的一家咖啡馆被日伪特务暗杀。一些重要报纸都报道了这条令人震惊的消息：发行中英文《大美晚报》及《大美报》之大美印刷所董事张似旭氏，于昨日下午4时30分，在静安寺路72号起士林咖啡馆中，被暴徒袭击……伤在要害……不及救治殒命。② 不过，张似旭被害并非因为他保盟的身份暴露，而主要是因为他是个新闻工作者，多有抵制日伪的言语，而引起日伪的注意，怀疑他是共产党人。③ 就在遇害当天中午，他与一些美国记者谈称："对南京伪政权之威吓，绝不恐惧，况所受威吓，亦已非一次。"④为此，中国青年新闻记者学会总会还发了布告："张似旭先生不屈敌伪，竟致殉国，噩耗传来，同声悼愤。"⑤

但不管什么原因，总之"保盟"上海分会又失去了一个得力人物，只剩下耿丽淑一人。耿丽淑通过美国"总统号"轮船为宋庆龄传递秘密信件，化装进行"信件走私"，报告募捐救济情况，基本上是每周一次。她还冒着风险储存国外寄来的捐款和物资，以待时机转运。⑥ 虽然她因外国人的身份，得以幸免于难，但保盟分会已名存实亡了，耿丽淑也于1940年秋回国。因此，爱泼斯坦认为，上海分会"实际上是在耿丽淑的家开会、讨论，有计划地给新四军帮助。没有正式文件，可看作保盟在上海的活动据点"⑦。保盟上海分会的实际活动时间不到两年，但这个潜伏在大上海闹市区的小组织，有力地支持了宋庆龄的革命工作，同时也为新四军的后勤保障做

---

① 吴大琨：《在宋庆龄同志领导下工作》，《中国财贸报》1981年5月26日第1版。
② 《大美晚报》，1940年7月20日第1版；肖岗：《耿丽淑》，辽宁人民出版社，1993，第95页。
③ 中国福利会编：《中国福利会会史资料》1990年第3期，7月14日，第11页。
④ 《张似旭被害经过》，载中国福利会编：《中国福利会会史资料》1990年第3期，7月14日，第6页。
⑤ 《新华日报》1940年7月23日第2版。
⑥ 《耿丽淑——献身中国人民事业的美国人》，《中国建设》1986年第3期，第35页。
⑦ 《爱泼斯坦谈保卫中国同盟》，载中国福利会史志办公室编：《中国福利会史志资料》1994年第4期，第4页。

出了一定贡献,成绩还是值得肯定的。耿丽淑等国际友人从国际主义和人道主义出发,不惧危险和牺牲,与中国军民并肩抗战,这段历史也是值得铭记的。

四

宋庆龄对外国友人的影响是巨大而深刻的。耿丽淑回国前与宋庆龄会面时,曾由衷说道:"你的工作品质和目标,帮助我建立了新的人生哲理。和你一起工作,我像投入光明的怀抱。"①耿丽淑回到美国后,通过讲演为保盟募捐,1946年回上海基督教女青年会工作,而保盟已于1945年底迁到上海并改名为中国福利基金会,宋庆龄邀请她担任执行委员。1947年初,中国福利基金会总干事谭宁邦因为父亲和弟弟得了癌症必须请假回国,耿丽淑被推上了代理总干事的职务,处理福利基金会的日常工作。但有人向女青年会国际部告她的状,认为她与中国的"左倾分子"有密切来往,在中国的活动背离了美国政府扶蒋反共的政策。纽约女青年会全国委员会国际部发出召回通知,内容像外交辞令一样冠冕堂皇:你已被委派担任一个新的项目,培训国外秘书,请即回国。②

耿丽淑被召回美国后,参加了美国援华联合服务会的工作,继续对华服务。但1948年起援华会停止对中国供给,并公开进行反共宣传。在这种情况下,援华会的成员耿丽淑和爱泼斯坦毅然退出,打算另外组织一个新的机构,继续支援中国。1948年12月,中国福利呼吁会(China Welfare Appeal)在纽约成立,选出董事会,耿丽淑任主席。中国福利呼吁会的宗旨是"要求美国人在医疗物资、儿童保育工作以及其他各种服务项目方面对中国人民给予帮助。它是一个非政治性的组织。它所持的观点是,中国的政治事务是中国人民自己的事情,向中国人民表示友好,则是一切具有这种思想感情的美国人的事情"③。

中国福利呼吁会在旧金山、洛杉矶、波士顿设立了工作委员会,在其他各城如华盛顿、彼得梅尔等城市中,赞同这一组织的团体,也举行了会议。这许多会议举行的结果,致使美呼吁会能够运输四批"友谊物资"至中国。宋庆龄对中国福利呼吁会的成立感到很振奋,"我们终于摆脱了困境,不用到国外去筹款,而是坐等钱从

---

① 姜微、赵兰英:《美籍专家耿丽淑的中国情结》,《人民日报》1995年2月22日第4版。
② 肖岗:《耿丽淑》,辽宁人民出版社,1993,第116页。
③ 宋庆龄著、宋庆龄基金会编:《宋庆龄选集》上卷,人民出版社,1992,第451页。

天上掉下来"①。中国福利呼吁会实际成了中国福利基金会的外围机构,宋庆龄借助呼吁会及其他友好渠道,为工合运动及新中国的战后救济做出巨大努力。但比上述更重要的一点,便是通过呼吁会的力量,削弱了美国旧有的及新设立的救济机构对新生中国的污蔑和嘲骂宣传。

1950年8月,中国福利基金会改组为中国福利会。1951年,为了开展国际宣传工作的需要,宋庆龄再次请耿丽淑到中国,在当时美国等封锁中国的情况下,办成这事有很大难度。但中国福利会请广州某公司出面,以商务方面的名义,费尽周折得以让耿丽淑秘密入境。② 耿丽淑秘密返回中国,担任《中国建设》的审稿人,负责外联工作,后长期任职中国福利会的业务顾问,为中国的儿童健康教育事业做出很大贡献,是中国人民对外交往的友好使者,并获得上海市的外国人永久居留资格,被授予"荣誉市民"称号。保盟上海分会的其他成员如吴耀宗和沈体兰,后来也参加了中国福利基金会的工作,并担任执行委员,后由宋庆龄推荐参加筹备中国人民救济代表会议。中国福利基金会改组后,成立了以宋庆龄为主席的执行委员会,沈体兰、吴耀宗及其夫人杨素兰都是执行委员,此外还有章蕴、崔义田、宫乃泉、刘长胜、潘汉年、金仲华、赵朴初、刘鸿生等共12人。③

尽管保盟上海分会的历史使命早已完成,但其三个重要成员都参加了保盟总会改组后的中国福利基金会、中国福利会的工作,为其后续组织打下了良好的人事基础,营造了有利的工作环境。从这个意义上说,保盟上海分会也就从未结束过,而是以一种特殊的方式延续了下去。无论是保盟总会还是保盟上海分会,对中华民族抗日战争的贡献都是不证自明的,而这一切与宋庆龄的卓越领导和超凡的人格魅力当然都是密不可分的。

(徐锋华,上海社会科学院历史研究所副研究员)

---

① 《宋庆龄致王安娜》,载宋庆龄基金会、中国福利会、宋庆龄陵园管理处编:《宋庆龄书信集》续编,人民出版社,2004,第155页。
② 《中国福利会关于耿丽淑来华旅费一事与广州京华有限公司的来往信函》,C45-2-62,上海市档案馆藏。
③ 杜淑贞主编,《中国福利会志》编纂委员会:《中国福利会志》,上海社会科学院出版社,2002,第85—86页。

耶稣会制图师在中国：
潘国光与松江府地图（约1661年）*

[比]高华士 撰 赵殿红 译

本文研究的对象，是位于中国江南东部的松江府的一幅中文-拉丁文双语地图。多年来，这幅地图由私人收藏，因此鲜为世人所知。我们不知道这幅地图到达欧洲的准确时间，但在1764年，它被克莱蒙特耶稣会总院（Jesuit Collège de Clermont，即后来的路易大帝学院）拍卖给了海牙的杰拉德·米尔曼（Gerard Meerman）。1824年，英格兰乌斯特郡（Worcestershire）的托马斯·菲利浦（Thomas Phillipps）爵士购得此图；1964年，它转易伦敦的菲利浦·罗宾逊（Philip Robinson）之手。1988年11月22日，经过伦敦苏士比拍卖行的拍卖，由瑞典斯德哥尔摩的罗闻达（Björn Löwendahl）购得。①

该图尺寸为1340毫米×1390毫米，使用中文和拉丁文双语标注，多种色彩显示，整体保存完好，十分难得。图的比例尺约为1∶50000，显示了长江三角洲下游的松江府全境。松江城位于图中央，周围是相邻的城市（包括上海）和乡村地区。这是一块

---

* 原文标题："Jesuit cartographers in china: Francesco Brancati, S. J., and the map (1661?) of Sungchiang prefecture (shanghai)," *Imago Mundi*: *The International Journal for the History of Cartography*, 52: 1, pp. 30 – 42. 金国平教授通读了译文并提供不少专业意见，特此致谢。——译者

① 关于1764年巴黎的三所耶稣会总院图书馆被充公和拍卖的过程及其藏书的流传，见 J. Brucker, "Episode d'une confiscation de biens Congrégationistes (1762): Les manuscrits des Jésuites de Paris," *Etudes* 38: 88(1901), pp. 497 – 519; W. Kane, "The End of a Jesuit Library," in *Mid-America*: *An Historical Review* (July 1941), pp. 190 – 213. 在米尔曼拍卖中，该地图属于第1091宗，目录（Tomus iv, no.1091）显示"Sinica fragmenta ad historiam, scientias et artes pertinentia, cum figures mechanids et chartis geographids etc." 在菲利浦藏书（Bibliotheca Phillippica）当中，全宗被标为手稿第1986号（Ms. 1986, 见"The Phillipps manuscripts," *Catalogus librorum manuscriptorum in bibliotheca d. Thomae Phillipps, Bt., Impressum typis Medio-montanis 1837 – 1871* [London, n.d.], 22, no. 1986: "Fragmenta sinica historica &")。

平地,东西约50英里,河汊交错,将平地分割成大大小小的湖泊和岛屿。①

迄今为止,这份不同寻常的地图只是在1974年大英图书馆的一次公开展览上和数次拍卖名录中得到介绍,且都是辗转抄引的泛泛而论。② 对相关细节并没有认真研究和阐述,例如地图的绘制时间,只是笼统说明其制于1661至1723年之间。法国国家图书馆和罗马耶稣会档案馆等处近年公开的档案材料为我们提供了新的信息,可以确定该图拉丁文部分的制作日期和作者情况。1996年11月19至20日,罗闻达先生为杜鼎克(Ad. Dudink)博士和我提供了一次查阅原图的机会,使我们得以在文本和图像材料的基础上对该地图进行较深入的研究。

地图

尽管地图有拉丁文标题和大量的拉丁文题记,现有的研究仍然认为,地图先由中国制图者绘制,其拉丁文标题和注解为后来所加,我本人也持同样观点。③ 地图涵盖区域不大,是普通的中国县级地图类型。④ 它具有传统中国地图的典型特征,

---

① 见 J. Meskill, *Gentlemanly Interests and Wealth on the Yangtze Delta* (Association for Asian Studies Monograph Series 49; Ann Arbor, Mich., 1994),13 ff.,文中用威妥玛拼音标注中国名称。

② 对这幅地图的研究很有限,主要有 Yolande Jones, Howard Nelson and Helen Wallis, *Chinese and Japanese Maps*: *British Library Exhibition Catalogue* (London, British Museum Publications, 1974), C 20; Helen Wallis, "Missionary Cartographers to China," *Geographical Magazine* 47 (1975), p. 759; Philip Robinson, "Collector's piece VI: Phillipps 1986: the Chinese puzzle," *The Book Collector* 25 (Summer 1976), p. 180; *Bibliotheca Asiática*, Part 1 (Björck & Börjesson Catalogue 522, Stockholm, 1990), p. 9; Li Hsiao-ts'ung [Li Xiaocong], *A Descriptive Catalogue of Pre-1900 Chinese Maps Seen in Europe* (国际文化出版社,1996), pp. 217 – 218; Theodore N. Foss, "Cartography," in *Handbook of Christianity in China*, ed. N. Standaert (Leiden, Brill, 2000)。菲利浦·罗宾逊藏书依原色彩缩印,收入藏书名录。*The Library of Ph. Robinson, Part II: The Chinese Collection*, London, Tuesday 22nd November 1988 (London, Sotheby's, 1988), pp. 88 – 89, no. 93, and in *Bibliotheca Asiatica*, ill. no. 7. 苏士比目录如此描绘该图外观:"使用当地纸张、水彩,纸张稍厚,中西文标注,折页处略有磨损,有修补痕迹,稍有灰渍……"

③ Wallis, "Missionary Cartographers to China," p. 759; *The Library of Ph. Robinson*, p. 89.

④ 关于中国制图史,见李约瑟(Joseph Needham)、王林,*Science and Civilisation in China*, Vol. 3: *Mathematics and the Sciences of the Heavens and the Earth* (Cambridge, At the University Press, 1959), 497 ff.; Howard Nelson, "Chinese maps: an exhibition at the British Library," *China Quarterly* 58 (1974), pp. 357 – 62; Howard Nelson, "Maps from old Cathay," *Geographical Magazine* 47 (1975), pp. 702 – 711; E. Wilkinson, *Chinese History: A Manual* (Harvard-Yenching Institute Monograph Series 46; Cambridge, Mass., and London, 1998), pp. 143 – 148. 关于明清时期中国古地图样本及相关论文,见 J. B. Harley and David Woodward, eds., *The History of Cartography*. Vol. 2, Book 2, *Cartography in the Traditional East and Southeast Asian Societies* [转下页]

耶稣会制图师在中国：潘国光与松江府地图（约1661年）

如以图像标示山脉、岛屿、湖泊、塔亭、寺庙、桥梁、楼台、城墙、城门、瞭望台及其他（主要是沿海）防卫设施。松江城的布局与16、17世纪地方志所载并无二致。最后，图中大量的中文地名、河流名称和其他地图标识显然是出自中国人之手，而不是由西方人书写。因此，该图的原始作者，可以确定为中国人无疑。

而在中国地图上添加拉丁文内容（为方便表述，下文称"地图改制"——译者），表明了欧洲传教士对这个地区的某种解释。另有一页纸（与地图应当不属同一时期）用拉丁文标明了地图标题，上书"Mappa Christianitatis Duarum Urbium in Provincia Nankinensi ubi supra 100 Ecclesiae numerantur et supra 60 Millia Christianorum"，表示地图的大致地理位置（江南省）和主要内容，即当地的传教情况，包括教徒、教堂的大概数目（分别为60000教徒和100座教堂）。

地图中书写有大量的拉丁文标识和题记，与上述拉丁文标题字迹不同。图中布满十字架标记和教堂名称，且没有对应的中文名称。大多数教堂被称为圣母堂（Templum B［eatae］V［irgin］is），但也有一处圣依纳爵堂（Templum Ignatii），一处圣多玛斯堂（Templum S. Thomae）及一处方济各·沙勿略堂（Templum F. Xaverii）。某些地名旁边的注释表明天主教在此地区的发展。例如，"天岛"旁边的拉丁文注释这样写"insula Tie（n）tota pertinet ad familiam doctoris Hiu Basilii cuius mater Candida nomine e［s］t neptis Pauli cognomine sui olim primi regis colai; domina pia et devotissima quae multas aedificavit ecclesias"，意思是："天岛属于许缵曾进士家族，其母甘第大是徐保禄孙女，保禄即徐光启（1562—1633），曾任皇帝国老（首辅）；她是一位虔诚敬拜的夫人，建了许多教堂。"最后，有些拉丁文标记仅仅标明了某地的地理特征（如黄浦江），或者其行政地位、军事功能及战略意义。还有一些拉丁文标识被某种液体涂抹，字迹难辨。无法判断是作者本人所为，还是后来者所为，也无法判断涂抹的原因何在。

总之，这幅用拉丁文改制的中国地图可视为典型的耶稣会士作品，目的是表明

［接上页］（Chicago and London, University of Chicago Press, 1994）；及《中国古代地图集》第2卷（明）、第3卷（清）（文物出版社，1995、1997）。See Cordell D. K. Yee, in Harley and Woodward, *The History of Cartography*, Vol.2, Book 2, 关于耶稣会士和中国传统制图，尤其是18世纪，见第170—202页；关于中国传统的省区图和县区图中的错误，见第180页；关于地方志中的地图，见第91—92页。他没有提到松江地图。

耶稣会士在中国南部地区的传教业绩。江南省特别是松江府是耶稣会传教团在中国工作的样板(尤其是17世纪),罗马天主教会的其他修会如多明我会,只是偶然涉足这个地区,并且通常是受到了耶稣会士的邀请。此外,地图上的一些标识涉及当地教会的领导者如许缵曾及其母甘第大以及嘉定的孙元化(1581—1632),还标示了一些奉献给圣人(如依纳爵和方济各·沙勿略)的小教堂。① 可以推断,图中拉丁文的作者对当地教会的情况相当熟悉。事实上,他提到"我们的神父们"(nostri patres)居住在孙元化家中多年,已表明了自己耶稣会士的身份。

既然此图与耶稣会士相关,就可以将其与17世纪其他耶稣会中国地图比较,例如罗明坚(1543—1607)绘制的中国各省地图集,卫匡国(1614—1661)绘制的中国地图集,被收入其《中国新地图志》,由杨·布劳(Joan Blaeu)公司出版(阿姆斯特丹,1655年),还有卜弥格(1612—1659)绘制的精美地图。② 这些传教士绘制的实际上是西方意义上的地图,受西方地图和概念的启发,并依赖中国材料和中国教徒的支持。这些地图的主题要么是整个中华帝国,要么是某个省区。而这幅松江府地图特别与众不同,其中标记的细小地名表明它大量采用了地方材料,这在其他耶稣会地图中并不多见。另外,原始的中国地图布局精致,完整性和精美度很高,可见是经过一位熟悉当地情况的耶稣会士精心挑选的。

---

① 见 A. W. Hummel, *Eminent Chinese of the Ch'ing Period*(1644 - 1912)(Washington, 1943; Taipei, 1970),第318页:巴沙略和许甘第大;第686页:孙依纳爵。
② 关于耶稣会士和中国地图绘制,参见 Wallis, "Missionary cartographers to China"(note 3), especially H. Bernard, "Les étapes de la cartographie scientifique pour la Chine et les pays voisins depuis le XVIe jusqu'à la fin du XVine siècle," *Monumenta Serica* 1(1935), pp. 428 - 477; B. Szczesniak, "The seventeenth century maps of China: an inquiry into the compilations of European cartographers," *Imago Mundi* 13(1956), pp. 116 - 136; and Theodore N. Foss, "A Western interpretation of China: Jesuit cartography", in *East Meets West: the Jesuits in China, 1582 -1773*, ed. C. E. Ronan and B. Oh(中国耶稣会研讨会论文,1982年10月;Chicago, Loyola University Press, 1988), pp. 209 - 251.罗明坚地图现存罗马档案馆: E. Lo Sardo, "Il primo atlante della Cina dei Ming: un inedito di Michele Ruggieri," *Bollettino della Società geografica italiana*, ser. 11, 6 (1989), pp. 423 - 447.关于卫匡国的中国及蒙古史料,见 H. Bernard, "Les sources mongoles et chinoises de l'Atlas Martini(1655)," *Monumenta Serica* 12(1947), pp. 127 - 144.卜弥格地图散存于三处:巴黎 Bibliothèque du Service Hydrographique de la Marine(现遗失)、菲利浦·罗宾逊先生藏书(1988年卖出,现存何处不详)、梵蒂冈教宗图书馆,见 Szczesniak, "The atlas and geographic description of China: a manuscript of Michael Boym(1612 - 1659)," *Journal of the American Oriental Society* 73: 2(1953), pp. 65 - 77; B. Szczesniak, "The Mappa Imperii Sinarum of M. Boym," *Imago Mundi* 19(1965), pp. 113 - 115。

中国原图日期

地图有两个日期需要确定：中国原图绘制日期和耶稣会士改制此图日期。关于中国原图日期，海伦·沃利斯（Helen Wallis）认为，地图中没有标明金山、南汇、奉贤等县，而这些县都是 1723 年所建，所以地图应制于 1723 年之前。① 地图中还有一个至今未被注意的线索，就是"娄县"的出现，娄县当时为松江府四县之一（其余三县为华亭、青浦、上海）。而娄县设于顺治十三年夏（即 1656 年 4 月 24 日至 8 月 19 日），②因此地图应制于 1656 年或之后。

接下来是确定地图改制的时间和作者。个别拉丁文题记中标有日期，最晚者为 1661 年，标在青浦的东边。③ 由此可以确定地图改制的时间在 1661 年至 1723 年之间，对中国副省尤其是江南省的耶稣会士来说，这是一个"黄金时期"，传教事业获得最为辉煌的成功。在这段黄金时期以后，雍正皇帝在 1724 年 1 月 1 日的诏令中禁止了天主教的传播。但图中拉丁文题记的内容非常地方化，非常老套，很难从中确定日期。在这种条件下，运用古文字学的方法，是我们确定拉丁文作者和日期的最佳选择。

拉丁文作者潘国光

最近，我在法国国家图书馆西文手稿部见到一部合编卷宗（MS Espagnol 409），其中有两页对开手稿（fols. 139r～v），字迹与松江府地图上的拉丁文非常吻合。④ 手稿的内容是对"上帝"（xam ti）的论述，没有署名，也没有日期。但在手稿第 139r 页的上端，一位不知姓名的档案员标记了"潘国光神父手稿"（Ex P［atris］Brancati Ms.）的字样。潘国光（1607 年生），南部意大利耶稣会士，1639 年开始到 1671 年去

---

① Wallis，"Missionary cartographers to China"（see note 3），759；see also Robinson，"Chinese puzzle"（note 3），180（probably inspired by Dr J. V. Mills）.
② 感谢杜鼎克博士帮助我识别"娄县"这个地名。
③ "Templa quae in hac descriptione exacta (exstructa?) fuêre ab anno D(omi)ni 1639 usque ad annum 1661"（地图所示教堂建于 1639 至 1661 年）.
④ 研究"礼仪之争"的学者注意到了这个卷宗（MS Espagnol 551）；H. Cordier，*Bibliotheca Sinica*（2nd. ed.，Paris 1904），col. 1063，and H. Bernard-Maître，"Un dossier bibliographique de la fin du XVIIième siècle sur la question des termes Chinois，" *Recherches de science religieuse* 36(1949)，pp. 30-31.

世,一直在上海和松江府一带传教。①

手稿第139页有26行,尽管行文简洁,且为神学内容,但至少有一处与上海和潘国光相关,即文中提到由徐保禄(徐光启,1562—1633)题写的"牌匾",悬挂于"上海圣母堂"。值得注意的是,这里所说的教堂,并非上海供男性基督徒使用的大教堂,而是指专为女性教徒使用的小教堂,除神父以外,男性不得入内。我们知道,直到17世纪60年代中,潘国光神父不仅是当地最重要的神父,而且是当时唯一的西方神父,因此认定手稿为其所书是合乎情理的。

通过分析罗马耶稣会历史档案馆所藏潘国光亲笔信,也可以证实他是松江府地图拉丁文部分和上述巴黎手稿的作者。② 三者除了表面书写风格相同外,还有其他明显相同的书写特征:将-urn缩写为-u,字尾-us的书写方式,连写的方式(如e、ae等),对字母B、首字母d-和p-的书写方式等。甚至对十字架的画法,在地图中和巴黎手稿中也是如出一辙。

拉丁文地图的日期和功能

将地图拉丁文部分的作者确定为潘国光神父,使我们更加接近对地图改制日期和功能的判断。潘国光于1671年4月25日在广州去世,那么地图拉丁文应撰写于1661年到1671年4月之间。③ 但是通过考察拉丁文中的地理内容,可以使我们缩小时间范围。拉丁文中的地名非常具体,从中可以看出,潘国光不仅对当地非常熟悉,而且在记录时,他本人应在上海,而不是在遥远的广州,而他前往广州的时间是1665年2月2日。④

图中青浦东面的拉丁文题记中记有1661年,内容如下:

---

① J. Dehergne, *Répertoire des Jésuites de Chine de 1552 à 1800* (Bibliotheca Instituti Historia S. I. 37; Rome and Paris, 1973), p. 35; G. Bertuccioli, "Brancati (Brancato), Francesco," in *Dizionario biografico degli italiani*, 13 (Rome, 1971), pp. 822 - 824.

② 尤其是罗马耶稣会档案馆保存的信件 Japonica-Sinica[简称JS],142 和 143。据荣振华研究,里斯本阿儒达宫图书馆所藏潘国光年度报告不可能出自潘国光本人之手,见"Lettres annuels et sources complémentaires des missions jésuites de Chine (suite),"*Archivum Historicum Societatis Jesu* 51 (1982), pp. 257 - 258。

③ Dehergne, *Répertoire des Jésuites de Chine* (see note 12), p. 35.

④ G. Gabiani, *Incrementa Sinicae Ecclesiae*, *Tartaris oppugnatae* (Vienna, 1673), 459 ff. 潘国光离开上海时,毕嘉写下了动情的告别篇章。

这里说的教堂建于 1639 年至 1661 年之间,其中有七八座至今尚未完工,所以在地图中只见到十字架,还有一些地方,只有教徒而无教堂。①

这段话使我们理解了地图中十字架标识的意思。地图中确有七八个十字架散布于各处,表明那些地点已开始修建教堂,而在 1661 年尚未完工。这意味着地图拉丁文撰写时间,应当接近于 1661 年。

随着地图拉丁文作者身份的确定,文中出现的 1639 年这个年份则显得意味深长,因为这也是潘国光到达当地的年份。② 而且地图拉丁文对 1639 年之前及 1661 年之后的传教活动都没有提及。简言之,改制的拉丁文地图可以看成潘国光在松江府传教成绩的总结报告。

我们知道,潘国光曾经撰写过上海(松江)地区的教堂名录。他在 1668 年写给意大利亚历山大·菲耶斯基(Alexander Fieschi)助理神父的信中提到:

我收到阁下三封信,连同上海教堂名录(这个名录是我本人发出的),名录包括教堂的修建时间、(中国)创始人和创建的时机。③

名录当然不是地图,但其性质殊途同归,我们有充分的理由将潘国光的新建教堂名录同地图中显示的教堂联系起来。既然潘国光的教堂名录在 1668 年已经到达罗马,那么这幅地图在当时应该已经得到使用。

提到教堂名录,也引出了改制后的拉丁文地图的功能问题。这幅地图是给谁看的?潘国光在当地生活 22 年之久,煞费苦心地改制出这样一幅地图,不大可能只为本人参考之用。相反,他在地图中引导一位读者注意地图上的十字架:"你只看到十字架的地方,我重点标出(ubi tantum……cruces videbis)。"另外,潘国光在"嘉

---

① Templa quae in hac descriptione exacta [erecta?] sunt, extructa fuêre ab an(n)o D(omi)ni 1639 usque ad annum 1661; inter quae sunt septem vel octo, inchoate quidem, sed nondum absoluta, ubi tantum……cruces videbis, sive ubi deg……Christianos (-orum?), sed sine templo.

② J. Dehergne, "Les chrétientés de Chine de la période Ming (1581–1650)," *Monumenta Serica* 16 (1957), p.64.

③ "Tre Iettere ho ricevuto de V. R. con il catalogo delle chiese di Xam hai (gli haveva [havevo?]) io mandato questo catalogo e narrava il tempo, il fundatore, e la causa délia fondatione délie dette chiese."引自 JS 162, fol. 245; see also J. Dehergne, "La Chine centrale vers 1700.1: L'évêché de Nankin; étude de géographie missionnaire," *Archivum Historicum Societatis Jesu* 28(1959), p.319.

定"地名处提到"我们的神父们",很可能表示他之所以改制这幅地图,是受到了某位同事的启发。

据我们所知,潘国光在上海期间,在大部分时间里是当地唯一的传教士。而在1660年6月前后,来了一位同事,即比利时人鲁日满(1624—1676)。鲁日满1658年底到达澳门,1659年在杭州,1660年到上海,与潘国光一起工作至少到1661年7月为止。① 是否鲁日满的到来促使潘国光制作这幅地图,以作为对未来传教士的参考? 地图上的数据与信件中的信息相合,肯定有某种更加重要的原因。潘国光很可能是要提供在中国成功传教的有说服力的证据。我们期待有更多材料的发现,例如潘国光的原始名录或者提到这幅地图的相关信件,为我们进一步揭示这幅地图的真正目的所在。

拉丁文标题

如上所述,这幅中文地图被改制的时间是在1661年或稍后。但地图的拉丁文标题(Mappa Christianitatis Duarum Urbium in Provincia Nankinensi ubi supra *100 Ecclesiae numerantur et supra 60 Millia Christianorum*)则显得自相矛盾。60000教徒数量没有问题,因为潘国光1666年的信件也提到了这个数字。② 数字本身也没错,其他文献也有证明。③ 只是仅松江一地就有100多座教堂这个数字,柏应理在1687年6月26日的信件中才首次提到,这与1661年有超过25年的差距,因此,似乎与我们所确定的地图改制时间不相符。④

但是,这个标题是写在另一页纸上,在苏士比目录中与地图松散地放在一起。很显然,标题是后来加上的,而且很可能是地图到达法国之后加上的。这也解释了标题中出现的"两个城市"(Duarum Urbium)的错误,实际上,在地图中松江是唯一

---

① JS 162, fol. 72r. (写于1672年8月20日); "Quasi semper solus fui in hac ecclesia, sed anno praeterito 1660 datus mihi fuit stabilis soàus P. Francisais de Rougemont, Belgâ natione, etc."(我在这个教堂中常常孤身一人,但是去年,1660年,来了一位常住的同事,比利时人鲁日满神父)。

② JS 162, fol. 135r.

③ 如柏应理对1664年上海传教状况的回顾,见 C. F. Waldack, "Le Père Philippe Couplet, Malinois, S. J., missionnaire en Chine (1623 - 1694)," *Analectes pour servir à l'histoire ecclésiastique de la Belgique* 9(1872), p.22;1671年后在上海工作的刘迪我的一封信件;荣振华也引证了一条不知名的材料,见 Dehergne, "La Chine centrale vers 1700"(note 18), p.319。

④ Brussels, Musaeum Bollandianum. MS 64, fol. 211.

的城市。这"两个城市"不可能是松江府的两个城区。① 中国古代的行政单位"府"与"城"(urbs)是两码事。我们可以判断,添加标题的人不了解中国情况,错误地把松江和上海看作两个城市,而试图概括拉丁文地图内容。

地图的流转

1671年之后,柏应理(1623—1693)是潘国光在松江府的继任者之一,他在1675年刘迪我(J. Le Faure)去世之后住在上海。17世纪80年代初,柏应理进行了一次著名的返欧之旅,携带了316卷耶稣会士在中国印刷的作品,还有许多手稿,准备在欧洲出版。柏应理在巴黎停留两年(1686—1687),居于耶稣会住院内,可能是显愿会院(Maison de Professe,位于圣安东尼路),也可能是克莱蒙特总院(Collège de Clermont,位于圣雅各路)。②

若将这幅地图从中国南部到法国的流转归功于柏应理,这种推测着实令人兴奋。我们也可以从柏应理的报告中找到一些论据。他1686年停留巴黎期间,声称自己对中国副省的地图有特别的兴趣,并亲自涉足地图印制工作。他在巴黎写信给安特卫普的丹尼尔·帕本布鲁克(Daniel Papebrochius,1628—1714)神父,谈到一幅巨大的地图,上面标有整个中国副省教堂分布的最新近、最详细的信息。他在信件中提到,仅江南省就有"超过100座教堂":

> 关于地图及其显示的教堂:我无法找到一个更为准确的教堂数目,虽然我知道有许多教堂没有得到统计,尤其是在北方诸省。我自己不能确定的,不敢稍有夸大。受(地图)篇幅所限,无法尽收,因为仅南京近海的松江府一地,就有超过100座教堂。我在图上用字母"O"标示建有教堂的二级府或三级县城市,但也有个别标"O"的地方没有教堂。我将这些交给您做审慎之判断,并寄给您一幅在各方面都较为准确的小地图,我在上面标上了大运河等地点,因为

---

① 地图中,松江府被划分为四个区。
② 关于柏应理在巴黎的停留,见 Theodore N. Foss, "The European Sojourn of Philippe Couplet and Michael Shen Fuzong, 1683 - 1692," in *Philippe Couplet, S. J.（1623 - 1693）*; *The Man Who Brought China to Europe*, ed. J. Heyndrickx (Monumenta Serica Monograph Series, 22; Nettetal, Germany, 1990), pp. 134 - 136。显愿会院可能只是柏应理在巴黎停留的临时地点。参见 L. Blond, *La maison professe des Jésuites de la rue Saint-Antoine à Paris, 1580 - 1762* (Paris 1957), pp. 88 - 89。

这些地方很知名;我还补充了法语解释。"①

他在信中声称还有一幅较小的地图,这幅较小的地图"在各方面都较为准确"。显然这幅地图现已不存。

在柏应理之后,巴黎耶稣会和中国继续保持着密切联系,所以不能排除地图在后来到达巴黎的可能性。同时,该幅潘国光地图编制之后,显然并没有得到充分使用。原因之一,罗闻达购买时声称该图保存十分完好;原因之二,地图上的信息没有得到更新。事实上,直到18世纪前期,江南地区的天主教仍稳步增长,许多新的团契和教堂得到建立,这也说明这幅地图在后来没有得到充分的参考和使用。

当然也有其他的可能性,例如该图可能被用作绘制其他地图的依据。耶稣会士谈方济(Tristano Attimis)1747年12月11日在常熟附近被逮捕时,在他的行李中发现了一幅松江府地图(现已不存)。① 根据当时的审讯记录,他的地图反映了松江的天主教团契状况,但鉴于中国官员对他的怀疑——中国官员总是怀疑传教士怀有入侵企图——地图上应当还绘制了沿海的军事防卫设施(罗闻达地图也是如此):

> 林德瑶(João de Seixas)神父说,他们逮捕谈方济神父后,在他的文件中发现一幅地图,标示了松江天主教的"会",但他们疑心过重,认为这幅地图是预谋造反的工具。②

---

① Brussels, Musaeum Bollandianum, MS 64, fol. 211(巴黎,1687年6月26日):"Ad mappam et in ea contentas ecclesias quod attinet: non possum exactiorem numerum ecdesiarum invenire, etsi sdam desiderari multas ecdesias, praesertim in Borealibus provindis. Non ausus fui quidquam notare quod non certe mihi constaret. Plurimas cruces non capit angustia lod, nam in solo districtu Sumkiam in prov(inda) Nankim versus mare plus quam centum sunt. Quae autem notavi cum l(itter)a 0 sunt urbes 2di vel 3 ordinis oppida, ubi habemus ecdesias, etsi fateor multa quoque 0 a me hinc inde posita quae careant ecdesiis, quae omitti poterant aut saltern in explicatione id ipsum notare debuissem. Caeterum o(mn)ia R. V. prudenti iudido relinquo, mittoque mappulam correctiorem nonnihil, cui adiunctus canalis artefactus et alia quaedam ad claritatem, uti etiam Gallicam adiunxi hîc explicationem."
① 谈方济(1707—1748),意大利耶稣会士,主要在苏州一带传教;当时苏州府与松江府相邻。
② 巴黎外方传教会档案馆,vol. 507, 7—8(感谢杜鼎克博士提供参考);对照 Dehergne, *Répertoire des Jésuites de Chine* (see note 12), 17。"Quando prendieron el P. Atimis, dice el P. Juan de Sexas, le hallaron entre otros papeles un mapa de los hoei ö Christiandades de Sumkiam, y como nimiamente (?) sos/pechosos, juzgaron que aquel mapa era para premeditada rebelio."

虽然谈方济地图与潘国光地图中的教堂和海防设施有惊人的相似，但它们不可能是同一份地图。因为一旦被中国人获取，就不可能再回到耶稣会士的手中。

目前没有专门的材料显示潘国光绘制过任何地图，但我们通过分析这幅罗闻达藏书中的地图内容及其背景，可以确定它的确与潘国光有着某种关联。我们的结论是，潘国光在1661年或稍后，在他的第一位同事到达之际，制作了这幅地图。他选择了一幅约5年前绘制的中国地图作为基础，在上面用拉丁文标注了所有天主教团契、教堂、祈祷室及其他与松江府传教工作相关的信息。这幅罕见的中文-拉丁文双语地图，为我们揭示了耶稣会士在中国地图绘制方面一个鲜为人知的侧面。

（赵殿红，历史学博士，澳门科技大学社会和文化研究所助理所长、助理教授）

史料辑译

上海开埠初期英国驻沪领事馆档案选译[*]

薛雄戈 译

一

敬爱的伯爵,很荣幸能将上个月12日的信件6和16日的信件7的复印件转寄给伯爵您。这两封信上个月来自巴富尔上尉,他在信中表示他已到达上海,并通告了那些他经授权为对外贸易港口的开放所做的非常令人满意的安排。

同时我也转寄了巴富尔上尉的一则通告,虽然我还没有正式收到这份通告,但绝大部分的报纸都已经对此通告做了报道。

这份通告中附上了该通告提供的巴富尔上尉信件中附件的位置,我认为阁下大可不必为之烦心。

在最新一期的《京报》上刊登的一段话让我非常高兴,所以我特在此提起。这段话的内容是:"皇帝陛下已经发布了一道特旨,要求选拔出一位聪明的官员来掌控上海海关的情况,最重要的是,这位官员必须对所有外国人的性格特点了如指掌。"

五艘商船已经到达上海,第六艘也正在进入黄浦江,轮船麦都萨号则正在离港。众人都说对外贸易的前景非常好,但是巴富尔上尉在上个月19日私下给我写

---

[*] 译自 Robert L. Jarmaned, *Shanghai*:*Political & Economic Reports*,1842-1943, Vol. 1, pp. 533-675. (Archive Editions, 2008). 内容为开埠前后英国驻上海领事馆致英驻华大使信件、上海领事馆公告等。由于译者学识所限,加之原文为手写体,字迹辨认不易,讹误在所难免,恳请方家指正。——译者

信说，从他听说的来看，他认为北方的商品存货不充足，难以满足英国存在的制造需求。他补充道，这儿的人们对通商口岸的开放都感到极其高兴，而最令人振奋的莫过于所有的外国人可以和中国人和谐共处。

最近发生的事件的一个鲜明的特点对我们来说是一个彻底的警告。最近，除非中国的执政官到达港口并将港口正式开启，否则各个通商口岸的中国地方政府都禁止继续任何贸易。这个事实有力证明了我在10月24日那天发布的通告里所持有的看法的正确性。该通告中以附则9代替上个月10日发布的附则14，以便中国政府官员阻止长江以南地区除条约中规定开放港口以外其他港口的对外贸易。

微臣万分荣幸能成为

阁下您最忠诚、谦卑的奴仆

落笔于麦都萨号，上海

1843年11月12日

二

尊敬的伯爵，很荣幸能在轮船上经历了很长的一段旅程后联系伯爵您，由于遇到了强劲的东北风，威克森号（Vixsm）于5日夜里终于抵达舟山，此时麦都萨号（Medusa）正准备出海。我们所有的行李就是高级海军军官乍德上尉提供的装备。我们换船到麦都萨号上，才得以在7日重新动身并于8日抵达此地。

我们抵达的当天，根据约定，在指挥官、麦都萨号船长、领事馆的先生们陪同下，当地民政和军政官员在场的情况下，我拜访了上海道台，并递交了阁下您和我国高级官员的信件，以此来宣示我在上海领事馆的任职。

次日，在上海道台的特别要求下，我再次拜访了他。前一天参加过访问仪式的官员也在场，我们针对各自的职权和相关细节，在令人满意的最高程度的理解下，共同做出了多种解释。

昨日，上海道台和上海地方官员在麦都萨号上进行了礼节性回访，我也收到了一切应得的荣誉和关注。我很高兴上海道台把我们前一天讨论过的不同的事项都写在备忘录上带过来了，因此我提议，一旦贸易开放典礼相关的安排全部完成，就把这些内容公开发表当作我们共同的行动指南。

尊敬的伯爵,我希望您能对收到的关于关税条款、一般规定和补充条约的中文副本满意。这些副本都是在上海道台的指导下印刷出来的。他请求向您表达他希望商业贸易能在条款的延伸意义下进行,从而使贸易安排发挥最大效益的愿望。从他表达的希望能传递和反馈和我们职责相关信息的意愿来看,我预期每个设备都将在我职责控制之下进行工作。

在此,我附上来自上海道台的一封通知建立银行厂商和钱币兑换处的信的译文,银行厂商和钱币兑换处的建立是为了做关税凭证,但是因为在苏州的一个第一合伙人的缺席,所以在支付关税方面外币的百分比未测定出来。但这不是个大问题,因此我不觉得在调整上有任何麻烦。

上海道台交付给我的下列宣告翻译文本已经向上海民众公布,并将作为我们商业往来的参考条款。

附则1涉及通用的重量及尺寸。

附则3涉及禁止港口贸易(五个通商口岸除外)的事项。

附则4号召所有的商人都要以诚实和正直的态度来进行商业交易,并警告海关人员注意错误的翻译。

我在上海城内租到一处房屋,地段适中,每年租金400美元。如果做好设立领事馆的准备,我打算明天就搬进去。

因驻扎在本港口的沃尔夫号(Wolfe)还未抵达,我特意将麦都萨号滞留了几天,以便汇报我所做的一切安排:开放港口、确定其工作限度以及船只装载和卸载的锚地、为领事官邸以及商人的住宅和库房选址、选择试验点、确定外国货币支付的百分比以及其他的小问题。

微臣很荣幸能够成为
阁下您最忠实的谦卑的仆人
乔治·巴富尔
英国驻上海领事馆

三

宫慕久,清政府分巡苏松太兵备道(也称上海道台),是江苏海关的总督察,他在此次交流中做出了回应。

11月9日，他收到了英国驻上海领事馆领事关于条款的施行效果的回信。这封信将在下面完整附上。

上海道台宫慕久收到信后在审阅中发现，之前收到的管理条款中，规定了应由海关总督察挑选若干人，全权代表他建立一个银行营业机构，并规定英国商人应缴纳的关税费用。

因此，他即刻挑选了六位忠实可靠的商人，即姚航源（Yaou Hangyuen）、周华兴（Chow Hooshing）、毛杭贺（Maou Hangho）、郭王芳（Kwi Wangfung）、周袁务（Choo Yuenyw）、金袁科（King Yuenke），授权他们成为该银行的办公人员。同时，他也印制了一些准备使用的收据。从那以后，每当我们英国的商人到银行机构交完税，他们立刻就可以拿到收据作为凭证，然后他们可以拿着这张凭证去我们的领事馆换取通关文件进而离港。

关于称重和接收关税这部分，我们一直在用广州海关监管人员转寄过来的砝码，而且也会一直用下去。同时，我们还将使用1021腕尺测量方法，大型秤也将作为衡量和计量商品的方法。现在宫慕久也寄来了一份盖有公章的关税收据副本，对英国驻上海领事做出了回应，表达了他对关税一事进行监管的相关事宜。

此外，上海道台宫慕久担心在目前的商业交往中，一些狡猾的商人会进行诈骗和走私活动，从而导致一些欺诈或其他不法行为发生。因此，他根据条例颁布了一项严格禁止此类行为的公告。

一次至关重要的沟通（附上一封收据）

巴尔富伯爵收

落笔于英国驻上海领事馆

道光二十三年九月十九日

即1843年11月10日

如实翻译

上海领事馆翻译 麦华陀

四

清政府江海关道、苏松太兵备道宫慕久与我国领事进行了多次谈判，其间反反复复，才最终发布了这个公文。

在上海和几个西方国家之间进行的商业往来中,称重和接收用来支付关税的银子,包括测量包裹和商品的称重,是按照重量来计算的。这些重量和尺寸都是由广州海关总监察官转寄过来的,都将按照本条例的规定采用通用标准,因此这部分工作最不允许存在任何欺诈行为。

现在市场的开放才刚刚开始,因此非常有必要发布一个公告,让这里的每个银行家、商人、海关工作人员清楚地知道,商业活动必须根据以下条例的规定运行:任何故意违背或者偷偷使用其他砝码和测量工具的人,一经发现或者被举报,将依据法律对这些人进行审判和惩罚,绝不留情。

特殊公告
道光二十三年九月十九
即 1843 年 11 月 10 日
如实翻译
上海领事馆翻译 麦华陀

五

清政府江海关道、苏松太兵备道宫慕久发布了这个公告。

和去年达成一致的条约相似,此次公开发表的是一封来自全权公使璞鼎查(Henry Pottinger)爵士回应的信件,其中一个条款中提到:英国人只能在广东、福州、厦门、宁波和上海五个港口进行商船贸易,但他们可以在其中任何一个港口靠岸。而且为了监察事务的顺利进行,将会有几艘小型英国战船分配到每个港口。这对中国当地政府防止商船进入别的地区来说也是一种帮助。同时,条款也要求除了规定的五个通商口岸,中国当地政府应严格禁止人们去任何港口进行商业贸易。这五个港口还规定了和英国商人进行交易的具体内容。道台就曾经阻止过一个纪念碑的公布(现在已公开)。

在贸易即将开放的过程中,他真正明白,必然会有不守规矩的商人会把英国的商船引到不被允许的地方进行私人贸易,但是他除了逐步采取预防性措施以外什么也做不了。此外,发布公文告知当地民事和军事官员阻止英国商船进入其他地方是他义不容辞的责任。因此他宣称这个公文的发布是为了让所有商人都弄清楚状况,而且从此以后,和英国人进行的货物交换必须在上海的港口进行,在其他任何地方进行秘密交易都是不被允许的。任何故意违反规定的人员，一经发现，立即逮捕入狱，并根据法律进行惩罚。所有人都必须遵守，没有特例。

特别公告

道光二十三年

即1843年

如实翻译

上海领事馆翻译 麦华陀

六

清政府江海关道、苏松太兵备道宫慕久发布了这个公告。

（我国）在上海港口与英国商人的贸易现在已经开始进行。所有关于接收关税的条例和放松政策及限制政策都将完全按照新规定的条款执行。

去年9月，（我）恭恭敬敬地接收到了朝廷下发的关于开放市场的命令，随后编写了法律和规章制度，并下达命令让双方的所有人都必须遵守。

这个月17日，港口开放，所有和外国商船进行货物交易的中国商人必须以公平和公正的方式进行交易，不得存在任何欺骗和欺诈的意图。在为一定价值的货物接受和支付货币时，为了防止价格被恶意抬升或贬低，做一个公平真实的估价是非常有必要的。如若任何一个海关工作人员经常性存在进行敲诈、无故搜查或者重罪轻判的行为，则将立即依据法律受到严厉的惩罚。

有关生丝、丝绸、茶叶执行的本地贸易关税和船舶吨税，必须按照旧的规定收取和支付。不允许有任何推脱责任，或是想方设法进行偷窃、诈骗的行为，否则必将受到审问和严惩。

这一条款必须严格执行，任何人不得提出异议。特殊公文。

道光二十三年九月二十五

即1843年11月16日

如实翻译

上海领事馆翻译 麦华陀

七

上海英国领事馆

1843 年 11 月 16 日

尊敬的伯爵,很荣幸能向您说明和上海道台的交流情况。我已宣布从明天开始开放港口贸易,并要求各方在港口进行相关活动的人士都必须严格遵守关税规定、一般条例和针对与中国进行商业往来以来所发布的公告。

我已经划定了上海港埠的界限,就在面朝西方的宝山角与面朝西南西的吴淞口右岸炮台这二点所构成的一条直线以内,这会给我们带来很多好处。所有进入港口的商船将要停泊的锚地和指引商船进入锚地的标志,岸上都有清晰的解释。同时,这些标志和区域也在海图上清晰地标识出来了,进入河口的商船就可以清晰地看到。

我在通往河湾的港口处已经划定了装卸货物的商船停泊地,这个河湾下游经过上海县,而且和名为吴淞口的河流距离非常近。这条河流在离上海城墙 0.75 英里以外的地方,并且最终流进上海河。为了保持内河航道的正常运行,我清楚明确地要求所有船只尽可能往左岸停靠,有必要时,船只必须在船头和船尾都放下锚头。

为了确定锚地的位置,我和道台亲自进行了调查,并参考当时也在场的沃尔夫号的指挥官尼纳(Nyner)、麦都萨号的副官哈勒尔(Harrell)的意见。我当即就同意了提议的锚地位置,因为不管从哪个方面看,锚地的位置对我们船只和贸易来说都很合适。

英国驻上海领事 乔治·巴富尔
真实副本

八

声明

英国驻上海领事馆

1843 年 11 月 14 日

我在此向所有在上海的英国人发出通告,上海英国领事馆业已设立,地点位于东门和西门之间的城墙附近。在此我请求各方人员能好好合作,协助我履行委托给我的职责。与上海道台完成商讨后，我宣布上海将于11月17日正式对外开埠通商，届时，中英之间签署的偶有条约的相关条款，均同时生效。

目前，上海港埠的界限，暂时确定在面朝西方的宝山角与面朝西南的吴淞口右岸炮台这二点所构成的一条直线以内。

在港埠内，装卸货物之商船停泊地即在尽可能靠近黄浦江弯曲处的左岸，紧接吴淞口。吴淞口离上海城墙大约一英里半的距离，并在此汇入上海河。当停泊的船到达一定数量，有必要时，船只必须在船头和船尾都放下锚头以保证航道的正常运行，吴淞口河口正常开放。

关税条款、一般条例，还有璞鼎查爵士管理与中国商业往来发布的多个公告，我都会严格遵守执行。当然，所有到港埠来的人也都应该遵守。

上海道台、江海关道已经建立了一个政府银行机构或者称为钱币兑换站，这个机构主要是进行开具载重费和入关出关税的收据的工作，而且他们已经在小东门到河岸的这条街上设立了一个办公室，这个办公室现在由6个合伙人运营，名单如下：

姚航源（Yaou Hangyuen）

周华兴（Chow Hooshing）

毛杭贺（Maou Hangho）

郭王芳（Kwi Wangfung）

周袁务（Choo Yuenyw）

金袁科（King Yuenke）

经授权，他们每一个人都有权因上述事由所受税款开具发票。

标准度量衡都放在领事馆的办公室里，所有关税都根据这些标准进行计算和征收。他们建议英国商人自带测量装备，这种装备在上海很容易就可以买到。将这一做法纳入普遍使用的请愿正在提交审核。

在这里，不同的贸易和不同的行业有不同的称重测量方法，所以没有人同意政府给五个通商口岸定的标准，因此在所有商业交换中特别谨慎的态度是非常重要的。有"斤"和"两"这两个重量单位，可以使交易能够清楚地确定下来，这样就能避免交易困难和损失。在对各方的性格和行为特点非常了解之前，我们应该保持小心谨慎的态度。

英国驻上海领事 乔治·巴富尔

九

公告

英国驻上海领事馆
1843 年 11 月 24 日

在贸易港口开放后不久,我就不得不很遗憾向外国人社区通知,我昨天收到来自上海地方官的一封官方通告,这封通告的大概意思是,上周一,一个中国男孩被鸟枪射伤,射击者是一位商船上的外国人,这艘船停靠在河的右岸,近小东门对面,离县里大约一点五英里的距离。

接下来我了解到,这个男孩从他居住的村子被带到治安管理办公室去了,并让他暂时留在那里,以便于针对这个事件对他进行询问从而得到赔偿。

领事馆的外科医生已经把男孩带到他的办公室去了(他现在仍然在那里),并从他颈部靠近颈动脉的地方取出一枚子弹,另外还从他手臂和脸上取出其他子弹,但是目前还有几颗留在这个八岁小男孩的眼睛那里没有取出来。

今天早上,又有一个小男孩被带到领事馆来治他脸上的伤,他也是被一个外国人所击伤。有好几颗子弹已经被外科医生取出来了,但是医生说还有一些子弹因为入肉太深,所以现在不可能把它们取出来,所幸这些子弹对男孩不会造成生命危险。

我想,这些枪伤肯定会被解释为疏忽大意造成的或是无心之举,但是枪械的使用(港口上的行凶者)和如此多的枪击事件会在中国人心中留下一个不利于外国人群体的印象。我认为就当前的状况看,为了保护居民的生命安全和公共场所的秩序,应该下令要求所有在上海港埠的英国居民进行整改,直到他们不再用捕鸟手枪或者任何其他武器在住所或者商船上进行犯罪。

虽然我非常不情愿因此限制外国群体迄今享受的自由,但这是我为了防止此类行为再次发生的唯一能下的狠咒。我越找不到实施此类罪行的凶手,就越不得不采取这样的手段,虽然这样做会影响整个外国群体的娱乐生活,但这是当前我们唯一能保护双方和谐共处的方法。

虽然我很在乎公众对此的反应,但是为了确保这项禁令得到应有的关注,我现在必须将其置于一边。我特以此方式确保所有在上海的英国人都清楚该禁令。中国当局和我一样对此事非常重视,为了让大家都遵守这个规定,我们和中国当局进行了合作,我们将采取最严格的措施去发现任何违反这个命令的行为。在此我警告所有人,禁令里的罪行一经发现,我将采取上述措施来有效防止这样的罪犯再次危及公众安全。

英国驻上海领事 乔治·巴富尔

十

公告

英国驻上海领事馆
1843 年 12 月 18 日

为了修复大英帝国的威严和形象,必须限制携带猎枪的特殊情况已经不复存在。现在,我宣布撤离此项限制,并将枪支的使用当作一种体育运动。

最近的事故对真正的运动员有很大的教育作用,这会使他们用更谨慎的态度去进行射击活动。为了杜绝在树篱周围、住宅区附近,或者接近人群的地方发生危险的鸟类射击练习,上述地带不允许任何实弹射击。同时,上海城内,或者上海南北或西北方向城墙外 800 码以内的地方同样不能进行射击活动。

向来不习惯体育运动的各方人士尤其呼吁不要在这个地方进行射击活动,因为这样人们的生命安全将受到威胁,其他外国居民的自由也会受到限制,同时他们认为携带武器的习惯也应该完全被禁止。

所有想要进行射击运动的人都必须提前将姓名上报给领事馆,同时要附上一个保证书承诺他们会对每次射击进行练习,而且他们一直都有射击运动的习惯。否则他们需要在射击前提前申请,领事馆会安排一位警察陪同他们进行射击活动,这对他们会很有帮助。

我们不希望发生不必要的索赔,希望枪支禁令的取消不会让所有人都立马进行射击运动,射击的距离也不要进行没必要的扩大。

英国驻上海领事 乔治·巴富尔

十一

英国驻上海领事馆
1843年12月21日

大使阁下，我已经就此港口的商业安排方面向您提出了问题。这是因为我不认为自己有足够的资历提供贸易方面准确的信息，更不认为我所掌握的知识足以让我对未来做出任何决定性的意见。

我初到上海，便立即意识到来到上海港口的广州人的数量之大。他们带来了很多广州人中普遍存在的恶习和糟糕的想法，但同时他们又独立于中国人对于建立组织的固有偏见。因此我后悔曾说过，自己认为引进的这些概念（我认为是由广州人传播来的）大体上非常有利于在这里继续开展与外国人的贸易。

为保证内地贸易税的到期付款，上海本地官员制定了计划。我在1843年12月6日的11号信中有报告内地贸易税的相关事宜。该计划在形成这一体系上提供了很大的帮助，即向商人颁发许可证以报告所有可能来自港口内陆的生丝、丝绸和茶叶的交易以及这三类物品的出口，并要求商人要承担内地税和出口税。

在货物交易的这一系统下，政府向最重要的商行颁布的这些许可证，使得这些商行的成员在所有货物的销售和购买方面有了极大的实际控制权，并进一步使得这一系统的扩展深得人心。在该系统的拓展下，所有的交易都将由持有许可证的商行经手。

充分了解了这些计划后，我试图通过与中国商人的私下交涉去打消他们的念头，使他们意识到享有特权存在的危险。同时，我还希望也相信在19日能成功地通过和上海道台的沟通——一次漫长而一定程度上令人满意的沟通，让他明白，给予特殊阶层的商人探查其他没有这一特权的商人事物的权利，这个政策是极为不妥的。这个政策显然也与我们和中国商业来往的最重要的原则之一相违背——商人与商人之间的贸易自由不受限制。

我又进一步向大使阁下提出，这些商人没有固定的费用或报酬，必定会想通过某些间接的手段获得利益以弥补执行这些关税给他们带来的麻烦、开销和负担。尽管大使阁下可能并不清楚，但正如我曾经提到的并经广泛报道的那样，所有交易丝绸、生丝和茶叶并未持有许可证的商人，每笔交易都必须向那些持有许可证的商行支付一定比例的费用。

我持着谨慎的态度进一步提议,对于保障内地支付的安排,在我看来并不能够很有效地保证商人们支付内地贸易税。但除了在中国海关有严重影响贸易的倾向时,我并没有意图干扰中国海关在这方面的安排;我只是认为他们赋予这些商行公司的权利为走私提供了很大的便利。并且我十分相信从我到这儿以来,唯一一笔据说涉及英国货物的走私交易,就是通过这些持有许可证之一的公司进行的。

但鉴于我没有拿到足够的决定性的证据,就先暂且不提走私的各方。不过,从那份报告中我可以非常确定的是,走私丝绸这一事件充分表明了公众并不认为这个许可证的制度可以很好地保护税收收入。

上海道台想要就内地贸易税的问题展开讨论,但我尽可能地努力避开了这个问题。因而他立即声明,他是接受了钦差大臣的命令而采取行动的。我表示知道这一点,也已经将情况向大使阁下报告。

我非常满意的是,内地贸易税得以征收完全是因为受到监管;同时我非常希望可以取消内地贸易税,因为我确信内地贸易税会对税收造成不好的影响。内地贸易税和出口税都会遭遇逃税,但如果只征收出口税,那么没有商人愿意冒着失去像丝绸这样有价值的货物交易的风险,而逃避出口关税。再说,出口税仅仅占交易价值的百分之零点五。

当时,我还收到了上海道台的口头保证。他保证会取消这些许可证,并派遣一名政府官员负责关税的征收。对于这一点,我表示十分满意并指出尽管我不知道是否有权利对这些关税进行征收,但只要有高级官员对此下令负责征收即可。

道台必须制定法律,那样只要丝绸出口至外国商船,就必须向我申请获得允许装载生丝,内地贸易税是否得到征收便可以获得保证。

迄今为止,在租赁住宅和存货的房屋方面还存在着一些问题。我们的商人提供了非常可观的价格;但由于中国人总倾向于否认创新,且在某种程度上不愿意承认各种利害关系带来的阻碍,因此总的来说大部分商人对这样的安排可以说是很不满意的。

我已经向上海道台表明,如果可以在海运的附近获得土地,我更希望那可以成为我们未来居住的地方。并且大使阁下对我的这种情愿表示了赞同,并颁发了公告以便人们租赁、售卖房屋以及租赁土地。除了一处状况不是很好的房屋以外,其余都已得到了妥善处置。然而,我希望可以就住宅的位置达成适当的解决方案。

现在的市场还远没有准备好进行某些本地贸易的确值得期待的商品的贸易。我将这一现象归结于丝绸和茶叶的交易已经向广州转移,使得习惯于进行外国商品贸易的商人也随之迁移。但更多的是，中国人习惯于静观其变，待清楚了贸易的状况和这个市场的前景是否可观。然而，从已经成交的销量和价格来说，我认为在大多数中国人看来，这个港口在不久的时间内将会成为一个购买中国商品的十分宏大而有利可图的商业中心。

微臣很荣幸能够成为
阁下您最忠诚、谦卑的仆人
英国驻上海领事 乔治·巴富尔

十二

英国驻上海领事馆

1844 年 1 月 27 日

英国全权代表璞鼎查伯爵 收

尊敬的伯爵，我在此向您汇报，来自伦敦传教会的麦都思已经同意每周都为上海港埠的外国人社区提供礼拜支持。我已发出附件上的通知，将传教活动临时安排在领事馆举行。

我相信，外国群体将会大方地捐献以资助礼拜场所的建立和公墓地的置办。

我非常希望可以收到阁下您准备向英国政府推荐此项安排以及我是否有权在此活动获得批准之前给予任何帮助的肯定回答。

微臣非常荣幸成为
阁下您最忠诚、谦卑的仆人
英国驻上海领事 乔治·巴富尔

十三

通告

英国驻上海领事馆

1844 年 1 月 6 日

麦都思教士将在本月 7 日即礼拜日上午 11 时在本领事馆举行礼拜活动，在有另行通知之前,以后的每个周日都按此安排如时举行。

英国驻上海领事 乔治·巴富尔

十四

上海英国领事馆
1844 年 1 月 29 日

尊敬的阁下,在收到阁下于 1844 年 1 月 2 日写的 8 号信件后,我先和一些在上海港与外商做生意的中国人进行了讨论,而后就您在信中提及的指令和特别许可证问题,与道台进行了交流。

道台称,他完全没有打算限制和英国商人进行贸易的中国人数量,也完全不支持一些中国人想要创建一些和广东、香港垄断相似系统的想法。此外,他称发放的特别许可证仅适用于内陆的到期付款义务。

虽然我不赞同他说的特别许可证的适用主体,但这也让我意识到在中国,现有的障碍在于这个中国官员,也是他撤销了其他办公室的诉讼程序;我也了解到,这些特别许可是由地方官员制定的,而这些地方官在现任的上海道台上任前就已经存在了。我非常信任他的人品,同时我也不赞成任何干涉贸易自由的做法,所以我认为正式要求撤销特别许可证是没有必要的。我相信,一些有利的情况会出现,让上海道台能够悄悄地把他们召集起来。

18 日上午,领事馆收到两份声明(私底下),这两份声明都盖有海防——比道台低一级的中国官员的印章,虽然这两份声明都落款于 3 月 15 日,但正式发布是在 18 日。

一则公告与中国人有关,另一个(附件 1)禁止所有中国人与英国商人交易,除非他们有特许经营权和密封的或者带有盖章的分类账簿。我确定这一公告已经在城内外广泛传播,同时有秘密消息称,办公室的下属职员在干扰那些没有特许经营权,但是已经开始和我们英国人进行交易的中国商人。我向海防提出要求,请他提供他所公布的有关我们办公室的公告的正式副本,但他狡辩回应说,这些公告与我们无关,这也解释了那则在同一天发布的影响中国人的公告。上海道台先前向我承诺他会支持我的想法,我认为,现在有必要请求上海道台指明允许下属官员介入贸易自由的危险后果。我现在不能再允许这些许可证的存在,而且必须正式要求他们撤回。

阁下将通过这个附件（1号）看到，这个公告来自海防向省总部发出的一份报告，虽然原始的报告和答复似乎都已经过了上海道台之手，但是很难确定他的办公室经手这些文件的时候，他在其中起到作用。但在我曾多次在不同场合与他一起接受过采访，就这些许可证而言，我有一个强烈的感觉，原本上海道台所持有的非常开放且不带偏见的思想，正受到海防非常严重的干涉。海防是一个比上海道台年长的中国官员，而且他现在正负责管理贸易往来的相关事项，所以他可以就与外国贸易有关的所有事情，与上海的主要官员会面，这种权利使他更容易在特许经营权的一切事宜上做出动作，因为我知道他是在上海道台上任前就在上海管事的官员之一。

我给上海道台写了一封正式的信（附件1），但是以个人请求的名义要求，在我们信件交流中不要提及海防或者他所发布的公告，因为这只会增加交流困难，而且我也希望可以阻止任何类似的事情去叨扰这样一个总体上对我们较为友好的官员。我决定不在我给海防写的正式信件中提及，我更想要我们的关系由于我们先前收到的公告将被取消的承诺而得到修复，并且我应该收到一个正式承诺，保证特许经营权将被撤回。

24日当天，我收到了上海道台的回信（附件3），希望这封信能让阁下您感到满意。如果他的承诺能公平地且不受限制地得到执行，我相信我们的贸易可以不再受这些许可证的约束。

我相信，上海道台信中提及的一部分内容将会吸引阁下您的注意。主要是关于老洋行持有的"商业票据"，和他已经向"省"级的"司库"申请的正在发放给新洋行的类似票据，这些票据将发放给那些已经获得特许经营权，可以与我们进行贸易往来的商人。这些票据是严格按照中国法律制定的（附件4是其译文），而且首次获得这些票据时，需要先支付一小笔费用，而后每年都要支付一到六两的费用。

这些金额正随着普遍存在的腐败情况而增加，这个数字目前还不是一个非常大的数字，但是除此之外，中国的商人都认为有了"商业票据"体系的存在，如果有关违法现象不是特别严重，我不必再担心贸易自由会受到威胁。但是我预期这个体系并不会被广泛实行，因为中国人民非常了解中国法律，而且他们自认非常优秀，当人们一旦离开物质支持，他们就会想出很多办法来获得补偿。

上海道台最近提到这些"商业票据"，并努力将其与特许执照进行比较，但我表示，虽然我确信阁下您没有希望背离中国法律偏向我们的商人，来给他们一些超越中国商人所享受的小小特权的想法。但是我也确信，为少数几家有一定社会地位的商人，提供"特许经营权"来跟我们交易，以防止损失的制度，不会得到阁下您的赞成。不管这个制度是出于怎样的善意，这终是一个未被国家法律承认的新制度，使我们的贸易成为一种特殊的贸易，使当地的官员能够随意地缩小、控制或扩大那本应跳出反复无常的变化的自由。

而且由于这是法律没有给予他们的权利，涉及中国商人之间的交易，这是一种假想，说是为了保护我们英国商人的利益权利，而在处理我们英国公民的事务时，我不认为这种权利是真正存在的。

在我看来，这是不必要的，因为我对我们的商人管理好自己的事情有足够的信心，他们不需要任何干涉他们交易的行为，而且我们应该追求的目标不是那种通过授予特权而创造的两国商人之间各自的利益，而是应该尽可能地在多个方面都统一起来，进而引导所有中国人和英国人都放弃一己私利去帮助秩序与信任的建立，因为这对贸易事务来说至关重要。但放着其他所有考虑不说，特许证体系也不是为了我们的条约和条例而制定的，所以这些特许证是不被允许存在的。

据我所知，大约有360个老洋行有"商业票据"，但是有很多在商店名义下的人，不需要"商业票据"也可以继续经营，而且业务范围非常广泛。我毫不怀疑，但是所有中国人都会充满信心地预期这个港口会完成大量的贸易往来，而且将会为了"商业票据"向该省的司库（居住在苏州）申请，申请也会得到允许。司库也就是那个有权发放票据的官员。因为上述洋行的数量已经固定，而且根据以往进出口的贸易量来说洋行数量已经足够，不会再变了，所以我相信贸易金额大约有三千两百万两白银，其中以税款上交给政府的接近一万四千两。

而作为消息最神通的中国官员和商人们，自信地预期将会有约六千石的湖州丝绸，二十万石的茶叶从上海出口，而且还会有比在广东时更多的棉花和其他手工艺品进口，大体上能创造一千六百万两的贸易增长，除去本地贸易外，将会增加六十多万两的收入，扩大商业票据数量也不会有困难。

有了这些信息，我意识到为了增加洋行的数量而采取一些措施是有必要的，以增加有志于防止往后发生限制贸易尝试的人员数量。

非常荣幸能成为
阁下您最忠诚、谦卑的仆人
英国驻上海领事 乔治·巴富尔

十五

上海英国领事馆

1844 年 3 月 23 日

英国驻上海领事馆领事巴富尔写了这封信。

他以前曾向阁下提起过,在上海有一类做事不端、喜欢制造麻烦的人,他们唯一的目的就是垄断市场,获得私人利益。他们时不时地请求中国当局宣布,只允许持有许可证的商人才可以和英国进行贸易,禁止普通人自己建立洋行,破坏商业货物,如果有人既没有特许权也没有收到密函和盖有印章的分类账簿就擅自开设洋行,那么后果将会非常严重。

这个要求与一般条例的第四条规定直接相悖,该条款规定,一旦英国商人卸下货物就可以和任何商家进行交易,也可以在此问题上根据自身的便利进行相关咨询。巴富尔领事因为坚守自己的职责,遵守了条例规定而受到了高等钦差大臣耆英的赞赏,而且在中国商人被允许和英国商人进行交易的时候,不管是上述条例还是补充条款,原先都没有提到中国商人有义务申请特许证和在盖有印章的分类账簿里记账。

事实上,那些和条例保持一致的附属条款应该永远保持下去,难道两国之间不应该享有永久的和平与和谐吗?巴富尔领事已经多次敦促上海道台,希望他能收回这些特别许可证。

但是上海道台总是回答说,这些特许证的发行并不带有任何将与英国人进行贸易往来的商人数量限制在一定数量的意图,而单纯是为了检查过境费是否合适,以及防止走私。但是由于巴富尔领事未能进入这些可变利益实体,所以除了将这些特许证翻译成英文,他还要将译文妥善传达给璞鼎查伯爵,以便伯爵进行检查和决策。为了坚决遵守规章制度,让中国商人和英国商人可以自由贸易,每个人都可以根据自己的便利进行咨询,巴富尔领事和上海道台先前针对这一问题进行过商议,从而避免了广东洋行垄断的弊端。

巴富尔领事也借此机会向上海道台表示他本人对广东的旧体制最强烈的反对,也希望上海不要重新实行这种垄断。

但领事已获悉,在城内外有很多商人的想法是,现在只有这六个特许的洋行已经收到密函，因此他们可以和英国商人进行交易，除此之外，任何没有特许证的人都不能自行开一个洋行来储存商品货物，否则一经发现，将受到相应的惩罚。因为这个想法损害了两国人民的利益，而且和一般条例、附属条款都是相悖的，巴富尔领事没有办法只能和上海道台进行沟通，并请求他用开明开放的思维讨论出一个最佳的模式来阻止这样一个垄断手段的形成，同时领事建议每个月向两国的商人发布两个公告，一个是中文的，一个是英文的，公告内容主要是关于以下几点：

1. 英中两国的商人可以继续和任何他们希望的商人打交道。

2. 两国之间商人必须在没有合同债务的情况下进行商业往来，任何存在欺诈、潜逃或有无法偿还债务的行为，当局都必须尽自己最大努力把罪犯绳之以法，先前洋行的旧例，即商人之间私下支付的行为也是不被允许的。

3. 英国人及其家人一起居住在上海，允许购买或出租房屋、仓库和土地，租金则是按照目前的价格，按公正合理的方式收取。中国人不允许有勒索行为，而英国人也不允许强行租房。

4. 所有走私和类似的卑劣行径都将受到惩罚，不存在任何考虑情节。

5. 任何人制造骚乱、使用侮辱性的语言、打架、违反任何一国的风俗，或者想要进入他们的邻居的住所、争论和争吵，都应当依法被起诉，不受任何偏袒或考虑。

道光二十四年二月初五
即 1844 年 3 月 23 日
英国驻上海领事 乔治·巴富尔

十六

上海英国领事馆
1844 年 4 月 9 日

尊敬的阁下，我很荣幸地收到阁下 1844 年 3 月 2 日的信件 20 号。

我希望在阁下您在收到这份信之前已经收到了信件 13 号和 19 号，还有所附的来自道台的回信。从道台的回信中可以发现，针对商船亚美利亚号、梅恩吉号和威廉号上存在的非法交易行为所采取的诉讼程序严格按照上海当局的意见，并得到了钦差大臣耆英的批准。

在我发送信件 8 号的时候，我无法正式通知阁下您这个消息，因为那时候道台已经离开上海去南京等待钦差大臣的到达,但是他写信(我的信件8号里的附件2号)授权了三位官员,让他们替代他来跟我进行商议。虽然这三位官员赞成对这三艘船的所应采取的措施建议,但没有道台的批注就不能完成正式的信函。为了尽早获得道台的批准,他们派遣了一位特别信使去请求道台的早日归来。在信使赶上道台时,他正好在苏州的两天行程中,虽然苏州离南京比离上海更近,但是他考虑到这件事的重要性,所以立即往回赶。他到达上海的当天,我就收到了他的信函,也就是我的信件里的附件13。由于他的批准在我的预期之内,所以在他批准之前,这些措施已经生效,以便阁下您能尽早明确想法。

从那以后,商船亚美利亚号和梅恩吉号已经做了令中国当局满意的整理。经允许,这两艘商船已经出售了他们的货物,而且校正了他们所有的账户,缴纳了罚款、关税和所有其他费用,它们也被允许离港。在此附上我在收到阁下您的急件后所发布的公告,通过这个公告您可以发现,为了保证他们中转顺利,我免除了500美元的罚款。同时,我向其中一艘商船执行了200美元的罚款,向梅恩吉号收取了1200美元的罚款,向亚美利亚号收取了500美元的罚款,所有这些罚款都支付给了中国当局,收据也已经给了商船主人。

紧接着第二天,也就是我收到阁下您急件(信件20号)的那天,我拜访了道台,并口头上向他全面说明了我收到的指令。管理范围上,我被授权处理往后所有当地可能发生的和此次亚美利亚号、梅恩吉号相似的事件,同时向中国政府转达阁下您的意见,比如您是否觉得某种处理方式是在禁止贸易,或者您认为某种行为是走私交易还是合法的商品转运等。但主要的整改措施还是掌握在中国政府手中。

道台表示,之所以在处理这些违法交易时参考了阁下您的建议,仅仅是为了向您表示敬重。但是采取了阁下的建议,把商船从港口非法转运出去后,他非常担心这会让大家觉得即使违法交易也不会真正受到惩罚,从而导致商船仍停留在港外售卖鸦片和其他货物,而通过将亚美利亚号和梅恩吉号留置在港内,中国政府无论如何都已经通过收取合法商船的税款的方式来获得了一些好处。

我正在防止我所预期的严重违反条约的行为发生,我之所以会产生这个预期,是因为我发现了普通货物交易和鸦片交易之间存在的显著差异。目前有大量警力被安排在普通商品交易活动的管理中,这些警察从不插手鸦片交易活动,由此产生了相反的利益。在此之前,我就预料到合法商品的交易活动经过了大量的检查才有现在较好的局面,如果不能完全阻止,那么合法商品交易会逃避支付税款和载重费。但如果一旦产生这样一个在港口外销售鸦片和其他商品的制度,正规贸易商立刻就会进行低价销售,而且我们与中国的贸易往来就会真正因此变成一个走私活动。

就今后可能发生的类似于亚美利亚号和梅恩吉号事情的处理方法一事,上海道台与我进行了详细的讨论。他表示,就像他在附件13号的那封信中所表示的,这次的处理办法让他感到非常失望。而且在谈话中,他更加强烈得表示,我们英国人违反中国法律的行为总会得到我们的援助。

他现在很茫然接下来该怎么做,在牵扯英国子民和英国财产时,他也不知该怎么使用他的权利。因为迄今为止,他已经对我有一个印象,觉得我想办法打击那些身负重任的中国官员,而且不仅打压中国法律,还做一些公然违法中国法律的行为。看到现在存在许多牵扯英国人的鸦片问题,而且知道我不可能给他任何实质性的帮助,上海道台困惑是该按中国法律还是根据阁下您的声明和第二条规定办事。尽管他已经下定决心要对那些把鸦片带入港的商船采取措施,但是他担心自己做得太过会引起英国政府的不满,做得太少又没有效果。既牵扯中国政府,他心中又有这些困惑,他很有可能犯下一些错误。

取消鸦片贸易禁令的请求偶尔会向中国官员提起,同时中国官员也说了存在的问题,还有与之相关的很多困难,特别是这引起了中国政府的注意。他们提到,耆英虽是唯一一个可以不用向大清皇帝下跪的钦差大臣,但是他两次向皇帝上奏请愿书取消禁令都没有得到回应,而且主要是皇帝他自身的原因,因为他在处理这个问题上没有实权。从这个情况来看,无论鸦片已经在多大程度上被引入这个国家中,相对而言,还是只有一小部分人在使用它。此外,还有舆论(一个中国官员的表达方式)明确反对鸦片的贸易合法化。进一步说,反对鸦片的观点现在正在全中国盛行,皇帝的决定不能和民意相违背。

就这件事而言,我觉得大清皇帝非常公正,不管中国政府的体制有多专制,就我所能判断的程度而言,大清皇帝的专制统治和他的子民的习俗是高度一致的。而且我认为各级官员都对我和无党派的人民群体进行过交流,而且不允许他们做出任何行动一事表现出极大的关注。其中来自一个有权有势阶层的文人贵族的抗议和请愿书非常大胆,同时他们也受到极大的欢迎,而且这个阶层尤其反对鸦片。

因此,这种舆论状态可能在任何时候都迫使中国政府有必要采取诉讼程序反对鸦片贸易。而且有了发生这种结果的可能,还有对人们向政府上报反对上海当局的指责的恐惧,这些官员必然是强烈地意识到清理好所有涉及违法的行为,以及任何怀疑官员允许鸦片被带入中国管辖范围内的嫌疑的重要性,因为这些中国人民就算没有明确的证据,中国官员也必然会因为和走私有轻微的牵连而被撤职。但他们不可能长期享有这个安全又不受干涉的位置,如果他们让我们的船只带着鸦片进入上海的港口,这就会立刻被指证为玩忽职守,放任违法国家法律的行为。

但是我认为中国官员不会就这样默默允许这样一个过程发生,因为从我第一次抵达上海,从上海当局表现出来的态度来看,还有当他们发现载有鸦片的商船已经在吴淞江停留了几个月,违反了经常向商船传达的阁下您的声明和他们意愿的时候,他们立马通知了我,以及在上个12月,当宝山的地方官员通报了港口外有鸦片商船后,随即正式拜访我(您可以从这封信的附件中看到)。

因此,我应该预料到任何有鸦片的商船入港都会被中国官员要求给出一个解释,而且不管我给出什么回应,我想我都应该被视为没有履行好我的职责。而且一旦这种信心需要在当局之间产生时,公共利益就不得不受到伤害。而且当人们认为鸦片交易已经在过去14个月里产生,恐怕上海港口比其他任何港口都有可能发生上述的结果。但是虽然上海商人已经很大胆和开放了,鸦片交易几乎还都是由福建或者广东人在做。

因为本地人还未习惯于操作这些贸易,所以这里的鸦片交易几乎都是由福建人或者广州人进行的。但值得注意的是这一贸易的增长之快和范围之大:仅这一期间内,我就得知已经有大约八千箱鸦片被出售,价值高达六百万美元。看到巨大的商机后,这个冬天总是有三到六艘进行鸦片交易的商船停靠在开阔的海面上,在寒冷的恶劣天气和大风中支撑着,只为进行鸦片交易、期待可以更多地倚重这个作为中国销售鸦片的商业中心的地方。

并且,我们可以看到很多新的势力加入鸦片贸易的巨大可能性。他们投入此处的商业贸易,至少而言可以为这个商业中心带来更好的商业机会。在我看来,人们想的可能是如果这样巨大数量的银两的流失都没有引起注意,那么这些大量的装载鸦片的船队也会是如此;但是可以肯定的是如果这些船队能够停靠在港口以内,一定会引来更多的关注。如果这些再加上走私和通过出售合法的商品来逃税等行为,大使阁下您将会看到其造成的严重后果。

尽管我已曾这样详细地写过,但尊敬的阁下,请再允许我向您保证,我非常清楚对于鸦片交易的方方面面的问题您的考虑之多、之久、之成熟。且我认为,在我跟耆英与中国皇帝交涉纪念碑的事件时,都是基于对您所想要的方法和谈判的了解进行的。谈判已然结束,然而据悉,从那以后并没有任何公共措施得到施行。

我仍然相信,任何空余的时间,都必须用来保证您的方法、您的观点得到实施:我现在向阁下您强调的目标不是要寻求全面禁止鸦片贸易的禁令,因为我认为一方面仅靠政府是不能有效强制施行禁令的,另一方面我也不希望看到鸦片贸易带来的巨大利益被就此剥夺。这些利益至关重要,尤其是对印度来说。但我怕并不是我在杞人忧天,恳请阁下注意,在上海港口由鸦片贸易带来的问题比其他四个港口所可能带来的问题都大得多。

如果大使阁下您也觉得这个可能性有依有据,我希望能得到阁下您的建议和指示,以作为前进的方向,在最大程度上防止公众的利益受到损害。向阁下您寻求建议和指示,并不是出于对根据自己观点行事的责任的犹豫,或是为了保护自己不受任何我可能采取的程序的影响,而仅仅是因为想要从阁下您的经验和成熟的判断中获得帮助。

以上内容,是我在重新拜访道台、恳请特别关注托马斯·西斯克号(*Thomas Cisk*)的情况后完成的。"托马斯·西斯克"号在我拜访道台的前一天夜里抵达上海港口并停泊在那里;从第一个月的第17天(1844年3月5日)开始,一直停泊在近吴淞口的地方。而最近刚刚离开的鄂真特(*urgent*)号也在同一锚地停泊了近一个月。道台肯定,这两艘商船在那里停留就是为了交易鸦片;他们在违反中国的法律交易违禁物品后,为了自身的利益,来到了上海进行交易;巡抚大人认为这对国家来说是极大的损害,因此他已经下定决心,从今以后禁止任何违反法律的商船进入上海的港口。

他还要求我向外宣布这一决定,我也照做了。而我更关心的是,这么多艘商船竟能在上海港口停留这么久,一直在众所周知之下进行着鸦片贸易。对此我只能回复,针对这一情况的补救只能靠巡抚大人他自己来想办法了。

我不能不提的是,这些贩卖鸦片的商船,现在给当地政府造成了不少的焦虑。自从亚美利亚号将鸦片运输入港以来,这样的大胆尝试就已经引起了当局的注意。

在这两艘商船上进行的有关鸦片的不正当程序使得鸦片问题被置于最高当局的考量之下;并且就我所知,(中国政府)目前正在采取措施抑制港口附近的商船出售鸦片的行为。此外,道台告诉我,他已经向钦差大臣耆英(最近被任命为广州总督）汇报了这一情况。钦差大臣耆英到达广州时可能会和大使阁下商讨这一问题。

万分荣幸能成为
阁下您最忠诚、谦卑的仆人
英国驻上海领事 乔治·巴富尔

十七

英国领事馆
1844 年 5 月 20 日上海

尊敬的阁下，随函附上一封道台的信件，信的内容是关于带有英国国旗的商船带鸦片进入上海港埠，对此我认为不应该向他做出任何回应。

非常荣幸能成为
阁下您最忠诚、谦卑的仆人
英国驻上海领事 乔治·巴富尔

十八

英国全权代表璞鼎查伯爵收

清政府江海关道、苏松太兵备道宫慕久写了这封信。

可以发现，鸦片的毒害作用已经在中国全面蔓延开来，许多吸食过鸦片的人已经因鸦片的毒害而结束了生命。8 月，我们的皇上出于对他的子民的深切的热爱和同情，已经发布了严厉的禁令和限制，当地的官员们也服从皇帝的命令，在采取相关措施时不敢有丝毫懈怠。

目前，商船 12 号和 13 号已经引进了鸦片这种有害的东西，之前有一次，英方领事就如何调查和处理这种情况和苏州巡抚协力进行了讨论，并已经向各自的高级官员上报了诉讼程序的两种情况，他们也表示了最高程度的赞同。

今后到达上海的商船将会非常多，这将很难保证商人不会像之前那样引入鸦片，如果英方领事不趁此机会早日发布英文公告，来对所有入港商船下达命令，一旦中国的不良商人私自与一些西方国家的商人非法联系买卖鸦片，那么这必然会导致合法商品交易量的减少，也许还会妨碍现有的两国之间的相互理解。

因此,巡抚认为非常有必要请求英方领事了解这件事的特殊情况,并向商船发布英文公告,宣布从今以后商船不得以出售为目的秘密运输鸦片入港,如果发现任何违反这条规则的商船,那么将被驱逐出港,且将永不能再入港进行贸易活动。此外,(他请求)英方领事只将此事告知璞鼎查伯爵,因为璞鼎查伯爵可能有能力改变所有商人让他们都只进行合法贸易,所以请求英方领事能与巡抚共同合作管理好两国之间的商业合作,不要让他真切的希望落空。

此外,借此机会,他大力逮捕当地的非法商人并依法严惩,这促使他让我向英国领事写了这封信,请求他对此事进行检查并采取相应的措施。

一次极其重要的通信。

道光二十四年三月二十
即 1844 年 5 月 7 日

十九

英国领事馆

1844 年 7 月 11 日上海

英国全权代表璞鼎查收

尊敬的阁下,关于 1844 年 3 月 2 日璞鼎查勋爵发布的信件(信件 17 号)第二段,我在此向您汇报。由于上海港口发生了几个英国商船上的印度水手死亡的事件,还有越来越多的欧洲人正前往上海,我认为有必要向中国政府购买一块土地。

土地面积为 10 亩,其中 6 亩相当于一平方英亩。土地费用为每亩 5 万元,那么总的费用为 50 万元,按照当前的汇率来说,约为 450 美元。每年的租金是十亩共 15000 元,是政府租金的三倍。这个位置非常适合海运,也非常适合外国人居住,周围也没有中国居民。

英国人已经(单独)上交了 700 美元,而且我确信将会有更多的资金。这些资金将用来购买和圈画土地,安排墓地,已经提供一切有必要的东西。

我认为我有责任代表英国政府捐出 100 美元(我个人的捐款除外),希望得到大使阁下您的准许和认可。

我已经从中国当局那里获得了所有的设备,以将这块地分出来留作一个埋葬的场所。

英国社会各界都强烈地希望,能赋予英国的领事获得对公墓场所一定的控制和使用权。但是,如果有任何特殊的控制必须要通过英王政府执行,我就会请求您的指示。

微臣万分荣幸能成为
阁下您最忠诚、谦卑的仆人
英国驻上海领事 乔治·巴富尔

二十

英国大使馆

上海 1844 年 12 月 6 日

尊敬的阁下,我很荣幸能将与大使阁下您在最近访问上海期间所做的安排相关的公文转送给您。公文的内容涉及英国货物从上海进入中国的限定区域,同时附上我为将之公布于众所发布的通告。

微臣万分荣幸能成为
阁下您最忠诚、谦卑的仆人
英国驻上海领事 乔治·巴富尔

二十一

英国大使馆

上海 1844 年 12 月 5 日

通知

特此通知所有永久居住在上海或偶尔停驻在上海的英国臣民,与中国当局沟通后决定,根据补充条约的第六项条款,由于在定义土地自然界限方面的困难,所有人漫步游玩的界限不得超过白天能够到达的距离,以便及时回到上海界内而不是在其他地方过夜。

必须清楚的是,所有人不论是为了游玩还是娱乐,都可以不受任何阻挠,自由地租赁、购买或使用船只、房屋和椅子。

但我们也希望所有在上海的英国臣民的这种自由不会被滥用;英国驻上海领

事有责在所有事项上加强对法令的遵守,以防因为个人行为而使得在上海英国臣民目前所享有的自由权受损。

所有对可以安全抵达的距离持有疑问的人,欢迎前来英国驻上海领事馆咨询,以免违反任何法令。法令将持有最严格意义上的解释。

此处所界定的自由不适用于停泊在港口内的商船的船员。

英国驻上海领事 乔治·巴富尔

二十二

英国领事馆

上海 1844 年 1 月 1 日

英国全权代表璞鼎查伯爵收

尊敬的阁下,非常荣幸能由我将附件里的年度利润表递交给您,我相信这份年度利润表包括了所有应有的内容。

我可以自信地说,这份利润表所展现的去年的贸易规模是令人满意的。

中国人对我们的产品,尤其是鸦片有持续稳定的需求。中国的百姓正是这个港口拥有繁荣、广泛贸易的最令人鼓舞的希望来源。

可以看出,以往茶叶的出口量是微不足道的,但是现在茶叶在运输中需要接受检查,有了这种干扰,我有信心,早于广东的港口运出绿茶之前,少则一个月多则六个星期,大部分的绿茶将从上海港口运出,这其中也有相当一部分的红茶,我相信这必然会大大增加贸易量。

在为商人采购土地方面已经取得了相当大的进展,我预计很快您就能收到所有人都获得了土地的通知。而且这样的规模(每块分地都从 1 英亩扩大到 2 英亩)将大大增加商业社区的便利程度。

我认为我有义务向阁下您汇报,副领事罗伯特姆(Robertom Esqre)在所有公共工作中都以最努力认真的态度与我合作。而且我相信,我们一直以来的一致意见还有他在商务事务中所表现出来的良好判断力将会更有利于公共福利事业的发展。

领事馆的翻译麦华陀先生有着令人钦佩的气度和礼貌。他谦虚、不屈不挠地按要求完成了每一件工作,并且从他所掌握的准确知识、熟练的语言能力可以看出,他是一个非常有效率的、对我们帮助极大的官员。

海尔先生除了担任高级领事助理的职务外,还在任何有需要的时候提供了医疗援助,我不得不说对他我真的非常满意,因为他在任何履行职责的时候都表现出过人的机敏和稳重。

初级助理哈维埃斯格雷非常勤奋细心,他已经开始学习汉语并有所进展,他没有辜负我的期望,同时也向大家证明了他是一位好的大英公民。

微臣万分荣幸能成为
阁下您最忠诚、谦卑的仆人
英国驻上海领事 乔治·巴富尔

附件序号	主题
1	年度英国航运(截止到12月31日)
2	英国和外国航运的年底总收益(截止到12月31日)
3	英国年度进出口贸易量(截止到12月31日)
4	年度英国航运(截止到12月31日)
5	英国和外国航运的年底总收益(截止到12月31日)
6	英国进口贸易额(年利润)(截止到12月31日)
7	英国出口贸易额(年利润)(截止到12月31日)
8	其他国家进口贸易额(年利润)(截止到12月31日)
9	其他国家出口贸易额(年利润)(截止到12月31日)

二十三

英国领事馆

上海 1844 年 1 月 1 日

尊敬的阁下,我谨将1844年内收到的通告7号和31号副本转交给您。

我相信,在1844年12月31日之前,整个英国人群体都对自己的行为进行了适当的控制,他们的年收益将和其他年度利润表一起上交。

我相信,阁下您将会对1844年的收益感到满意。那些居住在英国马六甲海峡殖民地里的人声称自己是英国公民,他们的祖先其实是中国人。对到达上海港口的人员立即得到保护且不存在任何法律上的异议,我已经下令限制他们在到达后的 24 小时内完成登记。但是,我们也会照顾到那些可能会因一些不可避免的情况而有所延误的人。

中国的地方法官在中国的监狱里划分了一些合适的区域,有期徒刑的刑罚也就正式投入工作。每天都会有一位领事馆的工作人员去巡视这些监狱。在本港口的领事馆明确安排完成之前,将会继续沿用这一制度。现在我遇到的最大的困难就是如何处理那些刑罚还没执行完毕但他们所属的商船已经离开的海员,如果因为他们的商船要离港就释放他们,这显然是不合理的,而且会严重影响到这个地方的和谐和安全。另外一个实际存在的麻烦就是,不可能对那些正在香港工作,属于香港商船上的海员判处罚金,让他们提前领取两个月的工资来上交。

这种案件的增加正在因为对港口中船只的征税完成而降低,如果可能,我希望这样的增长数目可以降到最低,从而来吸引海员、欧洲人和本地人到港埠来进行贸易活动。我希望可以向通过海事裁判官表达对案件数量增长的不满来实现这个目的。

非常荣幸可以成为

阁下您最忠诚、谦卑的仆人

英国驻上海领事 乔治·巴富尔

二十四

英国领事馆

上海 12 月 26 日

致全体居住在上海的英国公民

我特用此方式来让在上海港口的英国人熟知我于昨日收到的 1844 年条例 7。

我不想预估将来会有多少需要诉诸目前领事馆所拥有的广泛的司法权力的案件,但是一旦这样的不幸的案件发生,那么我会依据群众的意见来对他们的需求做出回应,他们也可以根据我的服务来做出评价。

评估员的名单将由英国社区成员的名字按字母顺序排列组成,每次测评的评估员都会按顺序从名单中选出,同时适时适当地进行相应的筛选。我希望通过这样的方式,我能在评估员的帮助下来确定哪些事是必须要做的。同时我请求任何有异议，或者不想履行这项义务的人员能够及时地把你们的想法告诉我，这样我才可以采取相应的行动。

上级要求把所有登记过的英国人的年利润上交给英国全权代表。因此，在本月31日之前（包括31日），所有在上海港口的英国人都应该按照附随条款在本领事馆登记上报年收益。

所有凭借居住在英国殖民地而声称自己是英国人的人员都必须提供享有这种权利的证据，其中居住在马六甲海峡殖民地里的那部分人员更是需要提供海峡总督提供的身份证明。

所有刚抵达上海港口的英国人都必须按本条例在到达后的24小时内进行登记，任何超出这个时间限制的人员都必须向领事馆提供一个令人满意的解释。

英国驻上海领事 乔治·巴富尔

附言：为了防止错误发生，要求所有上述有关人员都提供完整的签名。

如实翻译
上海领事馆高级助理 海尔

二十五

英国领事馆
1845年10月23日上海

尊敬的阁下，掌管珩科号（Plover）的海军上校科林森（Collinson C. B.）已经按照海军总司令的命令，审察了长江口岸的沙滩和堤岸，而且他认为应该采取一些必要的措施来增加入港口附近的航道航行的便利性。我认为科林森上校是一个很有想法的人，他不仅提出要在长江口岸放置信标，而且还要在安全的小型船只上锚定，不管在白天还是夜晚，这对接近沙滩的船只来说都是一种最有效的标记，而且能引导船只安全渡过浅滩以及进入这个港口入口有些难度的地方。因此，我对科林森上校非常满意。

在和上海道台讨论过关于在沙滩上和岸边放置信标的相关事宜后，我很荣幸地宣布，科林森上校和我本人都非常高兴，上海道台对我们大胆又直白的想法给予了赞同。上海道台说"这能给中国和外国商船都带来好处",他用这种适当的方式表达了对我们提议的措施的支持和认同。

我随函附上一封来自上海道台的官方备忘录的译文,通过这封信,阁下您会看到那些即将提交给钦差大臣耆英的事项,还有关于这个事项的一切具体内容,直到该计划的原则得到阁下您的允许和批准,并向阁下您汇报详细的情况。但我想请阁下给予这个问题最大的考量,以利于促进这个港口已经很庞大的贸易,此处的贸易也必定会得到提升。

有了上海道台的支持,科林森上尉在吴淞口放置了许多标记,在商船进入该河段时,这些标记将非常有用。但我建议在该河道的几个狭窄的港口处安置浮标,并且在上海的装卸港口建设可以供20艘商船停泊的锚地。锚地建设起来后,我们的商船可以和大量的本地帆船一同自由地停泊在那里,不用再由科林森上尉来管辖。

所有关于灯塔、浮标、灯船和停泊处的花费的提请,我确信,上海道台都会欣然接受的。但我也想向大使阁下您提出,要想使外国船只获得公平的对待可能还需要其他外国政府的赞许与认同。

微臣万分荣幸能成为
阁下您最忠诚、最谦卑的仆人
英国驻上海领事 乔治·巴富尔

二十六

有一次,我曾从领事那里收到一则通知,通知的大意是自上海港口开放以来,满载的商船就开始驶入这里;但由于这条河的河道还不为人们所熟知,已经有三艘商船不幸搁浅并在铜沙浅滩遭遇海难,一大批的货物也就此受损甚至遭到彻底损坏。但现在科林森上尉已经特地来检查情况,并打算采取设立航行标记的办法。这样,商船远远地就能看见航行标记从而能够避开那里的危险。

现在已经清楚地确定将在两个点之间设立航行标记,即铜沙浅滩和江亚轮在西海岸的五处航行标记处。这样的目的是为了保护商人们,使得商船可以在它们之间航行,以避免在航行中触礁或是在商船和货物的目的地搁浅。但由于设立航行标记还是一个完全新鲜的事物,所以还是有必要等我向钦差大臣、总督和省长请示并得到他们的回复和指示后,才能最终确定这件事情。

此外，在要求设立航行标记的地方——例如在铜沙浅滩，一方面在那里需要提防的是奔涌不息的潮水；另一方面，海滩上的风势强劲而猛烈，也对航行标记造成了极大的威胁。因此要确保这些航行标记的永久竖立是很难的。所以，在一开始就应当有充足的思考和讨论，以防不当的支出。

如实翻译

上海领事馆翻译 麦华陀

真实副本

上海领事馆高级助手 海尔

二十七

英国领事馆

上海 1845 年 11 月 10 日

大使阁下，在日期标为 1845 年 3 月 27 日的 17 号信中，我非常荣幸能够将钦差大臣耆英的通信的翻译传送给您。该通信是有关对基督教信仰的宽容。但在随后钦差大臣与法国大臣的谈判中，据我的理解，信仰基督教又被视作有罪。

我很荣幸成为大使阁下

您最忠诚、谦卑的仆人

乔治·巴富尔

二十八

英国驻上海领事馆

阁下亲启

约翰·弗朗西斯·戴维斯

英国全权代表

两江总督基于在今年的 9 月 30 日的一次沟通后写下了这个。钦差大臣耆英和两广总督、广东总督写了如下文字："这位高级专员以赦免一些人的罪罚的方式来纪念王权，以实践对上帝的信仰、践行美德。"他们得到朱批："就按你们建议的来吧，钦此。"我立即诚惶诚恐地抄写了一遍，告知了我所有的下属本地官员，并命令所有人必须毕恭毕敬地接收这道命令并在行动上服从于此命令。

据记录,他认为基督教主要是劝诫人们崇尚美德、勿施邪恶,因此那些信仰这个宗教的人都会践行美德。但在我们以前的交流中,这个问题并没有得到清楚的界定,并且我们担忧,唯恐在几个省份里处理这一事件时遇到困难和阻碍。我们已经做了调查并发现基督教要求人们在固定的时间聚集到一起敬拜上帝,对着十字架、图片和图像进行尊奉与祭祀,并诵读基督教的圣书——这些都是这个宗教的教俗。

如果这些教义没有得到践行,那么这个宗教就不能被视作上帝的宗教。现在自从这个宗教被允许免除责罚,所有信仰上帝的人,都必须对着十字架、图片和图像进行尊奉与祭祀,并诵读基督教的圣书,劝诫和宣扬美德的原则。所有的这些都与其宗教信仰相符合并且是对美德的践行,因此不应有任何之类的行为被禁止或制止。所有人都应当被允许在合适方便的地方进行对上帝的尊奉和祭祀以及宗教集会和对践行美德的劝诫。

但是,他们不得召集远方村庄的居民,将他们集结成帮,并引诱或劝导他们(信基督教),因为这违反了中国的固有法律。如果任何不受法律管控的流浪者称自己信仰该宗教,并以此为借口集结成群作恶,或是其他宗教的追随者最近在信仰上帝后,被仁慈的法令赦免了罪罚,使得有心之人故意为之,抱着一丝可以逃脱惩罚的妄想而轻率地转而信仰上帝。他们都会被囊括在以转变宗教为借口去做坏事的范围之内,必须依据故有法律对他们进行处罚。除了在借这件事纪念王权以外,我们的高级长官再次写到,你可以向所有你管辖的民事和军事官员宣布,他们每个人都应当进行检查,因为在问题的具体执行中,会存在不同的问题,并要求他们都坚持对法令的遵守。

作为总督,向道台发送指示这是我的职责,这样他才能向他的下属官员发号施令,以便他们每个人都能进行检查并按照指示行事。

任何人不得违反这些特殊指示。

如实翻译

上海领事馆翻译 麦华陀

真实副本

上海领事馆高级助手 海尔

(薛雄戈,复旦大学历史系博士研究生)

上海批发买卖麝香

——来自1891年环球旅行的回忆*

[俄]吉哈米洛夫 著 金俊开 译 高 俊 校

一

由于1890年12月底着手去远东地区旅行,我刚好有机会可以直接观察到麝香批发买卖在中国的情况。汉口、上海和广州都是中国从事此类交易的主要中心。这里汇聚了大批由中国采购商从内地省份带来的非常珍贵的,几乎可以按照黄金价格进行买卖的麝香①。在这里,促使麝香的生意主要都是为了卖给外国人以销往海外,其中一个方向是伦敦和汉堡,另一个方向是旧金山和纽约。

但是实际上,并不是很容易可以见到批量的麝香购买。原因是这样的:中国的卖家和采购商人如同欧洲人一样为了自己的利益,从纯粹商业的理由经常热衷于尽量力求不让自己批量买卖麝香的生意被人知晓,或者至少也得给自己的竞争对手和敌人意外和"惊喜"。所有的这些,我在旅途中已经有所耳闻,但是真正让我洞悉个中玄机是在上海,因为在汉口我仅滞留了很短的时间。

能有机会现场观摩批发和出售麝香的交易,以及许多类似的业务活动全都是

---

* 本文主要记录了帝俄时期莫斯科大学的药学家、微生物学家吉哈米洛夫教授于1891年在远东旅行时的中国经历,特别是在上海看到的涉外批发和买卖麝香的情况。文中除了介绍当时麝香批发买卖的情况之外,还追忆了当时上海租界中的一些生活情况。本文于1893年2月12日在莫斯科经由书刊检查机关审批发行。作者吉哈米洛夫教授最初将该文发表在当年的俄文期刊《药剂师》上(第二期和第三期连载)。——译者

① 无论是在扬子江上的货物运输中,还是在前往欧洲和美国的海上运输中,麝香其实经常和金子、银子以及纸质货币存放在一起。

拜托上海德国药店的掌柜 Stephan Völckel 先生的帮忙。我认为有必要在此表达我真诚和深切的谢意,感谢他在各个方面对我的支持和帮助。

在我到达上海以后(整个 4 月和 5 月的将近三个星期我都住在这里),很快就认识了一些值得尊敬的药学和生物学界中的科研实践代表人物。药学在东方,准确地说是从埃及到上海,不仅需要足够的让人尊敬的该领域代表,也需要的是那些能满足这个领域最低要求的从业者数量:这里指的是无论在自己商铺(或者更准确地说是小商铺)从事此类经营活动,还是个人的职业活动领域。

上海让我大开眼界,例如在黄浦江(Ваме-Пу)上我看到了水上鸦片仓库,见到了不同种类的麝香和大黄以及其他中国药材和技术材料,还有可食用的燕窝,剂量足以毒死一条土狗的寄生虫①,同时我还参观了上海的文化古迹以及其他名胜。这些参访活动都承蒙那位令人尊敬的制药经理 Völckel 先生的安排和帮助。其实这也没什么好奇怪的,因为我每天或者几乎每天都去他的位于市中心主南京路上的药店。他还向我允诺将给我提供机会亲身体验上海的麝香交易。让我有些着急的是,时间一天天地过去了,我将要离开上海去中国内陆进行有关茶叶的考察,而观摩麝香交易的机会却迟迟未能来到。

最后在 4 月 9 日清晨,我的耐性初见成效,清晨从医院来了个中国小工带给我一个言简意赅的德语便条:"亲爱的教授先生,请您快来!(Geehrter Herr Professor! Ein Moschustierchen ist eben geschlachtet, kommen sie rasch!)"这是德国买家(他们基本上控制着所有的麝香生意)用来互通声气的行话,每当麝香成批运抵的时候他们就以此传达讯息。我需要说:"我确实不能再等下去了!"于是我放弃吃早餐,就径直赶往南京路上的药店。殖民地酒店(Hotel de Colonies)里的小工早已习惯了我每天的作息习惯,他们对我的这一举动颇为不解②。

二

在上海出行,对我的耐性来说还须得再承受一次考验:上海没有地方可以拴

---

① 这种寄生虫叫"Filaria immitis Cobbold"(Vermes, Nematoda)。它的幼虫,像我们土耳其的线虫(Ришта)-Filaria Medinensis. L.——它们通常通过患体喝水的时候随着水进入体内,然后幼体通过肠系膜管、门静脉和下腔静脉进入左心房,通过水肿和慢性窒息造成动物无法避免的死亡。幸好在人的身上没有发现这种寄生虫。由于 Völckel 先生的热心帮助,我有幸看到了对于死于这种寄生虫的狗的解剖,并把超过十厘米(厚两毫米)的线虫标本带到了莫斯科大学病理学研究室。

② 译者解析:产生困惑的原因,是拒绝早餐的行为不符合小工按部就班的想法。

马,也不能雇用马车,在这里绝大部分人的出行是乘坐中国"人马",即人力车夫(Извозчик-лощаль)。这是一种轻便和雅致的交通工具,车身上部可以折叠,这种两轮车最初由英国人发明却流行于日本,被叫作人力车(Джинрикша)。在车辕前侧的一端,木质的横梁时常摆放在马路上,当你坐上稍微向下倾斜的车子以后,中国"人力车夫"就走到车辕之间,把车辕抬起到他们腰部,然后用手固定住。由于这个种族特具的耐力和习惯,以及如同欧洲大陆平顺的木地板一样的上海的沥青街道,车夫会向指定的地方小跑起来,他们甚至比我们莫斯科万卡马车都要快得多。车夫的制服完全是为应付这样强烈运动而设计的:浅蓝色的棉布直筒腰身短衫,通常没有袖子,还有同样是棉质的宽大短裤。车夫们在天气暖和的时候穿汗衫,天气炎热的季节则直接赤裸上身。他们的脚上有用绳子绑着的草鞋,背上还贴着带着号码的纸质标签(编号很少超过1000)。到了夜间,左边车辕上还会挂上纸灯笼。此外,他们把辫子盘在头上,常常把头完全露出来,偶尔用深色的头巾裹住,不同于俄罗斯,白色头巾在中国寓意哀悼。在上海,我并没有看到像香港人力车夫戴的中国农民日常戴着的巨大帽子。

这些像马匹一样的中国人大多看上去比较羸弱,但和金棕肤色的僧伽罗人、深褐近于黑色的强壮的锡兰泰米尔人、黄色厚唇的新加坡马来人,以及瘦小力气单薄的活跃在神户、横滨、东京的日本人力车夫相比,他们更要勤快和耐劳。在朝着欧洲城市化方向迈进的过程中,上海遭遇的交通不便通过这种独特而有效的手段得到了解决。这个极具欧洲特色的中国城市被分隔成几个自治单元:租界(Settlement)①当地官民习惯上将之分别称为英租界、法租界、德租界、美租界或是华界。这些地盘由相应的领事或中国官员管理,但是租界的警政主要由英国人负责。无论租界还是华界,每一个部分都有自己完全独立的税收和财政。例如,像我们雇用的人力车夫就会被征收城市税,他们中的一部分人根据缴税多少决定是在所有区域或是其中几个区域进行工作,但是大多数车夫是被限制的,因为经济条件有限,他们只能在一个地区工作。因为这样的情况往往会发生很多趣事,大多数新到的旅行者一开始很少了解到上海的这个特点,但是在到达这里之后他们就会牢记。最为常见的遭遇是,人力车夫常常会接受去任何地点的雇用,即便在大多数情

---

① 英国在上海压制和控制所有人;这里用的是英语的官方术语,所有的生活方式、习俗和举止都不以居住在上海的欧洲人的民族性为转移。

况他们事先已经知道自己并没有权利完成所有的接送任务。这就会产生这样的后果：旅行者上车后开始很安逸地享受旅程，正当对自己的"两腿马车"的速度感到高兴和满意之际，突然之间，这匹快马会无预警地急刹下来，然后放下车辕，此一举动经常会让乘客不由自主地鼻子朝下对着大地鞠上一躬，甚至由于惯性被甩了出去，就在乘客要发作之际，快马已经站在前面伸出双手恭恭敬敬地搀扶其下车——但此地距离目的地尚有很远。

需要注意的一点是，这些车夫绝大部分英语非常差，甚至完全不懂，其他欧洲语言就更不用说了。旅行者有理由怀疑这是一种欺诈行为，并气愤地用一些单词和手语要求车夫把他送到根据之前约定的目的地去，而车夫却用中文叽里咕噜地嘟囔着什么，然后退出车辕（意即不再处于拉车的位置，译者注）。如果狂怒的乘客不付钱就逃跑，人力车夫就紧紧地跟在后面追；如果乘客想重新坐回去，车夫就拉着车闪躲着不让，或者把车辕再一次放在马路上。许多旅行者来上海后才逐渐弄清楚这一行当中的"潜规则"，由于彼此都不乐意接受几美分（上海流通的是墨西哥鹰洋，和我们卢布的汇率为1鹰洋兑1.5卢布）的经济损失来了结争执，往往就会有类似"闹剧"的发生：有旅行者拒付车钱直接开跑，人力车夫在后面疯狂地边骂边追，随之而来的就是警察的介入。

当然此类事件可能会有不一样的处理结果。上海的城市警察因为制服和职责的不同而非常不一样：有时候是威武、高大、严厉、黝黑而好看的印度巡警，包括印度锡克教徒。他们作为英国警察戴着鲜红色的大缠头巾；美国巡警多是戴着白色的、热带地区的盔型帽，帽子上面装饰着大星星（尺寸和形状让我想起了我们的斯坦尼斯拉夫斯基的帽子）；而法国巡警则灵活而纤瘦，他们戴着带有横向帽舌的特有法国军帽"Кэпи"，穿着有很多纽扣的"维斯特"外套（黑色单排外套）；当然也少不了笨手笨脚的留着辫子的中国巡警，他们穿着蓝色的长罩衫、黑色的马褂，戴着长绒毛的帽子，帽子上有一圈檐边和铁丝的活扣，作为低级警员，铁丝的活扣替换了象征官员级别的彩色顶珠。这些秩序维护者中的每个人，在大多数情况下处理和解决问题的态度是大相迥异的。有个锡克巡警就回忆说，他刚刚才把三四个蓄辫子的中国人送到会审公廨，因为前一天晚上他当场捕获了这几个当地小偷。出于对中国人的成见，这位锡克警察坚信任何中国人都不太应该被同情，于是他会严厉处置这些倒霉又固执的车夫，没收他们部分应得车资；法国警官则会试图搞清楚事情的原委；而华人警察常会被乘客的盛气凌人的态度所影响；美国警察的执法因人而异,如同美国社会的多样性一样。但是无论什么情况,大凡旅游者狂怒不已的话,任何警察都倾向于处置人力车夫,把他们驱逐走。但如果旅行者很耐心地解释了事情的经过,并且对人力车夫已经提供的服务还算满意的话,处理的办法就会不同。法国警察通常会为旅行者安排其他的人力车,以便其完成剩余的路程。

三

在我走上街头的时候,我就已经知晓了这些事情。许多聚在酒店旁边等候生意的人力车夫向我飞奔过来,嘴里一边大声喊道:"ko-fa,ko-fa,Damalu!!"第一个单词的意思是指一座房子的中文名称,而 Völckel 先生的药店就在这所建筑内;第二个单词"大马路"是当地人对南京路的俗称,这也让英国人感到非常不解:中国人居然对正式路名不感兴趣。人力车夫嚷嚷着的话语意味着他们已经知晓我要去的地方,当然也许是因为我常去那里,而前往该处的价格我自然也知道。可以这么说,这些人力车夫和我都清楚地知道距离我所下榻的殖民地酒店(Hotel de Colonies)的不远处,是一座作为法租界边界的桥,而我需要穿过那里进入南京路所处的国际租界——这个地段也是我最初听闻旅行者和车夫发生纠纷最多的地方,我可不愿遭遇类似的麻烦。让我失望的是,那些奔我而来的人力车夫中间并没有我的那位 988 号(根据原文,该车夫应该具备进入公共租界的资格,译者注),又等了几分钟之后,我终于听到了他发出的那尖锐而熟悉的喊叫:"ko-fa,Mister Völckel!!"谢天谢地,我的忍耐终于有了尽头,988 号以其令人信服的职业操守,快速地带着我朝目的地飞奔而去。

当我们顺利抵达时,Völckel 先生已经在大门口附近的另一个车上等我了,然后我们又经过很长一段时间的旅程,终于到达了美国人的地盘。这里有德国商业公司 Wallberg Kirchner-Boeger 的办事处。而这时打算交易自己货物的中国商人也和我们同一时间到达了——这意味着大家都很守时。

在上海批量买卖麝香的生意和汉口一样,都来自中国商人,他们把自己的货物主要卖给德国和一部分英国或者美国的公司。也就是说,这里的麝香生意基本上都由德国人经手。

从中国内陆纵深处运来商品的时间大概是 4 月和 9 月。德语中除了通常的词 Btutel 以外,麝香囊还被叫为锅(Töpfe),这是英语的借用词,因为英格兰人把锅形的麝香囊称为"Pott"。实际上，经过仔细处理的优质香囊在外形上还真足以担当这一称呼。

根据我的近距离观察，中国的卖家和欧洲商人在上海批发买卖的麝香主要有以下几大种类：东京麝香（又称"北边麝香"，Тонкин-Мускус），它是从西藏地区运来的。东京麝香享有盛誉，由于进入市场的数量少而且质量很高，这一象征性的称谓自然也是高质量的保障；云南麝香；Тампи 麝香。

现在就让我们来看一下这几种麝香。根据自身的品质来说，东京麝香是最高级的，实际上它们就是我刚刚提到的西藏麝香。这类麝香非常新鲜，具有非常柔软的手感。正如我所见，这些麝香囊除了自身特别的气味以外，也和所有其他种类新鲜的麝香一样具有强烈的氨尿的气味①。这样的味道给专家进行比较和鉴定增加了难度。其实在这里进行交易的唯一标准就是买家的嗅觉，在任何情况下（在商品价格的问题上），赚还是亏都得归功于嗅觉。要让买家对这些具有强烈碱性尿味道的麝香进行优劣判断，无疑是一种经验主义至上的真功夫。

东京麝香囊在外部的轮廓上，其纵轴方向稍微呈拉长状，但总的来说还是呈半球状。这里囊表面的下部分是整块的，也就是说完全没有损坏。浅褐色的茸毛朝向囊上部分的中心和囊的排泄管口，它们盖住了囊的表皮，而且保存完好。而离中心口 5 毫米至 7 毫米的地方，茸毛被剪短了。囊的上半部分比较平坦，连接着腹部的筋膜。囊的另一侧光滑有膜，呈深灰色（这让人想起石墨的颜色）。

沿着纵向轴，根据我的观察，囊上端的扁平部分的最大直径有 5.5 厘米至 6 厘米，呈直角穿过上述最大直径的最小横断面直径为 4.5 厘米至 5 厘米，而囊的垂直高度大概有 2 厘米甚至有时稍微少于 2 厘米。

在我重新观察这批 150 个东京麝香囊的时候，发现它们的外形主要呈现出半圆状，也就是说两条相互成直角穿过的囊上侧扁平的部分的直径都是 5 厘米。所有单独的整个香囊平均都有 26 克至 28 克。它们的触感是柔软的，手指的压力在各个方向都能轻松摁进去。这情况就简化了鉴定步骤，通常鉴定的手法始于仔细的摩挲，然后将具有这样内部特征的麝香囊交给有经验的专家，以进一步判断是否存在粗糙的异己体或掺杂物，诸如铅块（这是最常见的情况）、枯根的残片（不少是大黄的）

---

① 如此强烈的氨（ammiaka）排泄气体，我后来亲自得以确认。1891 年 6 月由 Völckel 先生从上海给我寄来了一个装有麝香囊的铁盒子和用于研究麝香囊的金属探针（之后我们会提到），香囊里的麝香把这个铜制的探针变成了明显的蓝色，这是因为形成了氨氧化铜的金属外表。

或者微小的石粒等等。此外,干燥的血、豌豆和其他豆类的粉末并不经常出现,但也偶有发现。

这种囊所具备的特殊的麝香浓度,经常会让人联想到非常浓郁的蜜糖块,淡红褐色物质涂满了它的局部,还有部分是一些散状的软粒。就是这些物质散发出了除自身特殊的气味之外的上述强烈的氨尿味。

在上海交易的这些输往欧美公司的东京麝香,其包装通常是将麝香囊放在不大的正方形且带有盖子的木质箱子里,外面用毛发朝里面的牛皮或者羊皮包包裹着①。箱子里面放着干性油浸渍的亚麻布匹,它的上面放着一层另一匹红色或者白色的薄棉纱布,然后才在上面摆放上一排一排的麝香囊。一般的数量常常是22到24个不等,这个包装数量不多也不少,因为这样的包装标准必须符合中国市场上通行的箱子固定容量。此类装有麝香囊的箱子的重量,通常限定得非常精准,一个"Ke-ти"等于一又三分之一英国磅,在估算的时候仅包含一个囊的净重。

多亏 Völckel 先生的殷勤协助,我从现场购买了那批货物的公司手里,也得到了两个东京麝香囊,作为莫斯科大学的生药学研究的收藏。它们的价格一个是16.5墨西哥鹰洋②,另一个是14.5墨西哥鹰洋。时至今日,已经过去了两年多时间,但是这两个麝香囊还是或多或少地保留着最初的柔软度和氨的味道。一般情况下,普通的麝香即使经过密封也会因为水分的挥发导致明显的硬化或是散发掉氨的味道。它们目前的重量分别是:以16.5墨西哥鹰洋购买的现重26.9克,以14.5墨西哥鹰洋购买的现重25.4克。

根据大多洛杉矶和纽约的买家的要求,上海市场上的麝香囊被要求在扁平的上层筋膜处,也就是囊的外皮上,用当地迟钝的剪刀小心翼翼地剪开一个口(中国人显然能很好地使用自己的原始工具,他们似乎并不想使用其他锋利的西洋刀具),然后再次交给商铺中的中国技师,以手工剥离掉上面的薄膜。即使是最薄的灰带蓝色的透明的薄膜也没有保留在外皮上。通过在现场观摩这150个东京麝香的处理过程,我目睹了乍看之下微不足道的薄膜竟然可以达到一定的重量。可以明白的是,经过这样处理过的麝香囊可以卖到更好的价格,而且常常也被认为能给

---

① 这些我所看到的箱子,它们的里面也被包上了,其中一部分是红褐色的牛皮,另一部分是带有白色斑点的黑色长羊毛皮。
② 墨西哥美元——中国人承认的唯一银质硬币,等于我们的一又二分之一的金属质卢布硬币。和北美的美元一样,也是一美元等于一百分(一北美美元等于两卢布,但是中国人并不承认)。

交易带来无尽动力。在此意义上来说,中国人足以被称为大师。显然,对香囊外形的处理并非徒劳,因为这和最终购买这些麝香的消费者有着很大关联,这些消费者大多是欧洲和美国的香料工厂家。当然可以明白,绝大多数的麝香作为欧洲、美国、中国,甚至整个东亚香水生产的材料,在麝香交易中流通,而相比之下只有极其少部分被用在医药配制的上面。在医药领域,中国人也非常重视麝香,他们根据各自的风俗和经验赋予麝香以不同的灵效,总的来说,这些实践并不非常符合麝香所具备的现实本质。中国人认为麝香具有非常强烈的"春药"(Aphrodisiac)成分。这当然并不难理解,他们中的很多人在经历着年复一年的辛苦劳作,寄情于这一并不奏效的麝香功能,正如他们在其他方面所称颂的方法一样[①]——使瘦弱的老人变成充满激情的小伙子,如同古代先哲们所启示的那般。但如果经验和现实相冲突,任何不幸仅仅是因为恶魔不让药物发挥治愈疾病的功能,由此,中国人需要在家里供奉祖先的神位并且摆放足够多的祭祀,以及用焚烧纸张和点燃神圣美丽的蜡烛——以此祈求祖辈的在天之灵始终在庇佑他们,帮助他们驱除那些鬼魅,从而获得心理和身体上的慰藉。

云南麝香。不同于上述所提到的东京麝香。云南麝香除了囊本身的形状从纵轴上呈椭圆形外,主要的不同是最接近排泄口的囊的最下方被毛盖住,其表层的毛皮整个保存完好。而其余一直到扁平的囊上端筋膜部分,则都是被剥离的。至于外包装,云南麝香和东京麝香是完全一样的。根据自身品相,云南麝香被认为是明显低于东京麝香的品种,但是无论怎么样,它还是像后者一样受欢迎,在上海市场上被买家竞相收购。

Тамπи麝香。这一种类的麝香囊下端凸出,和侧面的被毛覆盖的皮都是被剥离的,所以其厚膜壁中只剩下了一个厚度不超过1毫米的膜质表皮,有些地方甚至达不到1毫米。Тамπи麝香囊的表层扁平筋膜的部分,和东京麝香囊及云南麝香囊也没有区别非常明显的地方。在外部轮廓上,Тамπи麝香囊有的是椭圆的,而其他的则几乎是半圆的。第一种情况的麝香囊,其最大直径(纵向:对应的动物腹部的纵向)可以

---

① 大角鹿或者西伯利亚鹿的角:Cervus Maral,中国人从我们西伯利亚猎人的手里通过银子得到了它们;还有著名的人参(Жень-Шень或Жтнь Зенге,Panax Gin-Zeng. Fam. Araliaceae 或者 Torrubia Sinensis Tulasne);还有一点也不逊色的冬虫夏草(Тунге-Шунге-Лизиа-Тзао),它意思就是冬天的虫子,夏天的草。它与我们的麦角菌是同源关系。它通常寄生到蝴蝶的幼虫里,在寄宿体死亡一天或者更短的时间内,开始在寄宿体的里面生长自己的子实体,这个子实体的长度和幼虫尸体差不多。

达到五又二分之一厘米,和最大直径呈直角的横断面最小距离是 4 厘米。我从上海市场上得到的 Тампи 麝香样本,其重量是 21.2 克,价值为 15 个墨西哥鹰洋。

Тампи 麝香囊没有太多的附加重量,在同样大小的包装箱中可以装下比东京麝香更多的囊,有 26 到 32 个之多。Тампи 麝香的包装完全不同于东京麝香及云南麝香。囊被放在从腹部切下来的干瘪的牛膀胱里,顶端用线紧紧地重新编织起来。这个膀胱的容量是可以装进一个 кети 重量的香囊。这批 Тампи 麝香囊的数量差不多和之前种类的箱子一样,当然也是有所不同的。我在上海市场上见到的这批货包括了 150 个东京麝香和 100 个 Тампи 麝香。

在买麝香的时候,产品的品质是由中国买家和德国、英国和美国公司的中介们共同决定的。正如我前文提到的,敏锐的嗅觉(如同通过舌头品尝嘴巴里茶叶的品质)成为这份高薪酬工作的必具条件。而这种敏锐性,正如茶叶研究者一样是与生俱来的上天馈赠,当然还需通过不断的实践来促使技能更加灵敏和锐化。

四

作为上海市场上麝香交易的见证者,我参与并观察到的麝香囊品质的鉴定步骤是这样的:

最初,我们仔细地从外形上观察着麝香囊;接下来进入内部鉴定的关键步骤,完成这一步骤需要借助于被称为麝香试针的帮助。而生药学教程的作者给了关于麝香试针完全错误的认知,当然这并不是他们的过失——他们只不过是重复了前人的经验而已,还有他们也没有通过直接个人的观察来认知这些。一般教程上通常写的是,用细的主要是银质的金属试针小心地扎入囊中,然后提取贴在上面的麝香颗粒,通过气味来进行研究。而这里忽略了让麝香粘附在针体平滑表面的小概率性。实际上,这个研究完全不应该是这样进行的。

首先,麝香试针——由于名称自身的不准确性,使这个名称变得没有任何意义。它是我们难以获取准确信息的根源,其实这是一种笔直的或稍微有点类似于拉丁字母"S"弯曲的、尖锐的槽形探针,大多是银质的,有一些买卖爱好者所持有的也有黄铜做的,而最近欧洲人和美国人的都是以铜锌镍合金制作(这种合金叫作英国金属或者跟它质量接近的合金)。这种探针,上面是呈槽形的,而后端是一体的金属手柄杆,最后探针的末端还带一个孔。

另一个非常重要的器具是较粗的金属针。它的一边比较精细,但依然有点钝,另一边则是相对较粗且带有小孔。通常情况下,用细绳穿过槽形探针和金属针——或者可以称为粗试针上的手柄小孔来把它们系在一起。

直的和弯曲的槽形探针尺寸和通常的试针的基本上一样。为了方便理解,我列举一下直的工具的尺寸。探针本身槽长 8.07 厘米,整个工具则长 13 厘米;削去槽末端的尖锐小勺部分的前段横断面宽度为 1 毫米,一直到手柄末端的横断面宽度为 3 毫米。槽深也就是后段末端的壁高为 4 毫米,前段尖锐的部分则有 1 毫米。试针全长也有 13 厘米,其前段略钝的末端宽为 1 毫米,后段则为 5 毫米。

麝香内部的研究是这样的:首先用槽式探针尖锐的末端扎进麝香囊的侧壁,然后专家会从香囊的内部绕着它的侧壁顺势进入,确认是否存如前文提及的一些掺杂的异体物质(此类物质在上海市场经常存在),随后重复地拿探针从不同方向沿纵轴滚转,之后慢慢地把探针取出。这时,探针的槽已经有大量的被制成的麝香抹在上面了。专家需要仔细地、长时间地嗅它,然后确认货物的质量。其后再把含有麝香的探针部分重新放进香囊当中,再用试针以与探针垂直的角度,非常灵活地把麝香挤回香囊,直到最后一粒麝香被放回香囊。所以试针只是为了消除不可避免的珍贵材料的损耗,但并不是像教程上通常说的对于整个研究自身。

在交易尚未达成之前,中国卖家为了掩盖对其不利的鉴定,经常会非常熟练地用涂黑的纸封住麝香囊的口。这些都是在上海的经营麝香生意的经营者们殷勤展示给我的。

在将麝香囊运往欧洲和北美之际,香囊被重新包装,每个麝香囊被中国制造的非常柔软而又牢固的白纸包裹了起来,在纸上被当地的艺人印上了深玫瑰色的捕猎奇异野兽的统一图案,上面的奇异野兽很像是在俄罗斯广为繁衍的原麝(Moschus Moschiferus),但是仔细看还是稍微有点不同。包装纸上所印的场景多是呈现出了一群全副武装,持着弓和鱼叉一样的三叉戟的骑士,在他们前面有狗和正在放箭射向动物的徒步猎人,这个动物应该是想塑造原麝的形象,但是实际上呈现出来是有斑点的短角鹿的样子[①],让人想起了印度附近的带斑点的鹿(鹿属花鹿 L-麝鹿),但是已经怎么都不是原麝了。有的时候这样的纸包装的左上角会被贴上

---

① 我们所熟知的一点就是,无论是雌性的还是雄性的原麝,与上文所说的不一样的是,向下突出的獠牙和完全没有角。

一个戳记：圆形的印戳，上半部分塑造了山地；而下面印着一句英语：Fine East Selected Musk（优质精选东方麝香）。

每个麝香囊就被这样的纸包装着，然后以 15 到 30 个不等的数量（需要看尺寸和品种，我们知道 Тампи 的香囊要比东京和云南的小很多）装进硬纸板的长方形箱子里，在箱子里面放着铅板，外面再拿丝织品裹住；然后再把这些硬纸板放进一个大的里面包着锌板的箱子；最后，和我前文所提到过的，它们和硬币及纸质货币存在一起，用船快速地运往指定的目的地。

以上就是上海的麝香买卖市场上最常见的各种麝香囊的情况，以及它们批发交易的完整过程。作为见证人，我于 1891 年 4 月上旬有幸在上海目睹了这个过程。

（吉哈米洛夫·弗拉基米尔·安德列维奇，原莫斯科大学生物学教授；金俊开，圣彼得堡国立大学政治社会学系博士候选人；高俊，上海社会科学院历史研究所研究员）

"费唐报告"备忘录*

费唐 著 王 敏 译

1930 年 6 月 15 日

在现阶段，根据我的印象，应该可以把我的结论和建议的框架确定下来，这些结论和建议将最终体现在我的报告中。建议首先解决一些我不得不面对的主要的难题，总结目前在那些问题上我倾向采纳的观点。暂时先省略那些必然在我的报告中占有一定位置的描述性的、历史的、经济的、法律方面的资料，提出我的结论所赖以建立的基础。

首先，关于应该处理的问题。

我受邀来此地工作，目的是为工部局提供建议，帮助工部局为外国租界的未来提出建设性的计划，这个计划"既要充分考虑到中国人民的愿望，同时也要合理地给予上海已发展起来的商业利益足够的保护"。

很明显，依据工部局就我的任命问题发表的声明，由于在不久的将来将采取步骤"逐渐废除在华治外法权"，工部局首先寻求建议。明显地，废除治外法权会影响到目前整个租界体制的基础，任何关于未来的建议都必须考虑到这一点；但是为租

---

* 1930 年初，南非法官费唐（Richard Feetham）应上海公共租界当局邀请，来沪调查上海租界问题，就租界的前途问题提出建议。1930 年 6 月 15 日，费唐向上海公共租界工部局提交了一份"备忘录"。这份备忘录提出关于上海租界未来发展问题的基本构想。虽然后来正式发布的《费唐法官研究上海公共租界情形报告书》（英文名 Report of the Hon. Richard Feetham, C. M. G. to the Shanghai Municipal Council，中文简称"费唐报告"）吸收了这份备忘录的主要内容，但这份秘密文件形式的备忘录仍有一定价值：一是可以反映出"费唐报告"基本的构思框架，对于解读"费唐报告"颇具价值；二是其中包含一些不便对外公开发表的内容，如华人在接受调查时的态度和反应等。本文据上海档案馆藏档案（档案号：U1-6-0723-1569-1744）翻译。——译者

界的未来提出建设性计划不仅仅是出于迟早都将废除治外法权的需要,即尽管治外法权的情况目前还未发生变化,但是由于现行体制不合常规以及伴随目前情况出现的危险和困难,还有一些重要的问题急需关注。

请让我先叙述主要的问题,不管这些问题是否与废除治外法权问题的建议有关。

Ⅰ. 交还

首先,"交还租界"引发了广泛的问题。

"交还"问题总是与废除治外法权问题紧密地联系在一起,但是这两者确实必然地共存吗? 即废除治外法权必然涉及交还——或者是反过来也一样?

在叙述与交还有关的主要的问题之前,先简要地审视这一问题是合适的。

在回答这一问题之前,有必要界定一下"交还"(Rendition)的含义。

我建议使用这个术语时,它的意思是现有的市政管理体制结束,租界的实际行政管理交给中国人控制。对很多人来说,无疑"交还租界"远远比这意味着更多——在那些极端的党人[①]的意识中,交还可能不仅仅是租界管理的变化,还有交还外国人在租界的财产权和总体上废除外国的利益。由于怀疑这是不是那些负责任的人的观点,并且那些政治术语也不能涵盖它,即描述管理制度的改变,因此我想应该忽略这些模糊的概念。

必须进一步注意到支持"交还"的人绝不能同意交还后关于未来租界管理方面的安排的实际后果。这里暂不涉及这当中产生的非常重要的问题。

在上述限定意义上使用"交还"这一术语,我想答案是除了外国人向中国市政当局交税和服从规章之外,不难想象应有不需要废除治外法权前提下的交还;但是完全废除治外法权必将涉及现有规章和工部局地位这样根本的改变,以至于几乎不可能假定除了交还的结果之外还能产生什么影响。不管代替旧体制的新体制的性质如何——不管旧体制的哪些特点在新体制中保留下来——旧的基础将一去不复返了。

因此在不是整体上废除治外法权的情况下交还租界,这也是能想得到的;但是整体上放弃治外法权将必然牵涉交还。

除了交还租界与废除治外法权的关系,其他因交还而起的主要问题如下:

---

① 指国民党。——译注

1. 支持或反对交还的理由如何？支持交还的论点，无论是作为一个立即或者是最终采纳的政策，会赢得赞同吗？

必须注意到支持交还政策的人提出的理由部分是基于理论，部分是基于实践。

基于理论的人会争辩说租界现存的体制侵犯了中国的主权，因此将租界交给中国人是满足中国人的合理的愿望的一个正确的和必要的步骤。

基于实际情况的人争辩会说：(1)现在租界管理的某些方面是有缺陷的和无效的，如果租界恢复中国人的控制，这些缺陷将会得到补救；(2)不管是现有的租界管理(它对那些在租界中从事贸易的人和租界居民有直接影响)的优点和缺点是什么，由于上海不同地方(华界、公共租界和法租界)存在着单独的市政机构，由此导致的市政管理的分立①必然是很不利的，就上海的整体利益而言，统一的市政管理是重要的。

是否能够提出一个好的、建立在实践基础上的(有别于出于理论的)支持交还的理由，必须要看更进一步的问题。

2. 移交时，代替旧体制的新体制是什么？

如果现有的包含在《土地章程》②中的地方自治条款不复存在，租界会丧失所有的地方自治的权利并且与华界联合在一起，接受中国的市政管理体制，外国人在这一体制中没有任何份额；抑或是将会建立这样一种新体制，在这一体制下，传统的地方自治政府和现有的华洋之间在代议机构中的伙伴关系将会延续，这两种情况有可能出现吗？

如果是后一种，租界可以有自己的代议机构吗？或者是在整个上海的地方自治的市政机构中享有份额？

3. 如果原则上接受交还，那么是立即交还还是最终要交还？即是立即发生改变，还是在一段过渡时期之后？

如果有一个过渡时期，这一时期会如何？即在过渡时期内现在的管理制度将会发生什么样的变化，过渡时期有多长，或者是与这一过渡时期相一致的主要考虑的是什么？

在陈述了因"交还"产生的首要问题之后，现在继续陈述其他主要问题：

---

① 指上海一市三治的格局。——译注
② 指1845年颁布、1854年修订的《上海土地章程》。——译注

(a)如果交还的政策被拒绝;或者是(b)如果承认交还为政策指向的最终的目标,将会有一过渡时期,在这一过渡时期,现有的租界政治制度在一些调整和修正之后将会保持下来。

Ⅱ. 目前状况的缺陷是什么,在以下诸方面应做何种适当的改变:

(a)影响纳税人会议的构成与作用和影响工部局的构成与选举的立法方面的安排;

(b)作为租界行政当局的工部局的权力和职能;

(c)工部局与中国国家、省级和本地行政当局的关系;

(d)工部局与租界法院的关系;

(e)工部局在界外道路地区的权力和职能。

在处理以上问题时,有必要简单地处理两个问题:一是影响以上提及各点的实际情况;二是在前面5个月的调查中中外人士流露出来的态度。

首先,在进入专门的问题之前,需要以引言的方式,对这两点做一些一般性的评论。

工部局主要是依据《土地章程》设立的市政机构,一般称为"上海工部局"。它的正式的名称为"上海外侨委员会(Council for the Foreign Community of Shanghai)"。事实上,工部局的管理职责在一些方面超过普通的市政机构:其行为超出市政范围,并且虽然在很多方面依赖条约列强的支持,但它不服从任何国家的立法或者是行政方面的控制。因此它事实上在其管辖区域承担着主要的政府的职能,在过去80年中的多数时候也是如此。起初仅仅是一外国人的贸易和居住区域,供外国商人和职员居住,后来的发展改变了"外国居留地"起初的性质,租界吸引了很多中国商人和居民,结果是现在租界居民近100万,占租界总人口超过96%,工部局的职责在这一过程中大大地提升和复杂化了;早期租界是一个自给自足的区域,虽然处于内部的贸易中心位置,临近老城厢,但是它远离中国的政治和社会生活的主流,不过现在今非昔比,它是中国的了不起的城市的中心区域,是中国人口最为稠密的商业中心,是中国第一大港,是中国最大的工业中心和商业大都会。

除了通常的市政职能,工部局还与防卫和司法管理问题紧密相关。

关于防卫,除了警力和军队,工部局还组织万国商团,万国商团除了来自15个国籍的志愿者之外,还包括雇用的全职华人商团和两个连队的俄国人商团。这支力量除了在发生内部动乱时被召集起来加强警力之外,有时还与列强的正规的海军或者是陆军力量结合起来,积极防御来自外部的入侵。近些年来,中国持续的动乱使人们一直忧虑租界的防卫问题,不仅仅是防卫那些有组织的正在内战的军队的攻击,还有那些土匪和游兵的突然袭击。1927年以来,除了黄浦江上的战舰,列强还在租界驻扎军队。现在没有迹象表明中国的内部状况已经发生根本的改变,以至于没有必要在租界设置驻防力量以保护生命和财产安全。

至于司法管理,工部局没有自己的法庭,而且现在在租界任何法庭没有责任,但是,作为租界唯一有效的警察部门,它自然非常关注所有影响法庭的刑事案件执行的问题,并且它也是除了那些由领事管辖的外国人的案件之外,唯一有责任出于维护租界的公共利益提起公诉的权威部门。

因而,除了出于市政管理机构的职责所承担的一般性的工作,工部局还直接负责保护在租界范围内的人身和财产不受内部混乱和外部攻击的威胁。显而易见的是,上海的繁荣、租界及其相邻区域中外居民的福祉,正是依赖工部局日复一日地成功地履行自己的职责,由于上海是中国最主要的商业中心的地位,因此工部局的管理还涉及更广泛的商业利益。

如果不能维持上海的法律和秩序,将会严重到足以扰乱商业行为赖以建立的信用和安全,进而产生深远的经济上的影响,即停止或者阻碍持续的通过各种渠道汇集到这里的国际国内贸易,这些贸易直接或者间接地由租界里或者是周边地区的中外银行或者是商业机构以各种方式控制着。

必须注意到,根据中国政府公布的基于税收的预算,其中有一半的国家税收是从上海的贸易和工业中收取的,大部分的国内贷款也在上海筹集。如果因动乱导致国家税收和贷款之源干涸,或者是大幅减少,中国的财政将陷于瘫痪。不需要深入细节,很清楚的是影响上海未来管理的问题中,当务之急不仅仅是那些个人和公司及其雇员在贸易和工业方面的既得利益,还有那些长远的普遍的利益,包括上海作为贸易中心服务的那些地区,中国作为一个国家的整体利益,以及那些与中国存在着不同程度的贸易关系的国家的利益。

在其赖以建立的原则和取得实际效果方面,依据《土地章程》建立起来的制度都优于中国政府控制的区域建立起来的制度。

优越之处可归纳如下:

A. 租界制度据以建立的原则

Ⅰ. 自治

租界的管理是基于通过纳税人的意愿,纳税人通过公开的会议和纳税人选举出来的代表机构工部局表达他们的意愿,纳税人会议和工部局获得纳税人在征税和财政支出方面的权力或者许可。

Ⅱ.公开

《土地章程》要求工部局每年公布审计过的前一年的收入与支出的财务账目,这些账目连同一份完整的报告提交给纳税人年会批准。

Ⅲ.法治

工部局在管理和税收方面的权力由工部局自身无权改变的文件所规定,工部局所有的行动服从法院法律的管辖,它只能出于公共的目的获得土地,并且获得土地需要通过给予所有人完全补偿,工部局对于居民和财产所有人在征税和其他方面的权利主张必须诉诸合适的法院,对于任何一个特别针对它的索赔要求,工部局必须到法庭应诉。因此工部局有义务尊重私人的财产权利,除了征收与适当的立法方面规定相一致的税收之外,不能够向居民征收任何其他的税。

B.取得的实际效果

区分为主要的和次要的。

Ⅰ.首要的

首要的结果可归纳为廉洁的高效的管理,这意味着维持秩序,对生命和财产的保护,保护公共健康,提供公共服务,生活条件的普遍改善。在使用"廉洁和效率"时,应注意它们之间联系的性质。

在所有公共管理事务方面,廉洁和效率是紧密相关的,但是它们是不可以相互转化的术语,前者的品质是后者的必要条件,因此恰当的理解是后者可以包括前者。单单廉洁不能保证效率,因为总是会有智者千虑、必有一失的风险,但是不廉洁必然意味着无效率。一件事情只有做得好而且很经济才能说是做得有效率,也就是说,支出要有相应的回报。公共事务上的不廉洁意味着不合法地利用公共财物以获取私利,或者是以贿赂和敲诈的方式,通过作为或者不作为,官员从公众那里获取金钱作为回报。由于滥用职权现象的存在,公众的支付没有获得公平的回报。因此,公共事务中的高水准是高效率的必须条件。

自然,说工部局的管理高效廉洁不意味着它是完美的,但总的来说,它保持高水准。一定有一些不廉洁的案例,就像在一个好的行政机构的行为中会有错误和疏忽一样,工部局在维护着一个好的行政机构。在上海这样一个环境中,大量从本地招募负有不同职责的雇员,贿赂和腐败是难免的。如果这样的滥用职权能被限制在合理的范围之内,需要严格的监督和不懈的努力。但是就工部局自身和它的高级官员而言,似乎普遍承认租界有相当良好的记录,保持相当好的廉洁传统。

后面我会提到已提出的一些批评,还会提到支持此处表达的观点的证据,这些证据主要是工部局在公共工程和公共服务方面的具体结果以及为这项事业提供充足的资金支持的相对低的税率。

对建立廉洁高效的市政管理有所贡献的两种主要的因素值得关注:

一是财务公开和审计是廉洁最好的保障。《土地章程》条款确保年度审计和工部局账目公开,并提交纳税人年会批准。

二是必须善待雇员,雇员才会很好地为公共机构服务:工部局必须以合理的优厚的待遇,诸如用报酬和长久为机构服务来吸引优秀人士,必须确保他们的薪水和工资总是很固定。无论如何,至于那些高级官员,工部局似乎一贯在雇用条件方面追求比较合理的优厚待遇,从最高到最低的雇员,工部局对待所有的雇员的薪水和工资一直定期支付,从不任意克扣。

Ⅱ. 次要的

工部局制度的次要的结果是租界的成长与繁荣,工部局的良好管理是其中一个重要的,在一定程度上是必要的贡献因素。这表现在贸易与工业的规模,它所吸引的大量的居住人口,引人注目的高昂的地价。可以注意的是除了在租界的制度下严格尊重土地的私有权,即使在最为繁荣的情况下也不可能达到这样高的地价,并且为了拓宽道路或者是用于其他公共目的工部局不得不支付很高的地价购买土地时,因坚持尊重土地所有者的土地私有权政策而导致的地价增长,这对巩固租界管理的财政资源方面有很重要的影响。

前述这些特征给出了租界制度独有的特点,它与纯粹的中国控制的区域建立起来的制度不同,这一特点只适用于这种制度所依据的原则——自治、公开,在政府行使影响私人权利的权力时,坚持法治;至于结果,租界和先进区域的差别只是在程度上。从我能够看到和知道的,近些年,中国某些城市在物质条件的改善和更加有序、高效的市政管理方法的引进方面似乎真正开始,我相信有很多中国人意识到这种改革的必要性,并且开始向这方面努力。不管这样的努力最终达到什么样的成功结果,似乎与中国控制的区域相比,尽管有一些缺点,但是在市政管理所达到的水准方面,上海租界仍然占据一席之地。

更进一步，中国城市已有的改进并非在任何代议制之下实现的，而主要是由一部分拥有官位的先进的个人发起的，一定程度上依靠一些本地的帮助与支持，由或多或少的专制当局施行。因此这样的改革建立在相对不安全的基础之上：来自外部的行政管理人事方面的变化会使这种开明的进步的政策面临危险，只要这一政策不是建立在一个有组织的自治社会的基础之上，这个自治社会重视这一政策的结果，并且决心挽救或者是维持它。

人民的政府（popular government）不是不犯错误，但是在一个拥有自治机构的社会，选举人被公共精神所激励，对他们自己的利益有理解，人民的政府拥有必要的公开的措施，因此最有可能防止管理不善，因为从长远来看，社会自然会发现什么是错的，并且自己掌握着将其调整到正确方向的权力。有效监督和纠错制度的存在往往是防护措施，因为那些当权者——不论是董事还是官员——都知道他们所操控的公共的事务不能是他们之间的私事，公众有权利、有机会了解当权者都做了些什么，他们所有的业务必须公开，经受得住公众的批评。

通过分析显示出来的租界所赖以建立的原则的价值已经被中国政治领导人所接受。现在的政府已宣布在市政机关和其他行政区域引进地方自治制度；在公共的行政管理方面公开和审计已经开始受到重视，出于公共目的征用私有财产的补偿问题以及恢复被公共当局非法干涉的公民私人权利方面，相关的法律条款已经制定。但是不能说很大程度上这些重要的原则发生了影响，对大多数人而言，这些原则仍然代表着新奇的政治概念，甚至是体现这一原则的法律和规章才仅仅是开始，在目前的中国，还不能在实际效果方面有很快的进展。

在一个为一般人所接受的政治方案中引进地方自治，公众对于自治制度所赖以建立的原则的接受，这两种因素在相当程度上被认为在未来是非常重要的。但是愿望不是成就，虽然真正的改革者在可能性悬而未决之时倾向忽略二者的不同和距离，但是迟早并且在事实上二者会分开。

1929年12月底，我收到租界工部局的邀请，这是一个一致的邀请，邀请我来上海调查实际情况，并且为租界的未来提出建设性的意见。发出这个邀请的工部局由12名成员组成，9名外国人，3名中国人。9名外国人中，5名英国人、2名美国人、2名日本人。

1899年的《土地章程》规定工部局应由9名外国人组成，没有关于中国代表的规定。不同时期有建议工部局中应包括华人董事，但是直到1926年4月这项建议才由纳税人年会批准。决议说:"根据本次会议的意见,华人参与租界的管理是可取的;因此工部局接受授权和指示,立即向相关列强陈述此事,为的是尽早增添3名华董。"

华人对3名代表不满意,他们要求更大的份额。经过讨论,拖延了两年后召集会议讨论这一决议。达成了一项妥协,除了3名华董,6名华人纳税人将参与工部局顾问委员会,这6名华人纳税人由华人选举。结果是1928年4月华董第一次就职。他们不是依据《土地章程》选举出来的,虽然北京公使团和中国政府批准了工部局的这一决议,但是增添华董及选举方法还未正式增补进《土地章程》(v. Land Regulation XXVIII)。这种情况下采纳的选举华人代表的方案是由租界华人通过自己的机构选举出来的,华人的名单由中国外交部正式传达给领事团,再由领事团转给工部局;像外侨方面一样,华人代表每年都要选举一次,但是可以连续参加选举。在1930年1月我来上海时,这个计划已经运行两年,我得知工部局华董和工部局委员会的华人委员在改善租界华洋关系方面已经有明显的效果。当选的华人看待很多问题的角度自然地与他们的外国同僚不同,作为华董和华人委员,他们表现出为了共同利益合作的真诚愿望,在协助解决一些引发工部局与相邻的中国市政当局之间摩擦的难题方面提供了很有价值的帮助。外国董事和委员方面表现出愿意满足华人同僚的意愿,特别是在那些影响华人在租界的利益问题上。有两个事例可以说明工部局在这类问题上采取的行动:

1928年6月租界公园对华人开放问题和界外道路问题得到满意的解决,这是根据那一年纳税华人会的授权,公园对所有种族的人开放,只需成年人付一小笔费用。

工部局同意增加租界华人教育的条款,除了已有4所华人中等学校外,将建立3所初级学校。

更进一步,工部局外国董事为表示对华人的合作的感谢,建议在下一次纳税人会议上,提议华董由3名增至5名。

结果是就租界华洋关系而言,一致认为在1930年1月处理影响租界未来的问题时,氛围要比两年前合适得多。

在租界华洋合作问题上的意见的演进突出地反映在1930年四五月份关于工部局华董应从3名增至5名的讨论中。工部局和纳税人会议自身没有决定此事的权力;建议采取1926年4月①提出的在董事会中增加3名华董,即工部局增加华董的

---

① 指1926年4月召开的租界纳税人会议。——译注

建议应"获得立即向相关列强陈述的授权"。

1月10日,工部局宣布在1月6日举行的董事会会议上,董事们一致同意在4月份的纳税人会议上提出这样的决议。关于这项建议,公告有如下解释:

"工部局方面这一深思熟虑的改变与①

"在3名华人就任工部局董事之时,外侨和华人之间就心照不宣地认为如果华人能够通力合作,那么按照通常的情况,将会增加华董。而工部局的这一深思熟虑的步骤是与此相一致的。"

"工部局的意见是,过去两年的发展充分证明增加华董是合理的,华董应按工部局现在的各国籍董事的构成情况按比例增加。"

报界在1月10日至4月16日纳税人年会期间并未就此有很多讨论;没有迹象表明这个建议会遇到严重的反对,中外双方都普遍认为建议会被接受。

出席4月16日的纳税人年会的人不多,252名纳税人出席,有414票投票权。总董支持决议的讲话遵循1月份的公告的路线,其中包括如下一段:

"在这个国际性社会,各国的利益和观点几乎是不可调和的,但是在过去的几年,华人已尽可能合作。"

"我感觉,出于诚挚和善意,我们倡议再增加华董的名额,自愿和自发地这样做会远比诉诸互相提防的讨价还价能更大程度地推进中外关系向友善的方向发展。"

工部局的这一建议在正式得到支持后,却遭到一位纳税人②的激烈抨击。这位纳税人在他的宣战性的发言中提出了更为广泛的关于列强特别是英国与中国的关系问题,他号召召集会议拒绝已提出的决议,理由是没有足够的理由在近期增加华董的名额——这样的决定会被当作外侨软弱和"谄媚"的信号——华董在工部局中所承担的工作以及他们提供的合作的程度,或者是他们的选举方法和多大程度上担保这些被当作真正代表华人的意见,关于这些方面都无确切的信息。由于没有预见决议会遭到反对,因此没有人发言进一步支持工部局的建议,因而没有人回应这个发言,接下来立即投票,有一些人受到这位纳税人雄辩的发言的影响,感到他发言中提到的很多点需要解释,大多数人拒绝这一决议。

---

① 原文字迹无法辨识。——译注
② 指英籍律师麦克唐纳(Ranald G. McDonald)在1930年4月纳税人会议上反对增加华董的发言。——译注

但是,外侨中的领导者感觉到,这样一个重要的建议不能在这种氛围下以投票的方式处理,因此立即召集会议,商议办法。人们意识到一个比工部局增加2名华董更为重要的问题被提出来。考虑到增加华董的理由,使外侨的声誉遭遇到了危机,这检验了他们与租界华人合作的想法是否真诚。第一次会议①的决议遇到华人团体的愤怒抗议,在第二次会议②召开前,中外新闻报道展开充分的辩论,有一些捣乱的人借此机会煽动排外情绪,但是更多的负责任的华人的评论是有节制的,表示愿意相信纳税人会议未接受决议不是外侨的普遍态度的真实反映。

要召集5月2日特别会议,需要有代表不少于三分之一投票权的法定人数参加。通过努力,结果是会议实际上有远超过最低要求的代表参加,有代表1668张投票权的1226名纳税人参加。这是自租界发展到现在的规模和具有如此的重要性以来上海外侨举行的最具代表性的一次会议,从以下两段引文可以看出提交这次会议讨论的问题的性质:

(摘自 A. W. Burkil 先生和 K. Fukushima,见《工部局公报》,1930年5月3日。)

增加华董的决议获得大多数票数的支持而通过——只有20到30票不同意。

在处理前面归纳的特殊问题之前,我先用几句话陈述一下在预先同华人和外侨领袖的讨论中表现出来的普遍的态度。

明显地,坚持收回租界的华人不急于立即交还租界。负责任的华人意识到在目前中国很麻烦的状况下租界制度提供的安全的价值,他们不希望立即改变。他们中的许多人不愿意表态,但是普遍的态度是直到中国的形势更稳定时才可以移交。同时,现有的制度应在日益增进的中外合作的基础上维持下去。还有,"日益增进的合作"意味着增加工部局中的华董和任用华人担任工部局职员中更高级的职务。

我要补充的是部分华人对立即交还的后果方面的态度更确定和不容置疑。我倾向认为,强调重点的不同更主要的是在表达普遍的意见方面的坦率程度差别,其次才是意见的差别。

从部分负责任的华商私下的谈话中普遍流露出来的态度,我推断出,在目前的

---

① 指1930年4月16日举行的纳税人会议。——译注
② 指1930年5月2日召开的纳税人特别会议。——译注

环境之下，租界华人当真地相信如果列强撤出军队，同意不久交还租界，将会产生广泛的恐慌，信用的基础会被动摇，工商业会陷于瘫痪，严重的金融危机接踵而至。很清楚的是华人领袖重视这个事实，即租界拥有自治使其能够控制自己的事务，不需要服从中国政府或者是国民党的命令，意识到租界和中国政府控制下的邻近的区域的差别，珍惜目前华人享有的机会，即通过担任工部局华董及其工部局委员会委员直接参与租界自治政府。看来他们不欢迎租界和华界合并，因为合并牵涉中国政府和国民党控制之下的专制或者官僚体制替代租界的自治体制，因此他们倾向于期待在整个区域引进一个有效的自治的措施作为合并的前提。

另外，外侨的领导人物愿意接受必须最终交出租界，他们强调的是现在还不是进行任何根本性改变的时候，任何涉及直接使租界立即服从中国人控制的结果都将是灾难性的。很清楚的是，他们确信在保护商业利益和维持上海作为大工商业中心地位的最重要因素是安全。安全不仅涵盖保护生命和财产不受内部骚乱和外部攻击的威胁，还涵盖保持租界的法治及免除不合法的和随意的征税。他们认为只有通过保持工部局的管理和排除中国官员在租界直接行使行政职权才能获得保证。也就是，他们希望租界是和平、秩序和良好管理之岛，居民在此可以继续享有法庭保护之下的生命和财产的安全，他们确信如果租界交给中国控制，就不再可能有这样的前景了。因此，他们的理由是，上海作为一个商业中心的未来取决于在前述广泛意义上的安全。

双方的态度可归纳为他们各自的发言人一直挂在嘴边的两句口号——"安全"与"合作"。

外侨的口号是"安全"，他们认为除非租界在相当长时期内在外国的控制之下，否则安全不能保证。中国的商人虽然在这个问题上的声明不是那么直接，但是似乎也认识到安全是重要的因素，正如他们所说，如果这一区域由中国人控制，除非是中国情况"更为稳定"，否则这里没有可能有与租界统治下相同的安全。中国人的口号是"合作"，它意味着就最近的将来而言，在中国人眼中，在维持租界制度和工部局内部有效的合作将会给租界管理带来新特色，以至于工部局不再会被当作一个维持外国人对中国人统治的机构，而是一个以中外合作来保护各方共同利益、提高华人和外侨的福利的方式管理租界事务的机构。他们通过提出由一些最为优秀的华人担任工部局华董和这些华董以履行职责的方式显示他们的真诚。外国人通过吸收华人担任华董、采纳在直接影响华人利益的特殊问题上的政策的方式来显示他们接受了合作的原则,并且打算一直这样合作下去。事实上,从最近增加工部局华董的建议来看,不仅仅是外侨方面的领袖,而且大多数的外侨现在已意识到中外合作是延续租界制度和租界制度提供的安全的必要条件。

现在继续回答备忘录开头提出的问题:

支持和反对交还的实际情况如何?支持交还的观点,无论是立即交还还是最终交还,会得到同意吗?

我已经扼要地指出交还的性质,现在我建议更进一步地审视这个建议:

理论上,实际情况是租界现有制度已构成对中国主权的侵犯或者损害;因此,为了满足中国人的愿望,租界交还中国是必要的。中国人的愿望体现在孙逸仙博士遗嘱中的"求中国之自由和平等"。

在这部分中,反对租界制度的观点一半是基于其起源,一半是基于其特点。

(一) 关于起源

立即交还租界的支持者在提到租界时,似乎认为租界是在列强在未征得中国政府的同意、违背中国意愿的情况下建立的。但是我想人们会普遍认为这不符合事实。"外侨委员会"(Council of the Foreign Community)[①]根据《土地章程》管理租界,《土地章程》的有效性来自它获得了条约国列强和中国政府代表的异口同声的赞同。《土地章程》的详细的历史,即第一次公布和目前的《土地章程》(1899年修订和公布),曾经征求并且获得了中国当局的同意,这体现在一些备忘录中。1927年4月13日纳税人会议上,工部局总董的讲话中关于租界的起源有如下简要的说明(见《工部局年报》,1927年4月14日,第137页):

> 上海工部局的创设及其管理权力既不是源自某个国家的立法会议,也不是源自某个列强的命令。它的创设和权力来自所谓的"外国列强"和中国政府之间的协议。
>
> 出于给它一个更好的名字的需要,这个协议被称为《土地章程》,作为主权国家之间的严肃的、不可违背的协议,《土地章程》拥有条约所具有的所有的神圣性。虽然不是在形式上,但是在本质上和事实上,由于它不仅仅是两个享有主权的政权之间的协议,而是多个拥有主权的政权为当事方的协议,因此它是

---

① 即工部局。——译注

一个最高级别的条约。

备忘录中陈述的事实很大程度上支持了这一观点。

根据对《土地章程》的研究,很清楚的是中国明确表示放弃了在租界的主权,而《土地章程》明示地予以确认。它规定(VIII条款)所有出租给外国人的土地应向中国政府支付年租,并且依据XXVIII条款,对《土地章程》的任何修订和补充,或者是对其解释有任何疑问,都应"由外国领事和当地中国官员会商解决,呈请外国代表和北京的中国中央政府确认"。

另外,众所周知的是《土地章程》明确地承认中国在租界的主权,并且《土地章程》体现的关于租界管理的安排也得到了中国当局的同意,但是,列强共同在中国的土地上建立一个行使行政权力的组织,这涉及对一个国家应享有的主权的干涉,并且依据其起源,指出那时的中国政府是使《土地章程》付诸实施的当事方这样的事实也还不能完全回应反对的观点。

进而,必须注意到这一事实,即《土地章程》是依据赋予外国人在华治外法权的条约而制定的,在一定意义上,它是所谓的"治外法权"的产物,在中国批评家的眼中,这使它易于与治外法权制度成为同一个批评对象。

(二)关于性质

在1928年4月华人第一次就任华董之前,就实施《土地章程》的权力而言,租界的管理完全在外国人的手中:所有的管理或是赋予依据《土地章程》有权投票的纳税人的会议,或是赋予仅由外国人组成的、由投票人选举出来的工部局。

设立工部局的初衷主要是外侨在中国土地上实行自我管理机构,由于租界的发展和大量中国人的涌入,这个机构结果发展成为负责管理中国的一个大商业中心的纯粹的外国人的机构。在这个商业中心,中国人占总人数的96%。

工部局所有的高级职员都由外国人担任,工部局的正式公报和出版物都以外文发表,工部局对租界的管理行为明显地依赖外国列强的保护,这都强调了租界行政机关的外国性质。后一特点是出于这样一个安排,即工部局依据《土地章程》实施管辖权引起的工部局与中国当局之间的争议,列强的代表,即本地的领事团,将予以特殊的关注,如果需要征求更高一级外交官的意见,还需提交列强的驻华公使。由于工部局在租界实施的管辖权的排他性质,中国当局发觉他们自己的官员无法直接在租界行使权力,他们的行政和征税权力也因此受到限制。

华人成为工部局华董,这是对租界制度性质的根本改变,其影响目前还未被感受到,但是目前已经重新考虑任命华人在工部局中担任更高一级的职位及正式的公告和出版物发表时使用中文,这方面的计划也已经启动。

至于在因工部局和中国当局之间管辖权冲突而起的问题当中,工部局已经不再是纯粹外国的机构、在通过非官方的渠道调停的案例中工部局华董所做的贡献,这些都一定程度上影响这些问题的性质。现在说由工部局华董开始的改变能走多远还为时过早,但是已经失去纯粹外国性质的租界的制度,即使它仍旧建立在《土地章程》的基础上,将来会被当作中外合作的产物被接受,这个合作通过华人董事、委员会和官员发生作用,中国人在其中拥有有效的和显著的份额。

正如我前面所说,有利于交还的实际理由取决于如何解释现在的租界行政制度和交还对于包括整个上海在内的统一市政管理机构有什么益处。我在这个备忘录的引言部分已经指出,从实际结果来看,租界制度大大优于在中国人的区域建立起来的市政管理制度,并且我这里不打算考虑中国批评家提出的有关工部局管理的效率问题,这些将在其他地方讨论。但是除了效率问题,还有在公共基金的分配问题上,与外侨的利益相比,租界华人的利益在多大程度上遭到不公平对待。鉴于中国市政当局在其他地方正在做的事情,在租界华人教育以及出于其他目的的社会改良,诸如在更好的医院和改进公共卫生状况等方面,已提出更进一步的要求。关于享用公共设施利益方面的条款,华人和外侨有差别,现在完全可以说,由于工部局已立华董,因此要求增加这方面的投入,不必担心缺少来自工部局的董事会和委员会的支持。

至于关于行政统一方面的主张,无疑最突出的益处是在某些市政管理部门,特别是巡捕房和公共卫生部门;但是与其他地区一样,统一的益处取决于统一管理是什么性质。

我现在来看反对交还的情况。可简要归结如下:

一是《土地章程》基础上的租界制度是在得到中国当局同意的情况下,依据现在仍具有约束力的条约和为使条约生效所做出的安排建立的。

二是保持现在的制度不牵涉任何拒绝承认中国在租界的主权问题。

三是租界制度的实践结果是它不仅给租界的中国商人和居民,而且给整个中国都带来巨大的利益,离开《土地章程》赋予外侨的管理权力,这样的结果是缺少保障的。

四是依据《土地章程》建立租界制度的必要性仍在发生作用,如果租界交给中国人控制,在租界制度下取得的有价值的成果将不能保持下去。

租界制度的起源和特点及其已经取得的成就,支持上述四点。但是如果我正确地陈述反对交还的性质,很重要的是注意到尽管依据《土地章程》而建立,但是那不意味着可以主张租界制度应作为一个持久的制度。有人强烈主张说,目前的中国存在着非常严重的反对废除现存的制度和将租界交给中国人的实际理由;但是这不是主张说如果情况发生变化,以至于中国政府自身亦可以在租界建立起一种制度,这种制度像租界制度一样可以提供安全,维持法律和秩序,尊重私人财产权利,即使上述情况出现,也不能开辟出一条建立新制度的道路。

因此,反对交还,不是要彻底到宣称交还缺少理论的基础。它建立在这样的观点之上,那就是即使交还最终是出于满足中国人的民族主义情绪的目的,在目前的情况下,由于不可避免的随之而来的灾难性的后果,交还在实际上是不可能的。正如我在这份备忘录的导言中提到的,是否能提出交还的实际的理由取决于接下来的问题:如果交还,取而代之的新制度是什么?也就是说,租界交还的实际后果取决于关于交还后租界未来管理问题的条款。

我不希望在此对第二个问题详细讨论。

现在必须面对的问题是:在合理制定的关于交还之后的租界未来的管理的最令人赞许的前提之上,反对立即交还的政策所依据的理由是什么?或者是中国政府同意的租界宪章能解决立即交还的全部的难题吗?这个宪章规定基于中外合作基础上继续保持地方自治。

将问题置于一个稍有不同的角度:关于这一宪章的最令人赞许的前提,如果确信这一宪章能获得同意,会有很好的立即交还的理由吗?

我现在不仔细考虑这样一个宪章可能的条款,但是很清楚的是关于这个问题有一点将会被认为是很重要的:依据宪章的规定,租界事务的控制权是谁的责任?是外国人还是中国人?

将交还解释为把租界交给中国人控制,我认为仅仅现存体制基础的改变(即由于其章程体现在一个外国起源的机构当中,因此以由中国政府授权的章程取代现有的中国政府同意的章程)还不足以满足中国人的要求;但是也需要在章程性质方面做一个改变,这个改变必须要达到在未来的管理机构中中国人占有主导的地位的程度。

如果我假定在交还之后，经中国政府同意的宪章规定由中国人控制是正确的，租界未来的管理机构中给予中国人大多数份额，那么最强烈反对立即交还的理由是，在目前的中国，如果它最终是由中国人投票控制的，任何租界地方自治制度都不会具有现实性(reality)。

现有的训政制度与上海这样的政治活动中心的地方自治制度的自由运行是不相容的，上海与国民政府和国民党党部所在地的南京的日常联系紧密。甚至是除了在选举中政府和政党的影响，华董占大多数的董事会将服从国民政府或者是国民党的指示。因此，在关键时刻，机构中华董的投票将不可避免地与他们所代表的地方华人社会自由形成的观点不一致，而是与政府或者是国民党的愿望和指示一致。

在目前的宪法之下，很难区分政府的权力和党组织的权利。直接掌握行政权力的行政院和它掌控的各部都有义务最终服从党组织的命令。因此，不管各部部长自己如何愿意让上海工部局的华董自由地决定工部局权限范围内的事务，政府不可能无视国民党，保持不介入的政策。即使是政府自身没有直接或者正式介入，以各种间接的但很有分量的方法，在重大的、影响他们私人的和个人的利益的事情上，政党独立地和通过中央或地方组织对华人个人施加影响，这在实践中是无法抗拒，并且会迫使其按照它的愿望去做。在决定任命或者解雇工部局最重要的官员时，或者是向巡捕和万国商团发出命令时，以及在其他重要的问题上，工部局随时会发现自己被迫服从国民党的愿望，在行使宪章赋予的自治权利以有效地抵制政党方面试图行使的决定性的和不受限制的权力之时，工部局会发现自己缺少保障。

除了上述这些深入到地方自治可能性的整体情况的考虑之外，必须注意到，总体上说，中国人还不具有在代议制机构中工作的经验，在为国民政府制定的正在施行的和未来将实施的政治方案中，已经正式承认普通中国人在参与民主政治之前需要通过公开选举，经历一个政治上的训练时期。租界华人当中包括一定数量的有能力的和受过很好教育的人，这一阶层虽然在商业和教育以及对公共福利的提升方面扮演很重要的角色，但是他们只构成整个租界人口很小的比例，目前他们当中的很多人不愿意参与自己并不关注的公共事务。整体上看，迄今为止，在过去的两三年中，只有相对一小部分租界华人开始要求通过非正式的和半私人性质的安排选举工部局华董和华人委员，这意味着华人在代议制方面获得经验。因此，在有理由将自治基础上的租界管理的责任托付给华人代表之前,插入一个政治教育时期是非常重要的。在以下关于华人在现有工部局中的代表份额问题中,这个问题将得以充分讨论。

但是如果上述我的反对立即交还所据以建立的假设是错误的,即假定租界交还之后建立的新的管理机构中,华董占大多数,对我而言,还有两个立即交还政策不可能的理由。这些理由主要概括如下:

1. 除非宪章赋予的地方自治权利的永久性和神圣不可侵犯性拥有合理的保障,否则不值得制定任何租界宪章。由于上海对整个中国的极大的重要性,关于它的未来的政府的问题是国家的,而不是地方的。直到中国的情况安顿下来,整个国家建立起无可争议的政府,否则会存在未来的政府质疑现在的政府签署的宪章的合法性危险,因而,似乎现在的国民政府不可能签署一个必要的担保其永久性的宪章。

必须记得的是,在现在的情况下附带产生的另一个困难。赋予上海或租界地方自治的宪章在一般的程序中服从中国法庭的解释,除非是司法的独立性有令人满意的保障,否则无法保障宪章赋予的权利不被行政的或军事当局影响的司法决定所削弱或者是失去可操作性。当然,可以构思一些特殊的条款保护宪章赋予的权利,但是在中国目前的情况下,除非是建立某种意义上的列强保护下的新的制度,否则很难看得到这样的条款发生作用,任何这种性质的安排将被看作与完全承认中国的主权的目标不一致,制定替代《土地章程》的宪章目的就是为了保证中国的主权完整。

2. 如果改变租界管理制度的基础,使工部局不再具有国际性的性质,工部局不可能再像以往那样,当租界受到邻近区域的中国内战威胁的时候采取有效的防卫措施。假如1927年的情况重新上演,租界当局如何采取同样的办法保护租界不受侵犯?即租界自己的防卫力量;条约国列强的行动,鉴于租界的国际性地位,条约国列强有权派军队登陆,组织防卫;租界当局与条约国列强指挥官的积极合作,为登陆军队提供驻扎的设施和制定计划,采取应对威胁租界安全的联合行动。

在我看来,如果管理的权力不是出自条约,而是单独出自中国政府签署的宪章导致租界的国际性的地位消失,那么在相似的紧急的情况下采取相似的做法将不可能。不幸的是,还不能说在中国现在的情况下,像1927年那样的威胁租界安全的紧急情况不会再发生。

要认识到前述反对立即交还政策的理由是根本性的。任何出于调和不同的观点的目的所做的巨大改变会牵涉风险和牺牲，在这些事情上，分寸感是必要的。但是这里不仅仅是引发相对小的风险的问题，诸如暂时降低行政效率的问题，而是动摇根基的危险。

如果交还被当作在近期采纳的一个可行的政策，我没有忽略这样的事实，即可以期待作为交换结果的重要的间接的益处，以及替代现有体制（依据《土地章程》建立）的宪章体制（Charter regime）。如果对影响上海的福祉和以发展为初衷的行政问题能够在非政治的氛围中讨论，那将是一个了不起的收获。现在，在每个问题上，不管是大是小，总要提到国家主权问题，在目前中国普遍存在的民族主义情感之下，只要提到那个问题，当下正讨论的问题就失去了实际价值。至今租界的管理牵涉的国家主权问题上的焦虑，如果能够通过交还最终解决，那么，阻碍采取出于租界人口普遍利益的实际措施的障碍将被消除，并且用于成功解决上海租界未来管理问题的动能和资源的前景将会更好。

作为交还的结果，可能还有另一个益处。如果由国民政府批准的宪章规定租界未来的管理问题，关于租界未来的法庭问题将可能会有一个令人满意的安排。

或许可以考虑依据宪章建立的工部局可以在法庭的控制方面拥有一些权力，在法官的任命和解聘方面，有必要获得它的同意。任何一种这样的安排都会提高法官任期内的安全地位，进而有助于保证其行政上的独立。这样的安排可能会为在租界建立法庭开辟道路，这个法庭将会赢得外侨的信任，使未来关于废除治外法权的安排更容易。

应注意我已经形成的结论——在现在的情况下交还是完全不现实的——正如备忘录前面所总结的——这同租界中外人士的意见是一致的。

正如我所解释的，外侨反对交还的主要理由是现在的情况不安全；我相信，中国人接受交还之前设过渡期，本质上也是出于同样的考虑。正如前述，"安全"在这种背景下必须赋予广泛的意义。基于政治、法律和军事上的考虑，我提出的那些详细的理由都可以归到安全这一总的名目之下。安全有很多方面，安全也可能受到来自各个方面的威胁。

我遗憾地指出交还不能作为一个立即采纳的政策的理由时，对近期并不悲观。我想这样说是公正的，即租界负责任的华洋人士在以下重要四点上是基本一致的：

（1）现存的依据《土地章程》建立起来的体制不会是永久的，当某些条件成熟时将会交还。

（2）当交还时，应有一个新制度替代目前依据《土地章程》建立起来的制度，这个新制度依据国民政府批准的宪章建立，在中外持续合作的基础上，单独地存在或者是作为上海市的一部分，这个宪章赋予租界地方自治的权利。

（3）交还之前设立过渡时期，随之将依据宪章建立制度，这被当作一个可实现的政策。

（4）在过渡时期，租界事务的管理应在中外人士日益紧密的合作的基础上进行。

因此，关于未来政策的最终目标，关于在目标实现之前的过渡时期的必要性和过渡时期租界事务管理的基础，需要有协议。次要的问题，即过渡时期可能的长度和依据《土地章程》对立法方面安排的调整，无疑现阶段有不同意见，稍后有必要提及，但是我看不出为何无法达成一个广泛地涵盖所有重要方面的令人满意的协议。

至于将来影响租界问题处理的氛围，一旦普遍认识到最终的政策目标是交还，之后建立中外人士共同遵守的宪章之下的地方自治制度，我不认为预期一个更好的氛围是不合理的。自然，在上海这样一个中心，中外双方的争执当中总有一些非理性的因素；但是人们必须相信理性和共识必将获胜。

我相信有思想的华人将会不再反对租界制度，原因是他们认识到现在的制度不会是永久的，它将在中外紧密合作的基础上延续下去。在行政管理的改进过程中，合作的价值和影响会表现出来，目前这方面的条款尚未能满足华人方面的合理要求，在调整过程中亦遇到小问题。

至于持久性的问题，仅仅是因为其重要性，上海的存在被认为是对未来中国的威胁，直到承认租界制度不是，而且将来也不会是永久性的（这种情况才可能改变）。但是如果相关列强和它们保护下的上海外侨宣布放弃目前依据条约拥有的持久性的地位，在前述意义上承认交还是其政策的目标，当中国的情况发生这样的改变，即不仅对租界，而且对中国而言，交还是一个安全的政策，情况才会发生根本性的改变。外侨和列强承认自己将会仅仅是中国和租界的暂时托管人。他们不会要求永久控制租界，他们承认有义务最终将租界交还中国。

外国人在中国的土地上管理着中国最主要的商业中心，这主要是历史形成的，是没有人能够预见的，这一代人不能负主要责任。这些环境，加之租界中外人士的进取精神和奋斗，为今天的中国创造出这笔价值巨大的资产，并且这笔资产对未来的中国而言还具有巨大的潜在的价值。那些依据不平等条约的安排控制着租界的外侨和列强,如果在中国尚未做好自己接收租界并且为其发展做好准备之前就将其交还中国,那么作为当前上海租界的保护人,这些外侨和列强是没有尽到自己的义务的。在租界交还之前的过渡时期,不仅仅是出于维护外国及其外侨的利益,而且还有中国及其人民的利益(既作为现在的受益人,也作为最终的继承人,其利益超过所有外国利益的总和)获得信任,并且依据现在的章程(指《土地章程》)建立起来的租界的管理机构将谋求解除其责任,这将足以满足中国人的民族主义愿望。

在前述讨论中,我在一定程度上已经预见交还的标题下的问题2和3,但是现在有必要对那些已经讨论过的问题进行补充。

第二个问题如下:

交还时,取代旧制度的新制度是什么?

可能的选择归纳如下:

(1)将租界吸收进现在大上海区域,将其置于现在的专制和官僚的制度之下(应指南京政府)。

(2)维持租界作为类似于大上海的市政制度之下的一个独立的区域。

(3)维持租界作为一个独立的地区,它拥有国民政府同意的宪章所授予的地方自治制度。

(4)依据这样一个宪章,规定在整个地区只有一个市政机构,在包括租界的整个上海地区建立起地方自治制度。

(5)建立代表整个地区的只有一个管理机构的地方自治制度,这个机构出于某种目的在整个地区实施司法权;代表特殊区域的从属机构(租界也是其中之一)在其区域内实施有限的权力,例如,一个整个区域的市政委员会,特殊区域的地方分支机构镇委会,租界是地方分支机构之一。

上述这些方案引出关于租界未来的两个基本问题:一是交还之后仍然享有自治吗?二是保持其作为一个独立的单位,抑或是一个包括租界在内的整个上海的市政管理机构?

这里我只简要陈述关于这个问题的结论。

(1)维持地方自治对租界的未来是极其重要的。我相信中外人士普遍接受这一点。

(2)租界是作为一个独立的单位,还是在包括租界在内的整个上海应建立单一的市政当局，但是这会引起重重矛盾。首先，在上海这样一个区域，有很正当的实行统一管理的理由，但是，不管原则上统一管理多受欢迎，这不意味着统一是一个可以立即执行的政策。在考虑统一问题时，有必要考虑现在不同地区的不同情况：管理的方法；市政设施的发展阶段和管理的水平；资源的比较优势。

出于不同的管理目标，现在的上海分成的三个区域——华界、法租界和公共租界——目前只有租界享有地方自治。至于市政设施的发展和管理的水准，华界都远在公共租界和法租界之后。关于财政收入来源，公共租界是最富有的，公共租界和法租界房产的价值远高于华界。

只要这些差别存在，我相信，三个区域在平等和可操作的基础上建立统一的管理是不可能的。

在整个区域内建立拥有某些权力的城市委员会（City Council），在所管辖的区域内拥有有限管辖权的低一级委员会，这个计划可能在某些方面比在整个区域在单一的管理牵涉的困难要小一些，但是在中国很少人懂得分权的理论，付诸实践似乎会完全将政府的权力给予地方管理机构，因此，我怀疑一个城市委员会下设镇委会的制度在实践上是否更加可行。恐怕在这些问题上会不停地有摩擦，城市委员会可能会因其支配地位，几乎不留给镇委会多少管辖的范围和权力。

我相信一个更有希望的计划是不同的分区建立单独的自治系统，这些分区之间出于某些共同的目的发展合作制度，如警务和公共卫生管理。这个制度在试验之后，最终可能创造出一个在整个区域内实施管辖权的新的权力机构。

可以看出这些方案的讨论与将要处理的第三个问题有关系，例如，关于过渡时期的必要性和过渡时期的长短。

我已经一定程度上回答了过渡时期的必要性问题，在陈述反对立即交还政策的理由时，已经指出关于过渡时期长度和过渡时期租界管理基础的考虑。如果建立单一的管理整个上海的行政机构被当作交还的一个必然结果，那可能会成为推迟交还的理由，直到至少是目前一些关于合并的有可操作性的计划实行方面的困难被消除。出于管理的目的，租界成为大上海的一部分并且服从负责整个区域的管理之前，华界和法租界必须有时间发展起真正的地方自治制度，这样将来的联合将会是三个自治区域的联合而不是一个自治区域和两个独裁制度控制下的区域的联合。而在后一种情况下，在租界建立的真正的自治传统存在下去的可能性很小或者没有可能。而且，目前公共租界和法租界的市政设施的发展远超过华界，它们的税收来源是如此之大,以至于除非在税收分配问题上有特殊的分配的安排以保护公共租界纳税人和法租界纳税人,否则他们会发现作为合并的后果,他们缴纳的税收的大部分被投入到华界的管理和发展上。然而,我认为出于处理过渡时期长度的目的,不能把租界与其他区域的合作当作交还的必要的和立即的后果。很明显,不能事先确定过渡时期有多长:因为那要看未来的发展,未来如何目前还没有人能准确预言。现在只有可能指出,在交还之前必须实现的条件可以被看作一个可行的政策,并且租界的体制可以建立在一个新的基础上。明显的是,从所列的这些条件可以看出,在一些必要的改变实现之前,需要一个很长的过渡时期。有建议说过渡时期需要五年或者是六年:我的意见是,这样的建议显示出对过渡时期所实现的条件的性质和实现这些条件面临的阻碍缺少真正的理解。实现根本的转变需要相当长的时期,基于假定两个过程可以在几年中实现,对过渡时期的很低的估计是很靠不住的,将被证明是很危险的误导。

可能有争辩说,出于降低未来不确定因素的考虑,确定最低的必要过渡时期的期限是令人满意的,但是任何固定最短过渡时期的尝试,将不可避免地会产生这样的期待,即立即贯彻一个马上就要过期的交还政策,因此起初被定为最短的过渡时期可能很容易普遍地被当作最长的期限。

在广泛的议题下,关于交还,可以简要概括如下:

Ⅰ.为满足中国人的民族主义愿望,使中国国民政府通过行使自己的权力,为未来租界的市政府管理做准备,交还是正当的和必要的;但是交还不是一个立即可操作的政策。由中国政府同意的赋予租界中外人士地方自治权利的宪章——租界是作为一个单独的自治单位还是作为整体当中的一部分——这些应被认可为未来政策的最终目标。

Ⅱ.交还应在下列条件具备时才能生效:

(一)在中国,宪法的发展必须达到这样一个阶段,即地方自治机构在其区域内享有真正的独立,不需要像现在这样依据目前的宪法不可避免地要服从国民政府和国民党。

(二)租界华人必须在代议制机构的工作中获得足够的经验,有理由预期他们可以胜任租界行政管理中的主要责任。

(三)中国政府的基础必须足够的稳定,使其能够通过宪章为上海未来的自治基础上的管理制定充分的、持久的条款,并且保障在一个有效地担保法庭独立和能够执行其决定的司法制度之下,宪章赋予的权利神圣不可侵犯。

(四)至于中国的内部条件,即国民政府的权威和法律秩序的确立,必须改进到足以消除人们关于未来租界防御内战、盗匪或者是其他形式的内部骚乱的担忧。

Ⅲ.在上述这些条件充分具备之前,不可避免地需要插入一个比较长的过渡时期。需要假以时日,不仅是要进行根本的改变以实现那些条件,还有检验这样一个改变的有效性和持续性,并且显示出预期在几年当中完成这样一个双重的过程将是注定令人失望的。在这样一个过渡时期,目前依据《土地章程》建立起来的制度应该在华洋之间日益紧密的合作的基础上保持下去,出于使华人更有效地参与到现行制度下的地方自治的目的,在立法方面进行一些改变是必要的,由此开辟一条通往最终建立新制度的道路,这个新制度建立在基于国民政府同意的宪章的基础上。

现在我开始处理这个备忘录的开始部分提出的第二部分内容,第一个问题如下:

目前情况的缺陷为何?关于影响纳税人会议的组成与作用和工部局的组成与选举的立法安排方面,易于接受的改变是什么?

区分这一标题需要处理的以下特殊问题,这会更便于讨论:

1. 目前纳税人会议的作用应维持不变,或者是对其修正以降低纳税人应享有的权利,并且提高工部局的权力?

2. 目前纳税人会议只有外国人有权参与,纳税人会议的这种组成状况维持不变,还是应进行一些改变以便给予华人纳税人在市政事务方面直接的发言权?

3. 是否工部局的组成应做一些改变?(a)关于外国董事;(b)关于华董。

4. 现在市政选举的基础和选举方法应有一些改变?

首先看与纳税人会议相关的两个问题:

一是在纳税人年会上(a)通过前一年工部局支出的说明;(b)批准当年的预算;(c)批准当年征税;(d)选举供职一年的土地委员会三名委员中的一名。

二是纳税人会议的特别会议有权批准工部局建议的附律,通过与市政相关的事务的任何决议。

没有关于纳税人年会法定人数的条款,但是如果不少于三分之一的选举人出席或者委托代表,特别会议上的决议有效。

依据目前有效的纳税人名单,投票人2969名。在某些情况下,由于除了自己投票,还有资格代表其他纳税人投票,因此一个投票人有投几张票的资格。因而,必须出席的法定人数的投票人的数目低于923(2969的三分之一)。在1930年5月2日的特别会议上,出席纳税人特别会议的人数是1226,代表的票数是1668。投票人人数和代表的票数之间存在差别,这是确定符合法定人数的实际出席的最低人数,但是,大致地说,为保证会议决定有效的最低票数,至少有600人至700人出席是必要的。通常情况下,上述赋予纳税人年会和特别会议的权力可以描述为像议会的权力一样,即在一个议会制度的国家,权力通常赋予议会——批准预算、征税和制定法律。

明显的是,近3000人参加的会议不适合承担行使议会权力的工作。以往的会议记录显示实际的出席人数变化很大。一定程度上说,同每个人相关就是与谁都无关,这个规则是适用的,除了知道要讨论特别重要的问题,有资格出席会议的人数只是随机凑出来的少数人,在数字上没有多大意义。

另外,正如前面已经提到的,特别会议要求出席的人数为600人至700人,代表至少923张选票。人们发现,保证出席特别会议的投票人的数目足以达到法定人数,这实际上是一件极其困难的事情;结果是在过去的30年中,虽然一直在做各种努力保证其实施,但是赋予纳税人的立法权一直没有很好地使用。

1898年颁布的《土地章程》附律已五次在纳税人特别会议上通过投票修改。附律Ⅷ在1898年3月11日的特别会议上投票通过修订;附律XXXIV在1899年3月9日的特别会议上进行了修订,1907年3月的纳税人特别会议上再次修订。通常被称为"瘟疫防疫附律"的公共卫生附律在1910年11月14日的特别会议上获得通过,但是由于特殊的环境,这些附律从未付诸实施。附律XXXIII和XXXVII在1919年7月7日的纳税人特别会议上修订。因此,在过去的20年中,纳税人特别会议只有两次成功行使立法权;这两次中只有一次成功地制定了具有可操作性的立法。

将控制权赋予这样一个机构,它很费力、很困难地动员大量有资格的外国纳税人参加会议,这样的立法制度的缺点是显而易见的,但是同时有必要承认,体现在《土地章程》中的为立法设立的公众会议是租界立法制度的一个重要的特色,并且在租界的管理中扮演非常重要的角色。公众会议至少确保每年公开租界的管理事务,可以对工部局的工作施加压力,迫使工部局不仅要对选民提出公开的报告,并且寻求纳税人批准预算和未来的征税建议以及认可他们已经做过的事情。假如工部局不需要向纳税人年会报告和寻求年会对其过去所做事情的同意和对未来计划的认可,(租界)整个管理制度的特点将会发生极其重要的改变。投票人将不得不完全依靠每年的选举对工部局的行为施加影响,除非是与一直以来的指导选举的方法不同,否则投票人对工部局的控制完全是名义上的。因此,由于没能够成功发展出更好适应大的共同体需要的立法机构,有一些不方便和令人遗憾的结果,但是要求(纳税人)年会同意工部局的财政方面的建议,(纳税人)特别会议批准工部局立法方面的建议,这是租界生活中一件重要的事情。

现在有必要考虑工部局吸收华人董事的影响——这个变化始于1926年纳税人年会同意的一项决议,这项决议直到1928年4月才付诸实施。

由于在1930年5月2日举行的特别会议上通过决议,华人由3人增至5人,现在的情况是工部局由14人组成——9名外国人、5名华人,5名华人的选举不是依据《土地章程》,而是依据一项特殊的制度,这个制度由一个华人组织设计和指导,接下来会介绍这个组织的详情。这个团体代表租界华洋社会向只代表外国纳税人的纳税人年会报告,由纳税人会议批准他们的财政计划。因此,当制定给予华人在工部局中份额的条款时,并未制定给予华人在更高一级的机构中占有份额的条款,工部局向这个更高一级的机构提出支撑每年租界管理的支出和税收方面的计划并且获得批准。因此,除了纳税人制度改革引起的其他问题之外,还有一个相当困难的问题产生,即为了统一立法上的安排以及在工部局和工部局需要向其汇报其年预算和税收建议并获得批准的机构中给予华人代表名额,在这些问题上,应该引入什么样的改变。

也应该归纳一下旨在建成代表中外人士的、可以发挥纳税人会议功能的机构的各种可能的方案,这些方案或是改变纳税人会议的构成,或者是以新的机构替代之。

1. 应修订《土地章程》条款,以便赋予华人纳税人与西人纳税人同等条件下参加纳税人会议的权利。外国纳税人的资格规定在规章的第XIX款。财产资格为(1)拥有地产价值不低于500元,每年缴付土地税,且税率不低于10%;或(2)年租金收入不低于500元的职业房东。由于在单独的关于租界地产主和登记的备忘录中已有解释的情况,因此租界华人地产主的数字有一些不确定性。估计租界缴纳房捐,华人房屋为80000套,这80000套房屋中,每年租金达500元或以上的有10605套。因此,估计大约有10000名华人纳税人有资格依据土地章程XIX成为选举人,这种税是基于房产的租金价值缴纳。自然,通过提高有资格参加纳税人会议的人数,诸如10000人,进而改变纳税人会议的构成，那是荒唐的。除了仅仅是数额方面的困难，如果华人在和外国人同样的财产资格的基础上参加纳税人会议，华人将在纳税人会议中占大多数，这会遭到反对。

2. 如果设立单独的外国人和华人纳税人会议，工部局需分头向这两个纳税人会议报告，并从它们那里获得必要的财政方面的批准。

从便利的角度考虑，虽然单独的纳税人会议的方案有一些有利之处，但是要求工部局向两个独立的纳税人会议报告并获得许可，结果可能是如果任何一个机构不同意工部局的建议，工部局会发觉自己的手脚被束缚，当两个机构在任何一点上做出截然不同的决定时，工部局没有办法解决。

3. 另一个计划是尝试设立一个代议制机构，这个机构由华洋人士组成，这些人士根据双方共同议定的关于华洋各方代表的份额的基本原则推选，并且由这个代议制机构代替目前的纳税人会议。这个建议牵涉选举一个代表华洋人士的议会性质的机构，某种程度上，这个机构与工部局的关系等同于立宪政体的国家中的议会和执行机构的关系。这个计划在将来是可能的，但是很清楚的是，租界不同的社群的政治发展状况还未达到这样的计划可以施行的阶段。

4. 目前提出的建议基于这样一个假设，即现在工部局权力的分配和向工部局汇报的机构仍然不变——在执行其年度计划或制定新法时，工部局需要获得外部的代表选举人的机构的许可。但是有必要考虑赋予工部局更宽泛的权力，缩减工部局需要向其汇报的机构的权力。

如果工部局被要求向其分别汇报的机构——（1）外国纳税人，（2）中国纳税人——不再是一个批准工部局建议的机构，而仅仅是一个建议性的或者是协商性的机构，那么前面提到的难题将会得以解决，并且现在出现的难题的最好的解决办法既不是废除纳税人大会，也不是试图建立代表华洋纳税人的某种机构，而是规定应向单独的代表会议报告，即分头向外国纳税人代表会议和向华人代表会议报告，这样的代表会议应拥有通过工部局提交的建议的权力，在向单独的代表会议报告并且收到和考虑过代表会议的建议之后，有权依照讨论和已做出的建议，根据自己的决定执行其原初的或者是修正过的计划。

自然，这个计划可以修正为保留纳税人会议在一些特殊情况下的决定权，这一决定权通过赋予他们对某种性质的建议的否决权来实现，尽管对于建议的批准权已经不再保留。例如，如果工部局的建议涉及税率超过了某一最高数额，需要获得两个纳税人会议的同意。

自然,关于华人纳税人,一个明显的困难是一大批人有资格参加普通纳税人会议。外国纳税人会议大约有 3000 人,已经感到很不便;大约 10000 人投票,作为审议机构,这样的华人纳税人会议更加不可能,并且在现阶段的教育状况和华人投票人缺乏经验的情况下,给予那么多华人参加会议的权利,即便是大多数人从不参加,结果是那些偶尔参加的人,他们真正的身份将会是为华人纳税人的机构讲话,这将是不好的。但是,由于华人纳税人已经发展出他们自己的组织,安排一个代表华人纳税人自己的代议制机构可能不会很难。这个备忘录中有单独的关于在工部局华董及其委员会的选举中已经发挥作用的代议机构的详情。

现在来看前面提到的第 3 和第 4 个问题,即工部局的组成和选举。

现在的工部局由根据《土地章程》的条款选举的 9 名外国人组成,还有 5 名华董。《土地章程》中支配 9 名外国董事选举的条款是第 IX、XVIII 和 XIX。至于要求选举人具有的资格,我已经陈述过,正如在章程第 XIX 款所规定的。至于工部局华董的资格,需要更高的财产方面的要求。除了许可,要获得工部局董事的资格,需要支付年评估费用 50 两或者每年应缴税的租金收入为 1200 两。如前所述,依据现在有效的投票表,有投票资格的外国人(包括通过指定代表投票的公司)为 2969 人,这也是有资格当选工部局董事的人的数量。

关于依据《土地章程》有资格当选外国投票人和工部局董事的人数,必须注意到,由于不住在租界里,大量向工部局缴税的人没有资格当选投票人和董事候选人。选举权严格限定在居住在租界或者是在租界有地产的人。工部局在行使《土地章程》第 VI 款赋予的权力的过程中,不时在界外购地筑路,这些道路与界内道路连为一体,相当多外国人住在界外道路两侧。界外的这些土地不缴土地税,但是根据与界内照明和自来水公司签订的合同,界外道路两侧房屋的居住人要缴纳房捐,即基于对租金的评估,稍低于界内出租的房屋,界内外的差异大约 2%。目前,界外筑路区域的房屋居住人缴付 12% 的税,界内为 14%。界外筑路区域的外国房屋居住人数为 1584,其中 852 人在北部、732 人在西部,我知道如果是住在租界,这些人每年缴纳的房捐足以使他依据《土地章程》第 XIX 款具有选举人资格。他们当中一些人可以凭借其在租界拥有办公场所获得纳税人资格;但是从 1584 人的总数中减去一些,可能外国选举人的数量将会降低至少四分之一,原因是有很多人从租界的行政管理中获得直接的利益(因为他们缴纳市政税,并且居住在覆盖市政公用事业服务的地区)。不过他们在目前的条件下没有资格选举或者是参加纳税人会议,也没有资格当选工部局董事。

董事的任期只有一年,实际的任期为连续的两次年会召开之间。因此,每年举行选举,选举出9名董事。实际上,在年会之前的几周选举已经开始。预算由即将离任的一届工部局董事会准备;在年会通过关于前一年预算情况的说明和批准当年的预算之后,新任董事会立即接任。

每一个有资格的选举人有权在年会上投票选举9名候选人,但是给每个候选人的投票不得超过一票。要求选举人在自己已标识出他愿意选举的候选人的选票上签上他的名字。

目前工部局的9名董事,包括6名英国人、2名日本人、1名美国人。不同国籍董事席位的分配多年来均由事先不同外侨的领导者之间友好商定;曾经有过公开选举英国人候选人,候选人的名额超过英国董事的席位,但实际上是更小的范围内事先选择代表他们的候选人,这样的全体的候选人的数目被严格限定在各国外侨的代表通过协议分配到的席位数目。

依据对1929年4月17日的选举人名单的分析(这个名单是专门提供给我的),有代表2969票的2677名选举人,国际情况如下:

英国人:971名选举人,代表1203票。

日本人:654名选举人,代表668票。

美国人:308名选举人,代表328票。

德国人:199名选举人,代表204票。

俄国人:182名选举人,代表186票。

其他国籍人:363票,代表380人。

从这一分析可以看出,英国选举人比任何一个其他国籍的选举人都多很多,起初工部局董事会的情况就是如此。

在通行的选举制度之下,如果英国人出于垄断9名候选人的目的,充分地使用他们的选举权利,他们可以取得成功,除非其他国籍的选举人联合起来对抗英国人(这种情况很少有可能发生),但是事实上自从?年[①]董事会一直包括其他国籍人的代表。第一次世界大战前,工部局由7名英国人、1名美国人和1名德国人组成。

---

① 原文如此,应为1854年。——译注

1914年,德国董事退出,1名俄国人接任。1916年,1名日本人当选,那一年和接下来的两年,工部局由6名英国人、1名美国人、1名日本人和1名俄国人组成。1918年底,俄国人退出,从那时起,董事会由英国人、美国人和日本人组成。1927年,日本董事由1名增至2名,自1919年起,美国人董事维持在2名。1930年,只有1名美国人当选,原因是3个参加民意测验的候选人中有2人出现一些不确定性。

华人董事任职仅一年。在《土地章程》或者是其他的立法中没有关于规定华董选举方式的条款。迄今为止,采取的程序是,在纳税人年会之后,由中国政府的代表同上海领袖领事就即将任职的华董的人选一事沟通,接下来,董事会接受这些人选。根据公布的华人纳税人会议的声明,华董的选举是通过一个由81人组成的可称为选举学会的组织进行,这81人分成三组,每组27人。这三组当中,一组由纳税华人会组成,另一组由商会和类似组织的代表组成,另一部分由会馆公所的代表组成。细节详见附录。

董事会有权依据《土地章程》第XXIII款从它自己的机构中任命"一些委员会,这些委员会的组成人员及其人数由董事会确定,依据是董事会认为其与所有或某一目的相符,委员会有权依照董事会的意愿采取行动"①。

工部局实际上是通过各种委员会展开工作,例如警备委员会负责警务,工务委员会负责市政工程,卫生委员会负责公共卫生,铨叙委员会负责人事,财务委员会负责财政。董事会未赋予委员会任何执行权力,并且由于委员会当中有的委员不是董事会的成员,因此,有很多委员会的任命并不是严格地与《土地章程》一致。在与华人代表有关的问题上,我曾经提到,除了工部局华董,还有6名华人是工部局委员会的委员,这6个人的挑选与华董的挑选方法一致,根据董事会的决议分配给不同的委员会。除了华人,董事会还指派一定数量的外国人担任不同委员会的委员。依据专业资格被挑选出来担任委员会委员职务的外国人包括2名日本人和一些外国人,例如医生任职卫生委员会。最近成立的承担教育委员会的职能的教育董事会就是根据专业的要求建立的。由于获得足够的专家帮助的重要性和考虑到(教育)董事会的工作对其成员的依赖程度,1929年决定,不管是不是工部局董事会董事,教育董事会成员都会得到基于他们提供的服务获得的酬金。现在的教育董事会由2名工部局董事会董事(1名外国人和1名华人)和非工部局董事会董事的5

---

① 指工部局下设各委员会。——译注

名专家组成(3名外国人和2名华人)。

工部局董事会和委员会的会议不公开,不对记者开放。但是委员会和工部局董事会的会议记录会提供给每周发表的《工部局公报》。会议记录中不仅包括工部局董事会及其委员会的决定,还包括对讨论的总结。应注意到,在记录接下来的讨论中,工部局董事会和委员会会议记录的总结中不会出现表达意见的董事或者委员的名字,并且讨论时不一致需要投票决定这种情况的信息也不会出现。还应注意到,依据董事会制定的规则,在没有提前获得工部局明示的许可的情况下,只要工部局董事和委员会委员还在职位上,他们就不得公开董事会和委员会的单独的会议方面的信息,或者是他们自己在讨论中的表现。董事会以这种方式在面对公众和选民时保持某种程度的团结。随后的纳税人年会程序也采取了这一集体负责的原则;在这些会上,工部局总董发表的讲话事先提交董事会并得到批准,并且一般整体上被当作董事会的正式的发言。但是,当董事会吸收华董时,涉及董事会任职资格的基本原则,董事会会在这个问题上保持团结,因为在某些情况下会涉及华董否认自己与董事会全体采取的行动或者是工部局总董在纳税人会议上的讲话有关。

关于董事会账目的重要问题,审计的简要证明是必要的。

正如前面已注意到的,《土地章程》第 XI 款规定,工部局董事会的账目在提交纳税人年会之前应进行审计。审计员如何进行审计,审计的细目有多少,以及关于任期保证,审计员应处于什么样的位置。到目前为止的实际做法是,工部局董事会选定审计员,确定审计的细目。事实上,同一公司已审计工部局上一年的账目。雇用拥有高水准的审计员的公司无疑被认为是审计有效进行的充分保证。但是,由于很明显,关于审计的条款的意图不仅仅是保证工部局关于对公共资金的适当管理,还有向纳税人担保工部局在授权范围内支出纳税人会议上投票表决的资金,原则上,似乎关于审计员的任命和任职资格应有进一步的规定,并且应该给予他任期方面的保证,以便足以确保他的独立地位。

上面关于工部局的组成、它的选举和日常工作的方式,说明现有安排的某些方面是有缺陷的,或者说是可以批评的。

初步的印象是,在目前的安排中,以下似乎是可以看得出来的缺陷:

1. 依据缴纳的房捐,有三分之一的外国人有资格成为选举人和参加纳税人会议,但是由于选举权限定在实际居住在租界范围内,他们失去了这一资格。

2. 选举安排不应限定在外侨的国际性特点。没有关于不同国籍的人的职务任命的条款，仅仅是通过非正式的协议来保证三个国籍的人最大程度上代表租界人口和选举人名单上的投票人，由于是不同国籍的人而不是英国人事先在希望选举何人担任工部局董事的问题上达成协议，因此这一非正式协议在过去一直成功运作。

3. 工部局董事任期只有一年，工部局董事会每年都要选举，这样的安排会带来延续性方面的风险。

4. 目前关于选举时间的安排很明显是令人不满意的。在看到即将离任的董事会的报告和听取总董在纳税人年会上就其工作和政策所做的说明之前，投票人选举新的董事会。由于对工部局董事陈述其个人观点的自由有限制，这意味着选举是在这样的情况下发生的，即实际上是阻止了选举人获知在前一年的任期中工部局都有哪些行动、提议的未来的政策是什么。

5. 根据目前的安排，委员会被当作咨询机构而不是在某一认可的范围内被给予执行权力的机构，这不能保证委员会制度发挥其全部的益处。

6. 基于讨论纳税人会议的功能和组成时提出的理由，如果沿着提高董事会权力和在预算、征税和制定附律问题上较小依赖纳税人会议许可的方向，那么董事会（就其目前的构成而言）是否具有充分的代表外侨社会的性质，并且目前在保证程序的公开性方面的安排是否充分，这些问题的重要性会增强。

7. 现有的关于董事会财务方面的审计的条款在某些方面需要完善。

8. 在关于董事会中外国人和华人的代表，关于目前华董的选举方法，以及关于华人参与纳税人会议的条款，所有这些观点我都要考虑到。

很明显的是华人在董事会中的份额是非常重要的，在尝试概述前面提到的其他问题上建议的暂定的改革方案之前，有必要考虑这一问题。

现在的董事会是1929年选举组成，9名外国人，3名华人。前面已提到，这9名外国人包括5名英国人、2名美国人、2名日本人；并且自1927年以来，这些董事代表相关的不同国籍的人，这一年第一次选举2名日本人担任董事。在此前的6年中，不同国籍的董事的分配情况如下：6名英国人，2名美国人，日本人1名。

直到1915年，一直有7名英国人董事。1930年2月选举、4月16日纳税人年会后就任的董事的国籍分配如下：6名英国人，1名美国人，2名日本人。

经5月2日纳税人特别会议决定和条约国列强驻华外交官与中国政府的批

准,华董从3名增至5名,2名日本人,1名美国人。如果在1930年美国人得到他们自1921年起就一直拥有的2名董事会董事名额,选举后将会是如下情况:英国人5名,中国人5名,美国人2名,日本人2名。这个结果仅仅是偶然,正如前文所提及,1930年2月,3名美国人参加竞选。英国人董事和华人董事一样多,即华人拥有的董事的份额不比其他任何一国籍的份额少。目前的情况是,华人是后来者,但是他们构成董事会全体董事的三分之一以上。除了工部局董事,华人还有权利选举6名华人在工部局委员会中供职,这6人之外,还指派2名华人参与教育委员会。

因此,自从华人就任工部局董事以来,在过去短短的两年中,在华人参政的问题上已经有实质性的推进。

从华人机构所提交的书面声明中看到,华人要求进一步增加华董的人数,使华董在工部局中占绝大多数。最普遍的建议是外国董事应维持在目前的9人,华董应该有11人。这种要求通常是基于这样的论点,即工部局董事的名额应与不同国籍的外侨对房捐的贡献一致。根据1927年7月公布的官方估算,1927年华人对普通房捐的贡献将达到55%。

在讨论"不出代议士不缴捐"这一民主原则时,涉及接受一个不同的原则,即代表应与税收的份额相称。自然,这一假设没有依据。非但不能接受这个涉及另一方面的原则,而且接受后一原则作为分配政治权利的基础,将会导致建立财阀政治而非民主政治。允许多次投票和允许以财产份额与所缴纳的税收总额或者是与所拥有的应交税的财产总数为依据,给予单个投票人额外的票数,这说明代表应与税收的比例相称的原则得到承认。这一原则虽然体现在中国的一些英国租界的市政立法中,但是到目前为止,尚未在诸如《土地章程》这样的市政立法中得到认可。《土地章程》中关于选举权的条款可以说是基于一人一票的原则,这一原则又服从于除了依据个人的财产获得的投票权之外,还有权作为他拥有资产的商号或者公司的代表投票。这使拥有资产或缴税的商号或公司能够授权他们的代表行使投票权,但是无论拥有或占有的财产的利益有多少,没有哪个单独的利益有权获得一票以上的投票权。

在不同国家的外侨中分派代表时,不同外侨的财富以及对税收的贡献应予以合理的考虑,但是很明显不能只考虑一个因素。其他因素是相关社群的数量和影响他们恰当行使政治权力的社会和教育的条件。

华董在工部局中的份额应与华人对房捐的贡献相称,支持这一建议的理由往往是如果不是以此作为分配代表名额的基础,那么备选的方案将是以人口为基础,事实上,租界华人构成总人口的96%,这将使华人在工部局中占大多数。

据我所知,没有人建议工部局华董和其他社群的董事应根据每一社群的投票人的数量。与其他的两个建议相比,这似乎是一个更自然而然的建议。关于为何没有这样的建议,解释可能是依据《土地章程》,华人根据财产有选举资格的人数从来都是不确定的。我已经提到过依据财产资格的华人选举人的数量问题。可能它至少是现在的外国选举人的三倍,因此如果据此分配董事的名额,华人将得到绝大多数。

如果租界社会不是华洋杂居的,我认为自然会采纳基于选举权基础上分配董事的方案。在现存的选举资格的基础上,选举权是建立在拥有或者是占有一定价值的财产,因此,选举人组织由社群中所有缴纳房捐达到一定数额的社群的成员组成。目前,对选举人的要求是如此之高,只有人口中相对少的一部分中外人士有选举权。因此,在目前的选举权当中,财产利益是一个重要因素,并且工部局董事要求更高的财产资格,这是对财产利益的进一步承认。随着时间的流逝和教育的普及,很自然地可以预期选举权的资格会降低门槛。如果坚持一人一票原则,在选举权分配当中,人口因素将会越来越重要。但这是对未来的预期。现在的情况是这样,租界的社会华洋杂居,由不同国籍的人组成,因此,不可能在不考虑这种情况下采纳依据某种理论来分配董事名额的办法。

关于华董问题的不同的建议的背后,真正应考虑的问题是这是不是可以接受的,即出于整体利益的考虑,华人在工部局中应占据多数席位,并且因此在租界的管理当中负有主要的责任份额。

在讨论移交问题时,已经涉及华人在工部局中或者是新的代议机构中(未来依据宪章建立的替代工部局的管理机构)华人占大多数的问题。

依据《土地章程》建立的制度,华人在工部局中占大多数意味着华人控制租界的管理。前面关于交还问题的讨论表明,关于在目前的情况下华人控制工部局,基本上有两种反对声音:

一是是在目前政党独裁的背景下,华董占多数的工部局对租界事务的控制意味着不是由以租界居民身份自由行动的华人控制,而是被国民政府或者是国民党控制,在任何时候,这种控制发挥作用时都可能不仅仅影响租界的一般管理,而且还可能根本改变目前的制度赖以存在的基础。换句话说,在现在的情况下,同意华董占工部局董事的大多数将会是有效地(尽管是间接地)导致交还的途径。

二是在租界华人接受租界管理的主要责任之前需要对他们进行政治上的训练,这也遭到了反对。

如前所述,华人普遍缺乏在代议机构工作的经验,尽管有很高的教育程度,但还不能说领导者已经吸收了体现在代议制政府中的理念和原则。实践是任何一个吸收过程的必经阶段。公开的选举制度,将公共事务委托给有资格的投票人自由挑选的代表,这些与中国的习俗和传统都是不相容的。

现今依据《土地章程》建立起来的租界的管理制度是最直接类型的民选政府。有资格的选举人在纳税人会议通过预算,批准征税,他们自己选举出来的代议机构[①]在得到了必要的选票后,不需要服从任何命令,或者是获得任何更高一级权威机构的批准,就可以行使管理租界的完全的行政权力。因此没有因法定的审查导致的对重要决定的迟延和重新考虑;对于任何行动,工部局自己的决定有足够的权威,它可以命令它的官员在其权力范围内采取行动。如果现在减小纳税人会议的权力,必然会涉及相应地提升它所赋予其代议机构[②]的权力。

租界华人当中只有一小部分目前开始稍微有一点在这样的代议制度下工作的经历。我已经提到华董和华人委员选举的非正式的(半私人性质的)方式,由纳税华人会协同华人商会和同业公会设计和付诸实施,目前已经选举出有资格代表华人利益的上层华人担任工部局董事;因此由这些组织完成的工作在华人参与租界代议机构的初始阶段具有极大的价值,但是还没有引入适应华人要求的公开的选举制度,即在合适的法律条款保障下,所有拥有必要的居住和财产资格的华人选举人能够自由参与的选举制度。故而,突然间要求华人的代表承担现今租界管理中的主要责任份额,从公共利益的角度显然是不合适的,对华人而言也是不公平的。华人选民必须拥有合理的机会习惯于公开选举和发现选举华人代表的最好的方法,并且华人代表也必须有机会了解更多他们作为董事的工作的性质、一个被选举出来的公共的机构成员和他的选民的关系以及传统与常规的做法所赋予租界管理的特殊性质。

---

① 指工部局。——译注
② 指工部局。——译注

因此，无论如何，在华人承担租界管理的主要责任份额之前，需要转型时期对选举人和(选举出来的)代表的政治教育。

据我所知，自从关于华董的安排生效以来，华董和外国董事之间相处和谐。我未收集到双方在影响工部局事务的总体管理的实际问题方面的尖锐意见分歧，很了不起的是普遍存在的氛围并不受尖锐分歧的困扰。无疑，一定程度上，这种令人愉快的结果是由于这样的事实，即代表外侨的外国董事和代表华人的华董，在遇到双方有分歧需要审慎对待的问题时，事先私人沟通和讨论，通过讨论，在对立的观点之间达成妥协，工部局董事会仅仅是召集起来确认这一已经达成的约定。董事会的程序不公开，这无疑有助于保持整体上的合作和相互自我约束的氛围。工部局在开展工作的过程中，无须受到无休止的来自单个成员的在报上发表的党派性评论的干扰，并且不需要召集工部局成员进行辩论，向外界的公共舆论发出呼吁。

但是关于未来的规划，问题产生了，即虽然代表租界人口的绝大多数，但是他们在工部局中却是少数，华人的利益能够得到有效的保护吗？并且华人纳税人不能够运用人数方面的优势，来投票决定专门用于华人利益方面的支出。

工部局支出的大部分产生于整个社群的总体利益——维持警力和商团，保护公共健康，提供足够的道路和给排水。虽然本地的利益因为被某一特殊的种族或者是其大部分成员所占据，因而可能被等同于种族的或者是民族的利益，但是这些并不直接影响到被牵扯到的单独的种族或者民族的利益。就以往的经验而论，依据现在的立法，对这一地方利益进行令人满意的调整，在工部局方面似乎不是一个严重的困难。但是，有某些明显的民族的或者是种族的利益需要考虑。在这些关系到华人利益的主要事务当中，华人或多或少不同于其他社群的是为租界华人子女提供教育的问题。

医疗服务、医院和休闲娱乐设施问题也关系到关于华人的条款一定程度上对华人利益的单独的考虑。

如果华人代表未增至占工部局董事的大多数，那么有必要给予华人一些担保，即在一些不同的专门性或排他性的出于租界华人居民的利益名目下，制定充足的支出方面的条款。

我现在建议尝试性地概述一个临时性的改革方案，目的是消除现有的租界立法中，即《土地章程》中的一些明显的缺点，以免在现在的环境下招致批评。

我认为，在概述改变租界立法的一些临时性计划时，应考虑到以下根本目标：

1. 扩展和加强国际合作，并且为此目的设立充分的立法机构。这里国际合作的意义是外国人和华人之间，并且外侨当中的不同国籍的董事之间的合作，这是租界的管理赖以存在的基础。

2. 在整个租界社会发展出一种基于更清晰的概念的社群意识，即不同国籍人的共同利益的社群意识，并且赋予工部局必要的增进这一利益的权力。

3. 保证立法方面改变的方式和限度应与保持租界管理的总体效率水准相一致，特别是保证在其管辖范围内居住或者经商的不同国籍外侨的安全。

暂定计划概述

Ⅰ. 纳税人会议。替代依据《土地章程》第 IX 款和第 XIX 款设立的外国纳税人年会，召集两个纳税人会议，一个代表外国纳税人，一个代表华人纳税人。外国纳税人现在提交给年会的建议分别提交给这两个会议，并由会议形成决议；当两个会议一致采纳同一个决议，他们共同的决定是有约束力的，但是如果两个会议的决定不同，他们的决议就仅仅是咨询性质的，工部局再对两个纳税人会议的程序和采纳的决议进行重新审查，最终形成一个有约束力的决议，例如，就预算决议的说明：

如果两个会议都通过了提交的预算——或者两个会议都做了相似的修订后通过——已通过的预算就是最终的；但是如果一个会议采纳了提高或者是降低支出的建议，另一个会议未采纳，工部局将根据决议和讨论决定是否增加或降低。关于征税方面的决议也是如此。

外国纳税人会议是一个全体会议，目前对于所有依据《土地章程》有资格的纳税人开放，除非将来采纳一个新的计划，即建立一个外国纳税人的代议机构以取代目前的全体会议。任何这样的计划都应由工部局提交给外国纳税人会议，由其批准，然后通过对《土地章程》进行修订后生效。

作为代议机构的华人纳税人会议应与华董提交的经过纳税人会议同意的计划一致。

除非同一个决议被两个纳税人会议采纳，否则两个纳税人会议的决议应仅仅是咨询性的，这一建议应在两个方面具有这样的限定：

（一）在获得两个纳税人会议的同意之前，禁止工部局将税收提高到某一标准，并且任何将税收提高到某一标准的建议都应服从任何一个纳税人会议的否决权。

（二）将来财务审计员应由纳税人会议选出，并且为了避免两个纳税人会议在审计员人选方面对同一个人的意见不一致的难题,应该规定在未能达成一致时,各纳税人会议应各选一名审计员。

Ⅱ. 制定附律的权力赋予工部局,而不是依据《土地章程》第 XI 款赋予符合法定人数的纳税人特别会议;但是要求工部局在制定任何新的附律之前,在市政公报上登出提议的附律三个月,以便给反对者提供充分的机会提出反对采纳的请求。

Ⅲ. 工部局应扩大,以便其构成不少于 22 人不多于 30 人。理想的做法是首先规定 22 人,以后逐渐增加。

(一) 外国董事。就外国董事而言,通过规定未来应有两种不同的方法修正现在的选举制度,目前一些外国董事通过单个的外国纳税人投票的方法选举,还有一些通过代表外国国籍的商会或者是类似的机构选举。

(二) 华董。相似地,当有可能引进公开选举制度时,部分华董的选举通过单个的华人纳税人投票,部分通过华人商业组织。直到引入公开选举制度选举华董,现有的由华人会引导的选举制度将继续,但是在华人最终通过公开选举,由华人纳税人推选出来的情况下,这只是一个临时的修订。

关于华洋董事的分配包含在一项计划表中。

关于这项建议的注释:

1. 外国董事

在提出上述建议时,我认为现在已被赋予广泛的独立的权力的工部局更完全地代表整体的社群,因此董事的增加也应是令人满意的。

关于未来外国董事选举的建议的理由可归纳如下:

(1) 规定仅仅是在现有的制度下,通过选举增加董事的人数是不令人满意的。

(2) 在现存制度下,尽可能制定更有效的基于国籍的代表名额的规定。

(3) 将全部的选举人分成不同的国籍,选举不同国籍的代表,这样的规定是不可取的。

(4) 商业和工业应有一些直选的代表。

(5) 规定商业和工业直接选举人的单独条款将为选民选举代表留出更大的选择空间。

(6) 上述建议的计划与华董的计划类似。

将上述前三点放在一起将会很方便:

(1)(2)和(3)最简单的增加华董的方法是在一年一度的选举中,通过有资格的选举人投票来增加华董的人数。反对的意见是现存的方法是原初的和方便的,关于不同国籍的外侨的代表的比例是通过达成共同坚持的非正式谅解实现,这一方法是可行的。经验表明,就租界外侨社会的不同国籍因素而言,关于保证不同国籍利益的代表的规定是非常重要的。

现有的分派最小数额的代表给两个国家外侨的必要性已经清楚了。为确保2个名额分配给相关的外国侨民——美国和日本——不得不将其候选人限制为2名,并且事先关于代表的挑选问题,在其选举人当中已达成一致。由于已经做出挑选,对于那些已经挑选出来的选举人,投票仅仅是一个过程,但是这两国侨民的选举人也能够影响余下来的席位的选举;并且这样的选举可以决定英国侨民当中代表的选举,这一选举包揽余下的董事名额:例如,对于已投票选举2名日本人代表和为2名已推选出来的美国候选人投票的日本籍选举人,他们可能以余下来的5票当中的一部分或全部投给担任另外5个席位的英国人候选人,并且实际上在决定哪一位英国候选人当选问题上具有决定性的影响。

由于选举的方法意图是在共同利益的基础上,使不同国籍的成员聚合在一起,并且防止董事会的国籍或者是种族上的分裂,但是在目前的选举制度下,正如美国和日本董事的选举中,出于所有的意图和目的,董事是仅由其自己的国民挑选出来的,全体的投票仅仅是决定哪些英国候选人当选。出于每个小组都可以出于建立自己的代表的目的而打破统一的选举人机构,代之以不同国家的小组,这个方案是不可取的,原因是那会使单个的投票人将其注意力完全集中在本国人的特殊的利益;但是租界中最强烈的代表外国人利益的商会选举代表的增补方法不在此限。

这个直接保证按国籍分配代表的方法目前不可行,这会为工部局董事之外产生1至2名其他国籍的董事开辟一条路。

第4点,各国商会选举代表会保证最具持久性的上海的外国利益,即商行和公司的商业和工业的利益,有直选的代表,大部分欧洲侨民仅仅是暂时住在租界,因此不能期待他们对上海与欧洲居民对自己所居住的地方有同样程度的认同。但是商行和公司的代表在很大程度上是长期已建立起来的,还可能会是几代的利益的监护人,并且如果忠诚于这一监护责任,他们必须支持有远见的政策,这个政策充分考虑未来的发展。

第5点，过去工部局经常会受到这样的批评，即它主要由商行的首脑组成，未包括足够的普通公众的代表。如果现在制定单独的条款，规定外国商业和工业利益的代表问题，在代表其余人意见的普通选举中，工部局的选举问题将会更开放。

第6点，出于目前提出的理由，通过华人纳税人的投票选举华董这样的公开选举制度在近期将会引进，这似乎是可以接受的，华董仅仅由直选挑选出来的代表组成，这是不受欢迎的。到目前为止，华人采纳的选举董事的方法涉及主要的商会和公会与纳税华人会的合作。这种方法在保证重要的利益方面已取得有价值的成果，并且当更直接的选举制度引进时，华人的工商业利益可以保留一些特殊的代表形式，这是令人满意的。在这种情况下，在选举外国董事和华人董事的安排方面，保持一些平行是令人满意的。

2. 华董

目前华董的选举制度保证高等华人当选工部局华董，但这是一种权宜之计，容易招致某些反对意见：

(1) 这不是一种公开的选举制度，并且虽然纳税华人会方面似乎采取步骤，尽可能提供完整的其成员的名单，即参照《土地章程》规定的外侨的选举人资格的条件下，以财产和缴税额为标准限制成员的资格，但是很清楚的是，名单远不完整，并且只有较少华人实际上拥有资格参加选举。似乎应有更加公开的选举以保证更大部分华人积极参与的兴趣和支持。

(2) 现有的选举制度可能会受到外部利益的控制，特别是从政府和政党组织积极地参与租界纳税华人组织的形成的角度看，对此没有保障。

关于使华人选举人能够公开地选举华董的计划的具体细节，应予以慎重考虑。似乎劝说最好的华人候选人参与公开选举是一件很困难的事情，但是有建议说这一困难可以通过规定候选人由成员多的机构选举人指定或者是在租界现有长期的组织当中指定。

正如前面已经指出的，直接选举的计划可以通过一些计划补充，即在华董选举中维持华人商业组织之间的直接的合作，尤其是在选举代表华人工商业利益的代表之时。

Ⅳ. 应引入适当的选举法，其中包含着通常的预防腐败行为的内容，规定纳税人通过投票的方式直接选举董事。

Ⅴ. 将来董事任职两年，其中半数董事一年选举一次，半数董事的改选在纳税人年会后。

Ⅵ. 《土地章程》中应制定条款，使工部局可以指定委员会的成员，并且在一定的范围内将执行权赋予委员会。关于教育委员会，将制定特殊的条款。如果教育委员会的主席不是工部局董事，他将有权利参加工部局的会议并且发表讲话，但没有权利投票。

Ⅶ. 关于国际代表，应在一致同意的基础上设立一个任命委员会。这个委员会主要或者完全由商业机构选出的代表组成，该委员会就所有影响各部门的首脑的任命和解雇及其聘书的措辞方面的提议向工部局提出建议，并且对这些提议有否决权。

Ⅷ. 界外道路地区的房主所支付的不动产税达到这样的数额，即如果他们居住在租界，他们有资格在选举中或者是纳税人会议上投票，那么他们应该获得同样的投票的权利。

Ⅸ. 在学校和儿童福利问题上，基于租界华人和外侨的一致同意，应通过征收特别的教育税和这些税收分配方面的立法，规定保证出于华人教育目的设立的基金方面的条款。

Ⅹ. 关于审计方面，进一步规定在证明年度会计支出合格时，从审计的角度详细说明报告的性质，并且给予审计固定报酬基础上的任期方面的保证。

日程安排

下面是在目前的工部局外国董事和华董比例大致维持的情况下，为了使工部局董事的总人数达到 22 人、25 人或 28 人，由外国董事和华人董事组成的工部局的人数的增加方案。

商会和其他商业机构的选出的代表都应公开出来，但是一旦外国董事和华董的人数各自固定下来，依据纳税人的直接选举或者是挑选出来的商业机构选举出来的代表的人数，在栏目 A 和 B 中具体的人是可以调整的。

每一阶层的代表总数应是偶数，以便如果所有的代表入选就职两年，每一阶层每一年有同样的人数入选。对于这一安排，需要一些说明。

由 22 名董事组成的工部局：

A	B	总数
纳税人投票选出	商业性机构选出	
外国人	9	5	14
华人	5	3	8
		总数 22

由25名董事组成的工部局：

A	B	总数
纳税人投票选出	商业性机构选出	
外国人	9	7	16
华人	5	4	9
		总数 25

由28名董事组成的工部局：

A	B	总数
纳税人投票选出	商业性机构选出	
外国人	9	9	18
华人	5	5	10
		总数 28

至于不同国籍的机构的外国代表的分配，可能需要注意的是影响增加的董事的分配的问题可能会出现，即基于目前的谅解，在纳税人年会上选举的美国和日本代表的数目。

如果总数是22人，每年的纳税人投票选举中，应保留1个席位给美国人，1个席位给日本人；如果美国商会选举1人，日本商会选举1人，在任何一种情况下，各国籍代表总数为3。

由于英国商会代表较大的利益，应选举2名代表。其他国家的商会要求选举代表的要求应考虑：各国人当中，这些在房捐的贡献方面突出的德国人——他们的选举人的人数也很突出——他们将会有强烈的要求。

是否一些代表较小利益的国家的商会应集合在一起，使其获得1名或者更多的代表名额，这将是一个问题。

对所建议的具体安排的一个可能的变通办法是，规定代表一些外国利益的商业机构选举1名或者是更多的代表。这些机构中，最引人注目的是上海国外汇兑银行公会，公会包括：

英国银行　　4

美国银行　　3

日本银行　　6

法国银行　　2

比利时银行　1

荷兰银行　　2

意大利银行　1

德国银行　　1

在任何一个备选的方案下，各国外侨之间的席位应该做如下安排，即确保中国代表的人数超过任何一个国家的代表的人数。

我建议简明扼要地处理其余的备忘录开头提出的问题。后两个问题是"现状的不足之处"和"关于下述问题，什么样的改变是可以接受的：(a)租界范围内工部局或者是行政当局的权力和功能，(b)工部局与中国当局(国家的、省级的和本地的)关系？"

后两点紧密相关，便于一起讨论。

工部局宣称自己是租界的唯一的行政管理当局，因此否认中国政府官员干预租界事务的权力，这使得工部局在行使自己的不完整的管理权力时会被置于很不利的地位。

现行的是1899年的《土地章程》，自那时起，由于依据《土地章程》制定附律的复杂的制度实践中证明不可行，工部局的附律一直没有改变。

这30年中，租界及其邻近地区的工业有巨大的发展，并且人口已经翻番。在情况迅速变化之下，由于工部局没有能力通过立法增添自己的权力，并且禁止其权力扩展至新的领域，例如，关于工厂劳动条件方面的规章，因此工部局在执行自己的行政管理工作之时处于严重的不利地位。

在过去的三四年当中,由于相邻的华界在管理方面极为主动,情况变得更为严峻。以往在华界几乎没有行政管理,而工部局通过在租界行使有限的权力,能够远比界外的中国当局做得更多;但是现在,在华界大上海地区,拥有南京政府通过的法律所赋予的广泛权力的活跃的市政当局已经建立起来,在华界的很多重要的事情上,中国官员能够实施控制,但是工部局在租界内无权处理,工部局在关于学校的控制和社会问题(包括劳动争议和工厂规章)等事情上没有作为,引来抱怨和批评,并且成为中国当局在租界内行使权力的托词。

应该注意到关于法租界行政管理的规章,因实际情况需要,可以不时制定新的规章或附律,并且法租界当局因此不会面临令工部局很难堪的权力受到限制的难题。

工部局外国董事和华人董事之间也应有外侨和华人之间那样的合作,正如租界的管理当局和华界的中国当局之间的合作一样。为了使工部局的合作有效,需要提高权力,这就使在制定附律的问题上,取而代之一个新的程序具有了特别的重要性,这个新的程序会使工部局逐步具有这样的权力。另一方面,这样的合作不能仅仅是单边的。只要华界市政机构方面不断地尝试干预租界的某些事务,将会有冲突而不是合作的氛围。理论上,租界包含在华界市政区域之内,这制造了混乱,会鼓励华界的市政官员在工部局无权处理的事务上,试图在租界采取直接的行动。只要租界的特殊制度维持,国民政府应明确地承认工部局作为租界内的行政责任机构的地位,很明显,这样做是可取的。

除了租界当局和邻近的华界市政当局之间的联系外,有两个与国民政府相关的租界管理问题,其一是中国的法律在租界实施的限度,其二是对租界居民征收国家税(National Taxation)。

工部局专家的观点是,依据中国的法律,管理权不是赋予法庭,而是赋予那些在租界内没有作用的行政机构,很清楚的是如果这样的法律在租界实施,根本不可能对拥有治外法权的外国人实施。行政法律的实施,诸如管理工厂劳动条件的行政法律只适用中国人,不适用外国人,并且由工部局官员实施只对中国人有影响的法律,这非常不方便和不公平。对此,似乎最有希望的处理办法是,在给予中国界外实施的同一领域的法律规章应有尊重的前提下,工部局制定自己的规章,并且这一规章的实施的监督权不是像中国那样赋予机构来行使,而是通过对相关个人拥有司法管辖权的法庭(中国的或者是外国的领事裁判法庭)。

关于租界华人的国家税问题,似乎可以制定一些计划,即制定由工部局和中国政府一致认可的对租界内华人适用的关于征收国家税的特殊法律,但这一法律要服从出于防止避税目的所做出的关于征税问题的特殊安排(这一安排使得国民政府需要依靠工部局官员的合作),并且这一安排保证租界不会出现,即允许中国的收税人在其收税范围内独立地实施收税所导致的令人不满意的后果。

就相关的租界华人而言,现有的关于《印花税条例》实施的安排在这一点上提供了一个有价值的先例。

(王敏,上海大学文学院教授)

会议综述

近代中国口岸城市外语文献调查与研究会议综述

袁家刚

19世纪40年代以降,游历、迁徙、居留在中国境内各条约口岸的外侨,出于各种目的,制作、传播、保存了大量以各种外语书写的公私文献。这些外语文献伴随不平等条约的终结和帝国霸权的解体,如今散落于全球各地的档案馆、图书馆以及私人收藏中。对于21世纪的研究者而言,这些产生于条约口岸的史料的吸引力,丝毫不亚于19世纪末20世纪初的学者在初次面对敦煌石室遗书、明清内阁大库档案时的兴奋。然而,几乎所有对这些外语文献稍有涉猎的研究者,都同样要面对下列一组难题:

研究者如何从海量的、分散于世界各处,却又碎片化的、局部的史料中,拼接、组织出这段历史的整体图景和主体叙述?

新史料能否与政治史、外交史、经济史、社会史的义理稠叠,以及全球史、城市史、新文化史、医疗史的奇峰陡起相呼应,形成自觉的问题意识和方法论范式,展现移步换景、柳暗花明的功用?

研究者历来习用的概念工具,诸如帝国主义、民族国家、殖民统治等等,经由新史料的重新审视和不断检验,是否依旧适用?抑或能打磨、淬炼出更为新颖的解释力?

如何避免档案原教旨主义的陷阱(即将某一类存留的史料孤立地视作事实的全部,因材料的独一性形成判断的独断性),又如何摆脱近代史的辉格式解释(即将当下视为历史发展的最高点,任意驱使过去以便论证和颂扬今天)?

这些问题的形成与交流,和对答案的解析与探求,成为此次"近代中国口岸城市外语文献调查与研究"研讨会主旨所在。研讨会由上海社会科学院城市史研究团队、复旦大学上海史研究中心共同主办,2018年5月19日至20日在上海社科国际创新基地召开,两天的会议共举行学术报告 35 场,提交论文 30 篇。

全部论文和报告,大致可以分为"史料介绍""移民社会""权力结构与华洋互动""帝国转向与城市转型"四个主题。

一　史料介绍

外语文献中的新史料,始终是研究者最为关注的内容。与会学者分别介绍了英国所藏香港与马来半岛英属殖民地的官方文献档案、英国伦敦大学亚非学院图书馆藏中国旧海关外籍职员档案、近代在沪法侨文献、广州湾法文文献、上海史研究中的德语文献、孤岛与沦陷时期日文史料、青岛日本商工会议所资料,以及与此相关的口岸城市英文报刊、流散日本的青岛"虏获书籍"等。

上海社会科学院历史研究所(以下简称历史所)熊月之研究员的报告,题为《外语文献中的上海租界会审公廨——以首任谳员陈福勋为中心》。报告指出近代上海租界很大程度上是中外共建、共管、共处的城市,在很多机构、制度、事件中,外国人是行为主体,是亲历、亲见、亲闻者,在重建、再现、描述与租界相关的历史中,外文资料至关重要。他的报告所关注之陈福勋,是处于近代中西文化交流漩涡中心的人物。此人沟通华洋中西、连接上下左右,涉及司法、经济、社会、文化、城市化等诸多方面,是研究异质文化交流的极好切入点。熊月之利用多种西文资料,以丰富的细节梳理了陈福勋在担任会审公廨首任谳员之前以及就任会审公廨之后的各种事迹,将以往隐藏在历史深处、中文记载中长期语焉不详的陈福勋其人钩沉索隐,还原于笔下。熊月之认为,不同的文化背景,决定了人们对于同一事件不同的关注面向、关注重点。在中国人看来司空见惯、习焉不察的现象,在外国人看来就特别新奇、诧异。外语文献对于研究口岸城市历史,在存史之真、补史之缺、纠史之偏、详史之略方面,有着至关重要的价值。

广州大学十三行研究中心特聘教授、研究员安乐博(Robert James Antony)与北京师范大学、香港浸会大学联合国际学院助理教授黄靖雯的共同报告,介绍了香港与马来半岛两个英属殖民地系列为 CO(British Colonial Office)的官方文献档案。作为最受学界关注的条约口岸外语文献之一,CO 档案的时限为 1570 年至 1970 年,内容涵盖殖民地之间通信、财政和民事记录,以及与各地英国殖民地管理有关的通信登记册,甚至还包括 19 世纪以前部分殖民官员的游记与随笔,这些文献记录了当时英国和其他西方势力在远洋殖民地的详细过程,是研究世界历史和东西方文化交流的史料渊薮。安乐博与黄靖雯的报告,不仅介绍档案的内容、性质及特点,并演示了如何使用两个索引数据库——Http://sunzi.lib.hku.hk/co129 和 http://www.nas.gov.sg/archivesonline 进行在线检索。在档案介绍背后的关怀,是希望借所关注的史料,了解过往在中国海内外贸易口岸打拼求存的下层阶级,包括移民苦力、海盗与秘密会社等"沉默的大多数",令 CO 档案成为捕捉、研究与书写中国下层历史(China's history from below)的重要来源。

复旦大学历史系教授司佳做了有关英国伦敦大学亚非学院图书馆藏中国旧海关外籍职员档案资料的报告。这批档案文书以 1860 年至 1943 年中国各地旧海关税务司的个人档案、信件、日记、照片为主体,另包括海关总税务司与各主要通商口岸海关外籍职员之间的事务通信。档案中亦藏有部分剪报、照片等印刷品。此宗旧海关史料,特点更偏重于"一手"性质,以原始手稿、信件、文书为主,并包含相当数量的内部通信和报告(confidential letters and reports)。探索这批原始档案的价值在于,不仅可与已出版的旧海关史料相互印证参补,并且可以了解以海关外籍职员为主体的外国侨民与近代中国通商口岸的群体及个人生活史。司佳的报告具体从旧海关税务司——英国人包腊(Edward Bowra)的档案入手,重点考察在其担任随行翻译的 1866 年"斌椿使团"(被称作由清政府正式派遣的近代中国第一个海外考察团)出访过程中所保留的历史资料,以及由他负责采办的 1873 年中国参展维也纳世博会的相关材料,并与同时期斌椿《乘槎笔记》、张德彝日记相互比较,分析细节。司佳指出,相较普通传教士而言,海关人员一般学历较高,学习中文经验更丰富,对于中国记录的准确性和客观性也更值得参考。

岭南师范学院历史系景东升的报告,围绕在利用法国文献进行广州湾研究时应注意的问题。与广州湾有关的法文文献主要分为两类:一类是原始档案文献,即广州湾当局因行使管辖权而产生的历史记录;另一类则是法国官方文书汇集和私人著述。近年来,首先是安托万·瓦尼耶的博士论文《广州湾与法国在远东殖民统治的困境》,在研究中实现广州湾原始档案发掘和利用方面的突破,此后包括费成康和景东升在内的中国学者也加入到对法文档案的搜集和整理工作中来。目前这批档案主要收藏于法国外交部档案馆、南特外交中心、普罗旺斯埃克斯殖民档案中心、越南国家文献中心、海军史料部以及巴黎对外事务协会等地,档案内容异常丰富,资料形态有各类公文、书信、政治形势报告、各类电报、统计表、预算报告、年度经济报告、规章制度汇编,也有一些书籍、剪报、照片、地图、规划图、水文测绘图等等。景东升指出,在利用法语文献中应注意以下几个方面的问题:(1)正确认识法国档案文献所持的立场。在利用这些资料时应对照中国方面的记载,甚至是第三方的观察才能得出较为可靠的结论。(2)法国留存下来的档案资料以法文书写为主,也有极个别英文资料,甚至有少量中文资料。资料的呈现形态有机打体、手写体和报刊体,如何识别梳理和翻译利用不同形态的资料尤为重要。要十分注意书写语言的差异。(3)利用档案提取有价值的信息。法国文献并不是唯一的依据,近世的殖民话语体系,充满着"强权即真理"的悖论,被殖民者的声音不能因此而被忽略或弱化。

北京大学经济学院刘群艺的论文,介绍了日本在青岛"虏获书籍"的掠夺、分配、流布、返还情况。1914年日本占领青岛后,获得近30000本德、汉书籍以及超过5000份的图文资料,这批文献在1922年日军交还青岛之前,被全部运往日本本土,至今分散保存在大学、研究所与官方机构中,统称为青岛"虏获书籍"。文献的年代从17世纪至20世纪初,无论是西文图书还是汉籍都有珍本,甚至是孤本。其中西文图书以著名的"官为礼(Wilhelm Cohn)藏书"为大宗,主要是关于中国或东亚的专门论著或译著。另有各种非正式出版物,包括各国各地区法律法令集、德占青岛期的《地址簿》、大量地图以及机械和建筑设计图、德国殖民政府的人事档案、政府会计文件等。汉籍则在经、史、子的分类之外,分列美术、音乐、博物、数学、农工商等目类。日本将战时掠夺中国与朝鲜文物的行为定位为增强国家文化实力的必要之策,而且对于战时的行径毫无顾忌,大肆宣扬战时掠夺的便利。在此要旨之下,帝国博物馆馆长九鬼隆一具体提供了搜集方法,即由陆军大臣或者军团长(司令官)指挥,士兵协同,将搜集到的宝物先汇总到兵站,然后再运往日本,收藏于帝国博物馆。从此日军从最初单以搜集和将其用于军方的企图,转变为按照书籍种类分配到各个国内机构和大学,兼顾军用和民用,并于1915年底制定了"虏获书籍"分配原则。目前日本学者正通过问卷与现场调查,对这批书籍的流布情况进行统计,并已整理出书目。刘群艺指出,由于"虏获书籍"现在流布于日本26家不同机构中,无论是深入研究还是谋求返还,都需要中日两国政府与学术界的合作,以推动这一进程的顺利展开。数字返还,即中日两国协同德国有关方面,将所藏德占期及日占期书籍和图文资料合为一体,进行数字化,成为立足未来的一个处理方式。

澳洲国立大学研究员魏舒歌的论文,通过对条约口岸内的几种主要英文报刊的所有权以及编辑人员变动的考察,探讨中文报纸与英文报纸之间是否存在积极的信息互动,探究活跃于条约口岸的各国利益集团,之间相互竞争与合作的张力,如何改变口岸报业的权力维度,并充分利用跨国媒体环境,在中日战争期间对中国的国际宣传起到积极作用和长期影响。作者指出,因治外法权的存在,使得以外国人名义登记的报纸免于中国政府的审查,形成一种复杂的新闻环境,跨国籍的注册、持有、主编更换、收受津贴成为常态。列强在口岸城市内没有推行帝国式的政治控制,而是鼓励中西方文化交流,这使得中国本土精英能相对没有敌意地吸收西方文化,并利用双语优势,不仅成为英文报刊的读者,也成为积极的撰稿者。作者考察《大陆报》(China Press)、《字林西报》(North China Daily News)、《远东评论》(Far Eastern Review)、《密勒氏评论报》(China Weekly Review)、《文汇报》(Shanghai Mercury)、《北京导报》(Peking Leader)、《中国评论》(China Critic)、《民众论坛》(People's Tribune)等多家报纸,对处于英、美、日、俄各国势力以及国民党不同派系之间,英文报纸幕后转手、暗中津贴的史实予以揭示。口岸城市几乎提供了一个不受束缚的信息、观念和意见自由流动的空间。条约口岸新闻网络的多元化,造成没有任何一种政治势力能完全控制垄断报纸的声音,从而提高了报纸的可信度。魏舒歌指出,当中国的军事和经济实力尚处虚弱时,维持中国主权的完整,相当程度上取决于如何协调列强之间的势力平衡,因此条约口岸英文报纸的存在,尤其是 1930 年代中日战争爆发后,变得尤为关键。口岸城市英文报纸为西方世界提供了一个了解中国事务的窗口,不仅影响海外读者,并且影响到各国政府的情报评估。中国境内的英文报纸的存在,提供了一个让全世界听到中国声音的有效渠道。

二 移民社会

有学者将移民社会称为"19 世纪最伟大的社会创新之一",指出"对近代移民社会来说,迁徙是具有决定性意义的社会进程,它包括密切相关的三方面内容:离开故土、创建新的社会共同体、通过后续移民并最终通过对空间扩张性占有使其生存获得保障"(于尔根·奥斯特哈默:《世界的演变:19 世纪史》,社会科学文献出版社,第 1 册,第 255 页)。对于条约口岸内的移民社会而言,如何构建身份认同、书写自我历史、保卫集体安全与个人安全,乃至其他商业活动、税收管理、休闲度假、战时救济,都成为研究者所关心的议题。

历史所副研究员张生提交的报告,内容是关于他的团队所翻译的美侨兰姆生(Herbert Day Lamson)的博士论文《上海的美国人社团:移民、持续性和流动性》。作者兰姆生长期生活于上海并任教沪江大学,他指出流动性是使在沪美国人与中国人彼此生疏、不能融为一体的重要原因之一。兰姆生认为,移民社会并非独立存活、脱离母国之后再无联系的分裂体,而是在某种程度上高度依赖母国。"无常感""流动性"和"缺乏坚实传统"是很多侨民对上海的感觉。一方面,治外法权的存在,使得侨民缺少"这是我们的城市"的内心感情;另一方面,中国民族主义运动兴起之后,外侨商民无法很好立足,增强了不确定感。兰姆生在论文中统计了传教士、教育从业者在华的服务期限与流动频率,得出高流动性的原因之一是经常有周期性的调动或休假。论文还显示,在中国出生的下一代美国人中,有三分之二在离开中国之后,将来没有选择返华工作、生活。兰姆生认为,当侨民依然生活在母国的武装保护之下时,他的祖国意识得到强化,当上海的美国人看到停泊在港口的美国战舰和飘扬在空中的美国国旗时,他会更自觉地意识到自己的美国人身份。兰姆生更进一步指出,移民社会的流动性,从一个城市到另一个城市,从一个国家到另一个国家,并不保证产生更宽容的世界主义,也不会绝对减少狭隘的地方主义。在条约口岸城市,中外文化之间不仅存在关联,也存在文化对抗,民族主义正是在大城市而并非乡村,得到更加迅猛的发展。

同样关注侨民身份认同的,还有福建师范大学社会历史学院董利的论文《晚清广州洋商与来华传教士——以奥利芬为例》。作者指出,自鸦片战争后商人与传教士作为早期西方来华的两大群体,在中西关系中扮演着十分重要的角色,但以往的研究较少区别不同商行与不同教派所采取的商业或传教策略的差异。作者认为,商人和传教士在来华初期虽有一定的互补性,但由于不同的来华目的,商人与传教士之间由最初的相互合作逐渐走向了相互对立。论文以被称为"美国对华传教之父"的奥立芬(David Washington C. Olyphant, 1789—1851)为案例,作为商人的奥立芬,自1938年起就在《广州实录报》上陆续发表反对鸦片贸易的评论,并逐渐赢得声誉和好感,开启了在华商业与传教结合的成功模式。作者总结,奥立芬的传教热忱受到家庭熏陶和人道主义精神感召的影响,从而有助于他在华的商业活动。作为宗教信徒,奥立芬的商业活动在一定程度上是基于信仰因素和传教利益,宛如一名披着商人外衣的传教士,其特立独行的形象在早期中美关系中十分突出。

中国社会科学院近代史研究所魏兵兵的论文,聚焦20世纪早期上海公共租界的历史书写。作者通过分析不同时期上海外侨群体书写自身历史的过程变化,呈现历史书写与华洋关系变化之间的张力。1880年代上海租界的政治、经济和市政发展使得外侨产生一种集体自豪感,逐渐形成了书写自身历史的想法,英侨麦克莱伦(J. W. Maclellan)撰写的《上海故事》(The Story of Shanghai)是目前所见最早的英文上海史著作,虽然作者撰写此书的主要意图是说明上海租界现行"市政的或自治性质的制度"的合理性,但在叙述中秉持比较冷静和超然的态度,能直言不讳地记述租界的历史演变过程,检讨其中得失。1905年后上海的政治秩序和华洋关系发生了深刻变化,这也体现在第二部上海公共租界通史著作,即1909出版的葡侨裘昔司(C. A. Montalto de Jesus)所著《历史上的上海》(Historic Shanghai)叙事结构和写作风格的明显变化中。此书将外国武装在上海及其周边与太平军的战事作为叙述的核心内容,写作风格上追求史诗性和趣味性。然而,裘昔司书写上海公共租界历史的模式,并没有获得外侨群体的认同。同一时期,英国侨民兰宁(George Lanning)在工部局的资助下,也开始编撰上海公共租界历史的工作。1907年,工部局决定以每月提供补助金的方式委任他专门撰写一部官方的《上海史》(The History of Shanghai)。1920年1月兰宁突然去世,工部局随即聘请英国传教士库寿龄(Samuel Couling)接手这一工作。《上海史》第一卷于1921年4月出版,第二卷于1923年7月出版,书中区别于典型东方主义话语的表述,奠定了全书的基调,标志着上海公共租界历史书写新的转向,书中内容包括影响公共租界历史的重要事件、外侨的贸易活动、社会生活、文教事业和重要洋行及人物等各个方面,叙述更为理性平和,有意通过对早期外侨经营租界的活动全面记录来强化关于租界的集体记忆,书中对华人的歧视性描述较之前明显减少。此后,1928年卜舫济所著《上海简史》(A Short History of Shanghai)一书出版。全书以词条形式书写,叙述平实简练,较少个人价值评判。此前上海史的预设读者群体主要是租界外侨,卜舫济则力图为更广范围的中外读者撰写一部上海公共租界史,书中明显增加了对租界华人活动的记述,对20世纪早期中国兴起的民族主义思想和租界华人的参政要求都表示出同情之意,书中强调上海公共租界是一个高度国际性的地方,华洋社群的命运已经彼此交织在一起。论文指出,随着上海公共租界华洋关系的不断演变,侨民对上海租界历史的书写模式也相应不断发生变化。

山东大学历史文化学院钟荣帆的报告,从1934年5月8日传教士史近信

(Howard Albert Smith)被俘事件入手,分析中国与美国、中央与地方、政府与舆论之间的互动过程,以此观察国民政府对外侨管理实际效果。作者利用《北华捷报》《大陆报》等英文报纸,分析了受害人家属和教会如何通过外媒将被俘消息逐步扩散至中美政府和中外媒体,以及西方教会与美国政府互有差异的处理态度和方法,又是如何作用、体现在与中国政府的交涉中。史近信被俘,引起中外媒体竞相关注,中、美政府为营救史教士积极奔走,由此引发双方在外侨管理上的一系列互动。整个营救和出逃的过程,从政府外交层面来看,美国政府率先发难,并一直处于主动地位,中央政府只能陷入被动因应。从中央与地方的层面看,美国驻华领事与四川省政府的交涉,没有产生实际效果。针对此事件,地方政府将外交责任推卸给中央政府。这透露出中央权力在四川省政府的疲软,难以将"国家在场"的意蕴有效地传达到地方政府,从中也可窥见四川省地方政府与中央政府之间的人心向背。事件反映出中央政府与地方当局之间在外事权力归属上的模糊与龃龉。外侨管理的实践层面,要依赖于地方政府的作为,但外侨事件的影响,往往会扩大到中央政府的整体外交关系中。在操作过程中,地方政府受到制度架构的掣肘,缺乏独立处理外侨事件的权力,很难随机应变有效运作。

山东师范大学刘本森的论文,是关于天津义勇队的研究,考察天津义勇队的组织情况、主要活动、庚子事变解围后的授勋之争,以及时人对他们事迹的评价。1898年春季,天津租界的部分英国居民自发组成了"天津义勇队"(Tientsin Volunteer Corps)。根据刘本森的研究,天津义勇队在成立之初,大概有35人,至1900年义和团运动爆发时,人数不足100人,成员以英国人为主,但并不限于英国人,配有统一的着装和武器装备。天津义勇队的事迹主要集中于义和团运动包围天津时期,在此期间义勇队除完成所属防区的防御任务之外,亦协助处理突发事件、运送给养、护送逃难侨民等任务。其中最著者,是天津围城期间,义勇队成员单骑往大沽报信,成功带回援军为天津解围,成为当时颇具轰动效应的事件。刘本森分析,天津义勇队的作用在于:一是对租界防御和解救天津之围做出及时而有效的贡献;二是以镇定而积极的行动对租界居民的精神意志起到了鼓舞作用。对于当时外侨群体安全而言,除了政府组织外,侨民自发的武装保卫一度也起到相当作用。

复旦大学历史系博士研究生郭淇斌的论文,题为《上海工部局对外侨征税的困境与方法(1854—1869)》。论文从外侨欠税追讨的角度出发,分析上海租界工部局的应对策略及其对外侨征税权的发展路径。工部局对外侨征税的法理依据，主要是 1845 年英国驻沪领事与上海道台签订的《上海租地章程》以及 1854 年 7 月 5 日英、法、美驻沪领事共同公布的新修《土地章程》。但因《土地章程》和各国政府对界内西人管辖权的规定或授权不明确，导致西人频繁抗捐、逃税，成为工部局亟待解决之问题。外侨欠税和逃税原因十分复杂多样，尤其集中于对工部局地产估价不满，反对缴纳地税。为应对外侨逃税，工部局于 1865 年成立"财政、捐税及上诉委员会"，不仅单纯处理估价、征税事宜，还负责起诉欠税者，追缴欠税。同年，设立英国高等法院，代替英国驻沪领事法庭。此后工部局对外侨的征税方式，也采取了起诉的方式追缴欠款。工部局通过法律途径，明确了在征税过程中的征收细则，其中包括地产估价、税率调整和预征捐税的方式，再次确定了工部局对所有外侨（不分国籍）在英美租界的地产和租用房屋征收房捐和地税的权力。早期的工部局完全依赖租地人大会进行运作，制定出的税率、征税形式都无法上升为外侨普遍意志，也无法纳入《土地章程》之中，还需得到各国驻沪领事认可才能对各国外侨有约束力。1865 年成立的英国高等法院填补了租界内专业"司法权威"的空缺，工部局通过改组征税机构，有组织、有计划地开始在专业法庭对欠税者提起控诉。一个以工部局为原告，租界外侨欠税者为被告的强制征税模式建立，工部局到此才正式建立了完整的征税权。到了 1869 年的租地人大会更正式通过新修《土地章程》，明确工部局追缴欠税办法，至此工部局从征税方式到欠税追缴权都在《土地章程》中以普遍外侨意志的形式确定，从而"有法可依"，工部局对外侨征税权得以完整建立且更加专业化。

侨民的日常休闲生活，也受到研究者的关注。上海师范大学都市文化研究中心薛理禹的论文，以《晚清旅沪外侨的避暑胜地——花鸟山的兴衰变迁》为题，关注侨民的休闲活动与本土旅游业发展的起落。据薛理禹研究，1888 年起首先在上海《字林西报》登载了介绍花鸟山的较长篇幅的文章。1904 年夏季，上海的外国侨民组织较大规模的花鸟山度假。1905 年，上海的英文《亚东杂志》刊登了一篇详细探讨花鸟山各方面情况的文章，从地形地貌、历史沿革、自然气候、风土民情、生产方式、岛屿景观等方面对岛情加以叙述，文章的作者李德立（Edward S. Little）是英国来华传教士，同时也是成功的商人。按照李德立等在沪外侨（尤其是英侨）的筹划，花鸟山将继牯岭、莫干山等地后，成为华东地区（尤其是江南一带）旅居外侨群体中独具海洋特色的热门避暑胜地。然而，在外侨着力打造花鸟山避暑胜地同时，国人也意识到这一举动对于中国主权的现实影响和日后的潜在威胁。1906年9月,官府获悉外侨在花鸟山营建避暑基地之事,判定外侨在花鸟山置产建屋属于非法,于是采取措施:一是惩处私自向外侨出卖土地的国民,二是将卖出土地设法赎回。最终李德立等迫于压力,不得不将土地由中方照价赎回,度假地的营建工作也随之中止。从此外侨不复再来,其留在岛上的建筑物也日益坍坏。待到民国中叶,花鸟山已完全重归荒僻萧条的渔村景象。薛理禹指出,花鸟山的兴起,得益于近代以来国际交往的不断增加以及全球化的日益紧密;花鸟山的繁荣,与西方势力的渗透和对中国的主权侵犯,存在内在的联系。近代中国不自觉地步入全球化,积极意义和负面后果兼而有之,花鸟山这一小岛经历的兴衰变迁,便是具体的例证。然而随着外来势力的离开和主权的恢复,花鸟山一度拥有的潜在发展机遇迅速消失,重归萧索沉寂,又不得不令后人为之深思。

上海大学人文学院副教授张智慧的报告,题为《"一·二八"事变与上海日侨社会的"医疗救济"问题》。作者利用日本亚洲历史资料中心近来公开的相关档案资料,试图从上海城市社会生活史的视角来探讨和评价"一·二八"事变前后日侨社会的实态。1931年"九一八"事变爆发后,面对中国的抗日运动和民众的觉醒,上海的日本侨民希冀利用日本军队的武力来解决自己所面临的困境。上海日侨大会和长江流域日本人联合大会相继召开,通过了相当激进的决议。1932年"一·二八"事变爆发后,在沪日企和侨民团体纷纷向日本政府请愿,要求日本政府对其进行救助。面对在沪日侨的救济请愿,日本政府一方面对归国日侨实行了临时救济,另一方面则推行各种救济措施,包括颁发"救恤金"及发放低息贷款。除此之外,侨民还向日本政府请愿,希望设立日侨"团立诊疗所",进行医疗救济。最初,日本政府以财政困难为由拒绝满足上海日侨的要求,双方陷入拉锯战中,然而在上海居留民团的积极争取以及上海自然科学研究所和驻上海日本总领事的大力支持下,最终于1934年7月1日设立了日侨"团立诊疗所"。张智慧指出,希冀用武力来解决困境的上海日侨,在"一·二八"事变后却陷入了更困难的境地,不得不向日本政府申请各种救济。在向日本政府请愿的过程中,围绕诊疗所的主导权,居留民团、上海自然科学研究所、上海总领事馆与日本外务省之间,不得不进行艰难的博弈。

南开大学历史学院景菲菲提交的报告,专题研究1923—1937年间青岛日侨与国人治安冲突案件频度变化的特征及成因。1922年12月10日,北京政府正式收回青岛主权,结束了日本对青岛长达8年的殖民统治。但居留于青岛的日侨,历经数次政权更迭,跨越近半个世纪,是当地最大的外侨群体,对青岛有着重要影响。景菲菲的报告从日侨与国人相互关系的视角出发,以青岛市档案馆藏"胶澳商埠警察厅案卷"和"青岛特别市公安局案卷"等档案资料为基础,分析、归纳 1923 年至 1937 年间日侨与国人治安冲突的阶段性特征及其成因,并透视其背后所反映的中日两国政治、经济形势关系的变化。据作者统计,青岛收回后日侨人数大幅下降,基本稳定在 13000 人左右,但"日本贸易总额,仍据首席",日侨在青岛仍保有大量不动产,日本领事馆和居留民团组建了警察武装队伍,保护和管理日侨。在这种社会形势下,日侨与国人之间由于经济实力、国家利益等原因而导致冲突不断。通过分析这些冲突事件,作者发现,1923 年青岛主权收回之初,日侨与国人之间的冲突最为频繁,且多由国人引发,以经济利益冲突为主。20 世纪 20 年代中后期,由于"日本国内经济萧条,和青岛日本人所享受的政治特权的削弱,以及中国人向日本人企业进行侵蚀等,日本在青岛的地位便降低了"。与此同时,青岛民族经济实力不断壮大,加之胶澳商埠警察厅管理秩序的完备,约束了日侨和国人的行为。因此,此时期日侨与国人之间的治安冲突骤减,并且日侨对国人的态度较之前有所收敛,双方发生冲突时,也都以正规的法律途径解决。20 世纪 20 年代末及 30 年代,随着日本对中国军事行动的扩大,为了维护在华特殊权益,日侨积极跟随日本的国策行动,不断寻衅滋事,妄图扩大冲突,引起中日争端,为日本侵略中国寻找借口。直至 1938 年 1 月 10 日日本再次占领青岛,国人与日本侨民的关系又回复到 1923 年以前殖民统治时期的紧张状态。景菲菲指出,1923 至 1937 年间国人与日侨发生的治安冲突,多与青岛主权直接相关。日侨所引起的争端,原因在于其深受军国主义和法西斯主义的教育及影响,被培养成为满怀殖民心态的侵略者,阻碍了与国人之间正常友好的交流。

三 权力结构与华洋互动

中国条约口岸城市研究的先行者费正清在《剑桥中国晚清史》中,将口岸城市的性质定义为"主要由外国人治理但主要由中国人居住",并且注意到"这个条约制度既来源于外国,也来源于中国","在华的外国人被吸收到一个新的权力结构之中,缔约列强在多重管理的中国政权之内的某些方面行使主权"。在条约口岸的权力结构中,僭越主权与争夺主权、文化共生与文化对抗,始终与城市的发展相互交错,张力十足。

对于上海租界早期的土地交易,目前的研究以道契和地籍资料为主要史料,因此为人熟知的是土地交易的一个个结果,而对一桩交易从开始接触到最后成交的动态过程,则多不得而知。历史所叶斌的报告《近代早期上海土地交易实践与制度变迁:英租界278分地案述论》,以《北华捷报》刊载的关于英国领事法庭初审、英国驻华公使复审的英租界第278分地交易争议案的详细记录,还原当时土地交易的动态过程,从而探究《土地章程》在交易实践中的落实情况和规范作用,以及各色人等在交易过程中所扮演的角色。1860年底、1861年初,英国商人克时利通过与中国地保中间交易,完成对英租界第278分地的购地过程。此后,第278分地的业主即兴安会馆董事,却提出土地前已售于另一名英国人麦格连。麦格连向英国副领事申诉,认为地保涉嫌欺诈。因申诉无果,由兴安会馆董事再次向上海道台申诉。4月上海道吴煦致信英国领事麦华陀,意谓地保胆大妄为,导致土地争议,建议撤回道契。4月29日,英国领事麦华陀开启领事法庭,原告为兴安会馆董事,被告为克时利。经过多次开庭,领事法庭判定被告持有的道契无瑕疵,是通过合法和正规的方式取得的。此后原告不服判决,于5月24日通过英国领事向英国驻华公使提出上诉。8月16日,英国公使卜鲁斯做出判决,确认领事法庭做出的有利于被告的判决,认为道契有效。事后,麦华陀以《1854年土地章程》已不适应需要为由,召集其他条约国在上海的领事进行商量,提出修改意见,并在1862年9月8日的租地人会议上予以公布。叶斌认为,外国租地人的土地财富和上海房地产的发展,是以原土地业主权益损害为代价。因小刀会和太平天国起义的影响,上海道台需要外国人帮助,所以在土地问题上采取绥靖政策,地保在土地交易中的恶劣影响是以租界当局怂恿和中国地方政府放纵为条件的;地保是外国商人迅速攫取华人业主土地产权的工具,《1869年土地章程》在制度上固化了华人业主的弱势地位。

复旦大学历史系博士研究生严斌林的论文,以上海公共租界华人顾问委员会为研究对象,对华人顾问委员会的成员组成、功能职权、与西人关系变迁等方面,做一全面考察,以此揭示20世纪20年代上海公共租界华洋关系变化发展的内在路径以及复杂面向。论文分析了1920年11月上海公共租界华人顾问委员会的产生背景,指出随着租界发展,华人对于参与租界政务的认识已从最初的风俗相异上升到捐税权利的高度。作者对前后四届华人顾问委员的成员背景信息予以统计,发现他们多数具有留学或出国考察经历,在语言、观念及教育背景方面,与西人有更多相通之处,更易得到租界西人的认可,这有助于华顾问与租界西人交际沟通。从职业分布来看,以从事经济活动者最多;从籍贯而言,浙江籍占据绝对优势,广东籍明显式微。关于华人顾问委员会的职权问题,作者通过对《华人顾问委员会会议记录》等一手史料的分析得出结论,认为工部局仅将华人顾问委员会视为一提供建议、传递信息的机构,并不能实质性地参与工部局重要事件的讨论与决策。华人顾问委员会的具体活动主要在于经济交涉和社会建议两方面,发挥的功用停留在贡献意见与传递信息职能,其效果则视该项建议与工部局的社会治理目标是否一致而决定。严斌林指出,华顾问与工部局之间的关系,经历了由互相猜疑到彼此融洽,再到最后决裂的抛物线式历程。工部局与华人顾问委员会之间关系的改善,无法从根本上改变租界内中西民众地位不平、权利不等的现实状况,更无法消弭工部局征收捐税、管控秩序的刚性需求与租界华人试图减免捐额、参与市政的利益诉求之间的巨大张力与矛盾。1923年"五卅运动"的爆发,最终导致华人顾问委员会的解体。严斌林认为,上海公共租界华人顾问委员会的诞生,是租界华人争取市民权运动中一个阶段性成果,本质上是双方妥协的结果。从根本上来说,华人顾问委员会只是上海公共租界华洋双方利益冲突的临时缓冲器,工部局从始至终并未真正想给予租界华人参与租界事务讨论与决策之权利,反而时时担心华人代表对其已有权利的侵夺。华人顾问委员会在沟通中西交往、缓和华洋关系方面的作用,以及维护租界华人经济与社会方面权益的客观成绩应该予以肯定。华人顾问委员会自身短暂而又困窘的历史,警示租界华人只有从地位与权力上真正获得平等之待遇,才能保障华人切身利益,这也是华董入局的本质所在。

北京大学历史学系博士研究生吴文浩的论文,关注民国时期西方侨民在放弃治外法权问题上的意见分歧。作者指出,1920年代以后部分在华外国侨民开始同情中国要求撤废治外法权的观点,呼吁本国政府放弃治外法权,其中的代表者就是传教士群体。五卅运动发生后,《教务杂志》《密勒氏评论报》等刊物鼓励传教士讨论治外法权及不平等条约问题。受此推动,放弃治外法权的主张在传教士中成为主流,然而传教士的意见却遭到普通西方侨民的强烈反对。大多数西方在华侨民,主要从事工商业,英、美政府主要是从在华商业利益及与日本的商业竞争的角度,来考虑是否废除治外法权。大体而言,他们反对立即废除治外法权,所使用的措辞主要是中国的现状还不允许他们立即放弃治外法权。《字林西报》及其副刊,刊载了很多与治外法权相关的文章,都倾向于拒绝放弃治外法权,对在华外国人有很大的影响。他们所持的反对放弃治外法权的理由,是中国缺乏稳定的、有统治力的政府。吴文浩认为,大多数传教士之所以愿意立即放弃治外法权,是因为他们认识到治外法权已经危害到了传教事业的发展,然而实际控制列强对华舆论的却是商人团体。大多数与工商业有关的外国人,都顽固地坚持保留治外法权,尽管治外法权不能使列强在华利益高枕无忧,但北洋政府时代政局的混乱却使得外国人更加"溺爱"治外法权。

中国社会科学院近代史研究所助理研究员李珊的论文,围绕20年代美国新闻记者吉尔伯特(甘露德)的著作《中国之乱源》(*What's Wrong with China*)展开。作者利用报刊、外交档案等资料,将此书放置在国民革命时期的历史背景之下,考察其出版后在中国人和西方人中间所产生的影响。李珊首先列举分析了《北华捷报》《大陆报》《密勒氏评论报》等西文媒体对此书的评价,然后又聚焦于中国基督教知识分子罗运炎对吉尔伯特此书的批驳。罗运炎提出要驱逐吉尔伯特、取缔《中国之乱源》一书的主要原因,在于他认为这本书羞辱了中国,伤害了中国人民的民族自尊心。在非基督教运动和五卅运动的影响下,中国基督教知识分子的民族身份认同越来越强烈,罗运炎对于甘露德的批驳正是这样一种民族主义思潮的表现,这也成为《中国之乱源》为国人所知晓的开始。随着1926年7月国民革命军北伐的开始,吉尔伯特的书受到更多关注,也引发了更多争论,成为西方人谈论对华观感时一个绕不开的话题。从《中国之乱源》一书出版后所引发的巨大反响可以看出,当时在华西人中间,对于中国的看法并不一致:一方面,有人认为中国的内乱是由于中国的诸多痼疾引起,因而主张列强干涉;另一方面,有人认为应当由中国人自己寻求改变困局的办法。从后者的言辞中可以看出,这种态度的背后既有对中国的同情,但在很大程度上,也是出于对五卅运动之后所表现出的中国民族主义情绪有所忌惮,从而担心像《中国之乱源》这样的书籍所表露的尖刻批评会引发中国民众更为强烈的反帝情绪。

中国社会科学院近代史研究所研究员葛夫平的论文,围绕义和团运动时期列强在上海的驻军与撤兵问题展开讨论。义和团时期上海驻军问题最早由英国驻沪领事霍必澜单独提出,但为南方督抚刘坤一、张之洞所拒,并借与驻沪各国领事所达成的"东南互保"谅解,一度挫败了英国派兵进驻上海和长江流域的企图。然而英国并没有放弃在上海驻兵的意图,仍于1900年8月18日、22日陆续派遣部队在上海登陆。英兵登陆上海,导致其他列强分享同样的行动权利。随即,法国、德国、日本陆续派遣军队入驻上海,组成总数为10000人的联军。义和团运动平息后,1902年7月19日,两江总督刘坤一致电外务部,请外务部与驻京各使协商上海撤兵事宜,同时命令上海道台向德、英、法、日领事提议撤退上海外军,兼请在外国军队于交还天津之日,撤退上海驻军。对于中国的撤兵要求,英国为促使其他国家早日从上海撤兵,持积极态度。对于英国的撤军建议,法、德、日三国虽未明言反对,但都不愿无条件撤兵,丧失自己在上海的存在感。而德国为达成自己的目的,排除上海和长江流域成为英国的势力范围,对英国提出的上海撤兵提出保留条件,要求中国政府正式保证,现在或者将来不予任何国家在长江流域政治、军事或海事性质的特权,特别不许占据控制长江口或其航道中的任何据点。此后,中、英、德三国就长江流域门户开放问题,经反复外交斡旋达成谅解。但经此龃龉之后,英、法、德、日四国从上海撤兵并未如当初所约定的那样经协商同时进行,而是各自分头行动,最终于1903年初全部撤离。列强围绕上海驻军和撤军问题展开的交涉,一方面反映了上海的重要地位,同时也具体揭示了列强之间的矛盾,是19世纪末列强争夺势力范围的一个延续。葛夫平认为,上海驻军和撤军问题是义和团运动时期英国对华政策的一个失败之举,表明随着德、法、日、俄、美等列强在华势力的扩大,大英帝国的优势地位正在逐渐丧失,英国并不是上海和长江流域的唯一主人。

东京大学博士研究生金昇来的报告,通过对20世纪初上海租界西区越界筑路问题的探讨,分析条约口岸制度所附着的殖民主义与资本主义的双重性质。作者认为,理解租界的行政行为有两个方向:第一个方向是根据条约或法律以及各种规则等明文规定的行政运营;第二个方向是在没有明文规定的情况下,依靠先例的累积而成为一种行政惯例。租界行政的历史上,这两个方向不断冲突,结果形成一个混合型的空间,成为租界行政上的灰色地带(Gray Zone)。"费唐报告"提出,租界行政当局开始接受越界筑路的管理权与1869年土地章程改正有关,通过1869年的土地章程改正,具有历史意义的越界筑路地区(Extension Roads Area)第一次出现,并产生越界筑路地区的行政惯例。工部局在越界筑路地区的警务活动和征收税金的行为,都是基于这样一种行政惯例来运营。20世纪初期,越界筑路地区因扩张发生急遽变化,纳税人会议以及工部局内部出现越界路地区居留民的"免费搭车论",认为越界筑路地区的居民享受租界的所有利益,而没有支付相应的代价。此后工部局使用征收特别税的方式,对越界筑路地区的自来水、电话、电气等公用服务收取费用。金昇来指出,越界筑路地区的此类行政运营,从属于行政惯例,并镶嵌在租界行政的结构内部,反映出殖民主义的性质。越界筑路地区居民通过个人加盟制度,享有租界的公用服务的权益,本质上是默认了资本主义的伦理。可以说是资本主义与殖民主义的结合,产出了越界筑路的行政惯例,本来拥有殖民性的越界筑路,通过资本主义的个人加盟交易方式,得以与租界的行政结构相榫合。

日本学术振兴会特别研究员渡边千寻博士的报告,是关于上海公共租界越界筑路和日本"在华纺"。所谓"在华纺"指近代日资在华纺织工企业,其首先于1900年代出现在上海,1920年代初得以迅猛发展,并以庞大的规模一直存续到中日战争结束。与贸易活动相比,工厂经营需要更大的土地,随着"在华纺"的不断扩张,上海公共租界可提供开设纺织工厂的土地,很快就不能满足其需求,部分"在华纺"不得不向租界外扩张,即把工厂设立在租界外的"越界筑路"区域内。"在华纺"猛增的第一次世界大战后,由于北京政府对各国列强提出修改不平等条约,工部局对越界筑路的行政管理权也开始受到华方的质疑。同时,国共合作下的共产党在上海积极开展工人运动,领导发动了"在华纺"的多次罢工。基于这些原因,越界筑路的治安问题,对于"在华纺"的经营者来说就成为非常重要的问题。报告对这一问题进行了初步探析,通过梳理越界筑路的"在华纺"企业,如何因罢工事件引发自我保护诉求,以及工部局、华界政权、日本政府各方,对越界筑路治安管理的态度和作为,探讨"在华纺"作为外资企业的生存状态转变。渡边千寻认为,中方对越界筑路的行政管理权是随时局变化而逐步加深的,因此"在华纺"管理罢工的依靠对象,从工部局转移到南京国民政府。从这个历史过程可以看出,南京国民政府棉纱"统税"的出台以及"在华纺"最后签订纳税契约的行为,标志着"在华纺"从租界管辖中脱离了一步,转而向中国政府的管辖接近了一步。

四 帝国转向与城市转型

晚近的帝国史研究,骎骎然有"帝国转向"(Imperial Turn)的趋势,意图突破宗主国与殖民地的二元对立视角,认为在帝国中心影响和改造殖民地的同时,宗主国的社会、经济、文化景观同样受到殖民地的持续影响。这与以往"冲击/反应"模式不同,尤其强调和关注帝国各殖民地之间人群、机构、信仰、知识的横向互动和彼此影响。如果我们更进一步,同意将清王朝也视为"帝国",同意在清帝国的同一整体中存在着诸多民族、地貌、语言和信仰的不同,认为帝国是"包含而不是调和差异"

的话(参见欧立德:《当我们谈论'帝国'时,我们谈些什么——话语、方法与概念考古》,《探索与争鸣》2018 年第 6 期),那么发生在条约口岸内的帝国与帝国的交锋,或亦将带来研究范式的双重"帝国转向"。同时,伴随异质化的人群、机构、信仰、知识,无分轩轾、漫涌而入条约口岸帝国缺口的,还包括各种器物和制度甚至细菌、微生物,一并深刻改造了口岸城市的近代形态。

南京大学历史系胡成教授的论文,聚焦日俄战争前后营口的战地救援、检疫及口岸事权,重审近代以来侵略/反抗的历史叙述。作者充分利用大陆与台湾所藏总理衙门外务档案、东北地方档案,以及日本外务省、陆军省档案,美国驻营口领事报告等多国档案,并尝试使用"地方事权"的概念,以统括地方税收、行政、司法、灾荒及战争期间的难民救援和检疫等诸项行政事务,借以考察值帝国主义争夺东北亚霸权之际,中国方面是如何通过战时的医疗救护以及战后的检疫防疫,积极维护主权、争取民族独立。论文有意摆脱以往革命史和现代化史研究中的俄、日逞强,中国中央和地方行政机构在战区和战时"任人宰割"的可怜意象。1900 年 8 月,俄国侵占营口,随即设置民政厅,制定税则,全权拥有清政府所属的财产,并接管了司法、警察、卫生和交涉等事务。相较效率低下的中国官府,俄国在营口的军事占领更具压榨性和掠夺性,尤其体现在税收方面。1904 年 4 月,日军大举进入辽东半岛,陆续攻占了俄军盘踞的各战略城市,并在营口、奉天等地设立军政署,中国的地方事权则被完全废置和取代。作为比较,俄国人尚依靠中国地方官府维持社会秩序、购买军粮和摊派劳工;日本军政署则以战事为名,擅自攫取和掌管地方举凡税收、剿匪、缉盗、卫生、教育、城建等诸项民政事务。面对日、俄的强势入侵,清廷只能凭借国际红十字会的旗帜,进行战地救援,以行使一个主权国家在其领土上的政府职责。胡成指出,实际上中国最初参与国际红十字会活动时,主持和提倡者就并非只考虑到单纯意义上的战地救护,而是意识到此事关乎中国的主权完整与国际地位。1905 年底,中日双方在北京签订"中日会议东三省事宜条约",之后在关于交还营口事务的多次谈判中,检疫、防疫又成为双方纠结的焦点之一,中国以理力争,在涉及地方事权回收问题上态度坚定。胡成认为,营口地方事权问题更深刻和更复杂地体现在现代化成就的比拼和较量上,其原因在于:首先,这种柔性的竞争和对抗,深嵌在其时多方争霸和角逐的国际背景中,致使现代化的快速推进成为确立和维护中国主权的当务之急。其次,作为现代性高度发展的产物,日本在该地的殖民化进程有细腻、精致的一面,除了给其军事占领披上了一层所谓"历史合理性"的外衣,同时也让这种柔性的竞争和对抗处在了一个较高的社会经济发展的水准之上。再次,中国官府在接收该地方事权之后,面临最棘手的难题是如何保持乃至超越日本占领时期的建设和管理成就。在报告之后的提问和讨论环节中,胡成再次强调,不同时期的帝国主义(如日本明治、大正、昭和各时期;德国的俾斯麦时期、威廉皇帝时期)具有不同面相,不能刻板、僵化、本质主义地去理解帝国主义,而应将帝国主义视为一个建构的过程。同时,我们对于近代民族主义概念的把握,除了强调军队、战场、炮火、抗争、游行之外,更应在认识层面上,为谈判、沟通、对话等理性方式的民族主义,留出相应空间。

清华大学历史系讲师曹寅的报告,以《皇后大道东上的谒师所》为题,串联起锡克教复兴运动、东南亚的锡克族移民社群、义和团时期的印度远征军三条交叉的线索,讲述来自旁遮普的锡克族移民社群,是如何借助英帝国在东南亚的殖民网络,推动锡克教复兴运动,进而建构其族群认同的故事。曹寅的研究,将印度锡克族移民网络与英帝国殖民网络交织在一起,揭示大英帝国面纱背后的印度面相,并意图为在全球图景下叙述地方历史提供一个实验性的例证。作者指出,以往对锡克历史的研究,主要采用两种研究路径,一种是"冲击反应理论",一种是"旁遮普中心论"。前者较为关注殖民制度对于旁遮普的社会经济结构与文化认同的影响;后者则力图深入锡克社会的肌理,发掘锡克族传统与文化本身的内在理路。近期的研究,有意对两种理论做一分为二的处理,将近代锡克历史视作流散结构(diasporic formation),使英帝国殖民网络与锡克族移民网络相联结,这不仅有助于理解海外的锡克社群,更有益于深入理解英帝国的组成结构与运作机制。19世纪中期,受到西方教育影响的锡克族知识精英,为构建族群认同在当地开展锡克教复兴运动。与此同时,经过两次锡克战争,英国殖民政府对锡克民族的好战、尚武印象深刻,为其贴上"战斗民族"的标签,广泛招募进英国军队。英国人普遍认为锡克士兵的英勇与忠诚来自其宗教信仰,要求锡克士兵在部队中保持宗教信仰,这种在部队强制实行的宗教政策与锡克教复兴运动的兴起完美吻合,并赋予后者合法化的发展契机。随着锡克人的战斗声誉迅速传播到英国的其他殖民地和租界,尤其是海峡殖民地、香港和上海,各殖民当局纷纷征召锡克人补充警力。由于海外殖民地的工资远远高于印度,在19世纪末20世纪初有成千上万的锡克人移民海外,锡克社群遍布于东南亚。对于锡克教复兴运动来说,谒师所(锡克庙)是传播观念、教育民众的中心,如何在海外的移民社会中建立和掌握谒师所,至关重要。报告详细讲述了槟榔、香港、上海三地谒师所建立的故事及其背后的关联,曹寅指出,正是借助锡克族警察、士兵、兽医等人员的流动与辐辏所建立起的移民社会网络,跨国界的锡克教复兴运动方得以实现。镶嵌入英帝国殖民网络内的锡克族移民网络,反映出英帝国的多重面向,挑战了对于帝国系统的宗主国/殖民地二分法,不再将英帝国视为宗主国与各殖民地之间的静态的垂直结构,而是帝国各部分之间动态的横向联结。通过对谒师所故事的探究,作者不仅呼应了近时研究中的"帝国转向",同时也回应了关于英帝国与印度二元关系的争论,指出印度人并不只是被动接受英帝国的雇用和操纵,相反锡克教复兴运动的领导者能充分利用英帝国的殖民网络,通过与殖民当局的协商与合作来达成自己的宗教目的与商业目标,追寻属于自身的更好生活。

香港中文大学历史系硕士研究生吴子祺的论文,以广州湾租借地为区域案例,探讨法国殖民管制与中国地方社会之间的互动机制。他的论文也可视为是对"帝国转型"研究风向的回应之一,力图结合全球视野与地方关怀,重新审视档案所载的精英阶层与普罗大众。1899年11月中法签订《广州湾租界条约》,法国获得广州湾租借地的统治权。但是广州湾租借地在法属印度支那联邦的系统中地位颇为尴尬,广州湾总公使亦受制于法属印度支那总督。在广州湾租借地早期,殖民地官员曾雄心勃勃地将其纳入法属印度支那联邦的直接管辖之内,将民政管理制度引入租借地,意在将其作为殖民扩张的一个战略要点。但是,这种隶属关系难以根据实际情况因地制宜地调整殖民管治,反而成为殖民系统的一大累赘。于是,法当局仍沿袭了在印度支那的管理方式,对其力量所不及的地方基层社会,沿用和改造当地公局制度,实行间接统治。1920年前后,为了建立殖民地合作,法国当局释放出部分政治空间让本地精英参与政务。以陈学谈为代表的华人精英,开始崭露头角并参与地方政治,与殖民当局建立起互惠互利的合作关系,即由殖民当局掌握政治权力,华人商界精英维护地方秩序和掌握经济权力。然而1936年"坡头事件"的爆发,显示广州湾法当局与民众关系发生了前所未有的对立,殖民当局依靠地方精英实行"间接统治"的管制策略和行政模式受到挑战,地方公局角色变得尴尬,处理不当则引发民众暴动,动摇殖民管治。吴子祺指出,法国在广州湾的失败,是殖民体系的必然结果。在广州湾租借地内,殖民管治与地方社会存在几套不同的互动机制,因时间推演而发生变化,在同一历史时期并存,也适用于不同身份之人。

上海交通大学外国语学院法语副教授任轶,做了震旦博物院与近代上海科学知识的传播的研究报告。她以1930—1952年间震旦博物院(Musée Heude)的科学知识传播工作为研究对象,在科学交流、科学教育和科学普及三个层次上,从科学知识社会学视角呈现西方科学在异质文化中扩张的具体历史过程,展示在修会传统、科学话语和社会情境等共同参与的科学知识建构中,科学工作和宗教信仰间的关系、宗教扩张与世俗化模式间的合作、柔性殖民与中国城市近代化的联系。报告首先介绍了从徐家汇博物馆到震旦博物院的沿革历史,尤其是韩伯禄神父(Pierre Heude)主导的博物学研究。其次介绍了震旦博物院的科学出版工作,科学刊物、论丛等。接着介绍了震旦博物院的科学教育活动。从教会学校走出的数以千计兼通中西文化的中国近代知识分子,不仅构建了中国社会模式的新兴职业阶层,形成了一个享有社会地位和影响力的新型知识分子群体,也成为西方科技文化的主动传播者。最后介绍了震旦博物院的科学知识普及工作。博物馆的科普功能受到知识群体垂青,在开启民智过程中,耶稣会士逐渐意识到一个科学性博物馆在当地社会所扮演的角色,展品的隐喻功能所构筑的话语空间对参观者产生潜移默化的影响:他们亲见实物再口耳相传逐级将西方科学和天主教精神形象地传播开去。任轶指出,震旦博物院扮演了科学研究和教育工具双重角色:一方面通过在华完成的地域性标本收集,将中国纳入欧洲科学知识大厦;另一方面试图通过文化教育活动在华建立文化霸权进而影响、控制中国的现代化进程,具有鲜明的"殖民现代性"(Colonial Modernity)特质。震旦博物院的耶稣会士虽带有强烈的文化优越感,试图以天主教之宗教和文化观来改变中国,但又不失理想主义和人文主义色彩,千方百计想要影响中国走向现代、进入世界"主流文化"的方向和进程,反映出欧洲以非殖民化形式在东亚柔性扩张的特征。

南京工业大学讲师刘亮的论文,以德租青岛与英租威海卫为例,探讨近代殖民租借地内的公共卫生研究。1898年德国强租胶州湾后,为展示日耳曼民族文明的优越性,在青岛大力进行城市建设,同时重视环境卫生、饮水卫生,并建立起一整套的传染病防控体系。同年,英国租借威海卫后,在当地设立专管机构和医院,将其定位为英国海军训练基地和疗养基地。论文分析了德、英两国在殖民医学政策上所存在的异同。两者相同的一面是:从主观动机来看,都是服务于殖民侵略;从客观效果来看,殖民政府在青岛与威海卫皆设立专管机构,并采取了积极有效的措施来管理城市医疗卫生,两地在环境卫生、传染病防治等卫生层面都较以前有所进步。不同之处在于:第一,双方占领目的不同。德租胶澳是蓄谋已久,既有战略需要,又做了详尽的调查工作,致力于将青岛打造成"样板殖民地",以展现德意志文明。相比之下,英国强租威海卫则是临时措施,占领之后英国政府秉持成本最小化的原则,并无发展意愿。第二,重视程度不同,投入力度有差异。德国对包括公共卫生建设在内的城市建设投资不遗余力,是以德国国库的财力培植青岛,而非以青岛租借地的利益来反哺德国。相反,英人租借威海后,一切建设事项,只就可能范围内加以兴革,不愿由其本国国库支用巨款。第三,殖民医学模式不同。德国在青岛的殖民模式,倾向于"父权制政府";而英国在威海卫则采用尽可能利用现存机构、尽量保持中国人的生活方式、尽力维持现状的温和政策。作者指出,进入20世纪之后,卫生制度的广泛普及与国家、民族、种族等观念的兴起有密切关系,国人把卫生当作救亡图存的重要工具,将公共卫生设施的建设作为中国现代化的一个重要指标来看待。英租威海卫因陋就简,尽可能维持现状,虽然与当地社会较少摩擦,但效率低、变化少;而德租青岛殖民医学政策虽然投入巨大并带有一定程度的暴力成分,却效率高、变化大。

韩国庆熙大学历史系讲师曹贞恩的报告,以牛痘疫苗接种为线索,探讨近代上海公共租界的卫生与防疫系统。上海租界设立后,人口密度的增加和不良的卫生环境,使其成为疾病传染的聚集点。租界当局试图通过改善公共卫生条件和改变市民卫生习惯来解决问题,天花防疫成为城市卫生工作的重中之重。自19世纪起,上海工部局花费大量时间与人力用于防止每年天花疫情的蔓延,然而从其他卫生状况更恶劣的地区不断涌入的人潮,使其努力趋于徒劳。中国人传统采用人痘接种的方法预防天花,1796年英国医师琴纳发明接种牛痘的免疫方法,则更加安全、可靠、有效。此后琴纳接种法由澳门传至广州乃至内陆,上海开埠不久,医学传教士雒魏林创建的仁济医院便开始使用琴纳法防止天花。最初只有极少数中国人至西式医院接受疫苗注射,多数国人对传统的接种法更有信心。1868年新委任的工部局卫生处官员,将当时天花疫情的流行归咎于中国传统种痘法的实效,建议禁止中式种痘。稍后上海工部局批准此建议,正式禁止中式接种法,推行琴纳接种法,并在租界内划分卫生区域,设置防疫站点,实施免费疫苗接种,自此公共租界内的天花疫情得到有效控制。但是,牛痘接种并非完美无缺,需要间隔数年再次接种。从海外获得来源稳定和高质量的疫苗进口,成本高昂。于是,上海工部局决定自行设置机构生产疫苗,1898年起上海工部局实验室开始试制疫苗,其后在上海生产的疫苗不仅能提供本地医疗慈善机构,更辐射到周边其他地区。然而,琴纳式接种法的推广在上海仍然受到阻力。首先,中国人习惯于在阳春三月接种疫苗,上海的高温却使疫苗有可能失效。其次,关于外国人强迫中国人注射疫苗的谣言,导致民众对西式防疫手段的反感和抵触。再次,不断来沪的外国侨民,也不能严格遵守租界的卫生防疫制度,时有感染疫情。曹贞恩指出,近代上海,天花是最具威胁性的传染疾病,但也可以通过种痘提前防治,因此天花防疫被视作城市卫生的重要指标。上海工部局强制推行西式种痘法,广设防疫站,实施免费种痘,并在当地直接生产疫苗,建立起稳定的城市卫生系统。在此过程中,上海租界市民得以分享城市卫生现代化的益处。

上海社会科学院出版社章斯睿的报告,题为《消毒牛奶:知识、制度、消费》,以上海公共租界工部局年报和《字林西报》《申报》等上海本地报刊为主要资料,从细菌学知识的传播、牛奶消毒制度的确立和消毒牛奶在乳业市场上的优势地位三个方面,探讨"牛奶必须消毒后饮用"如何成为今日中国人的主流概念。19世纪末,西方细菌学伴随着殖民势力的扩张传入中国,北京、上海等沿海口岸建立的医院和医学机构,都将细菌学作为一门重要的研究科目。同时,通过报刊的引述和介绍,人们开始意识到牛奶和疾病有着千丝万缕的联系。1905年工部局卫生处规定所有在租界内出售的牛奶,必须经过杀菌处理,最简单的办法就是彻底煮沸牛奶。1925年上海工部局参考美英两国的等级制度和细菌标准,正式发出第3333号牛奶棚执照通告,将执照牛奶棚划分为甲乙两个等级。1936年7月1日,工部局总办颁发第4709号通告,规定所有领取工部局执照的乳场所产之牛奶及奶制品,一律强制消毒。与此相应,法租界公董局于1939年公布《牛乳牛酪及乳制品应用巴斯德灭菌法章程》,强制执行巴氏消毒(Pasteurization)技术。华界自20世纪20年代后,也将检查牛奶作为卫生事业的重要一项,由上海市卫生试验所承担职责。1934年9月7日,上海市政府批准卫生局将牛奶棚分为"甲""乙"两等的呈请。1946年7月,卫生局公布了《上海市管理乳场及乳品制造场规则》。章斯睿指出,从20世纪20年代以来,牛奶必须消毒后食用,不仅是一种卫生知识,也是一种卫生制度。好牛奶的标准不再只是质地纯厚,还必须干净、卫生、无菌。这得益于微生物知识的传播,使人们意识到细菌的可怕,也通过报刊广告被渲染成一种常识。工部局起初只是按照卫生条件划分等级,之后则按照细菌和消毒,重新定义了牛奶的等级。牛奶等级的划分,造成了价格差距,影响大众消费习惯。牛奶消毒制度化的严格执行,成为一种底线般的存在,使消毒牛奶成为行业主流,并在消费者心目中树立了牢不可破的形象。

南京邮电大学马克思主义学院副教授李沛霖,以抗战前上海电车业发展为中心,解析人口压力下城市公共交通的演变。作者指出,从1890到1927年间,全市人口从82.5万人增到264.1万余,37年间增长2倍多,伴随城市人口增长,不仅对电车事业产生"派生需求",更使载客人数日增月长。抗战前的上海电车业,主要由中、英、法三家公司分占市场,各家电车企业纷纷采用拓展路线、增设车辆等方式缓解城市人口所引致的客运压力。至1935年上海公共交通发达时期,"综计公共租界有有轨电车十路、无轨电车七路;法租界有有轨电车七路、无轨电车一路;南市方面有电车四路"。当时,电车线网所及:东面到外滩、杨树浦,南端到高昌庙,西首到静安寺、徐家汇,北段到北站、虹口公园等各地区,由此不仅使人口密度高度集中的中心区域有向周边地区扩散之趋势,并使此前分散的各区域成为一个紧密联系的整体。李沛霖认为,电车业的发达,首先依赖城市职业人口的增加,为其提供丰富客源,提高电车运载客量,其次依托商业区的繁盛,日常商业行为的频密,使城市人口流动性增强,并为电车业创设良好的运营环境。电车事业与城市人口的交错共生、相依发展,不仅使近代上海城市化进程加速,亦投射出近代中国城市现代递嬗的独特掠影。

安徽工程大学方前移的论文,以中国第二历史档案馆和美国哈佛大学图书馆所藏旧海关史料为依据,使用量化分析的方法,探讨芜湖口岸通商之后,近代轮船业与传统木船业的梯度竞争与合作关系。论文回顾了芜湖口岸的历史:1877年4月1日,芜湖海关正式设立。自此,外国轮船开始在安徽沿江三城设置办事机构与营业地点。但是海关报告反映出,外国轮船代替本国运输的范围是有限的,中国传统民船运输仍然占据着主导地位。1872年,官办轮船招商局在上海成立,至1877年更收购美商旗昌轮船公司,引起英国轮船主的恐慌。中外轮船吨位的增长与芜湖海关的客货贸易增长,明显存在着正相关。1882年清廷将镇江米市迁往芜湖,使芜湖成为近代中国主要稻米聚散中心之一,米商放弃由上海转运的方式,直接租借海轮,刺激海轮数量急速增长。1895年《马关条约》签署,外国轮船开始侵入中国内河,清政府也准许内河行驶小轮与洋轮竞争。1898年清廷出台《内港行轮章程》,规定华洋轮船皆可从事内地贸易。1908年以后,内港小轮以中、日两国轮船为主要力量,中国小轮呈现出明显增长趋势,1913年泰昌甚至将总公司迁往芜湖,民族轮船业得到迅速发展。轮运的发展促进了人口流动的规模,至20世纪一二十年代,年均来去芜湖的旅客已达数十万。人口变化和频繁流动,加剧了区域内外市场的联系,突出了芜湖在皖江区域中心市场的地位,使得芜湖由市镇变成城市。方前移指出,通商口岸制度的设立,使近代中国经济发生显著变迁。中国成为世界市场的有效组成部分,带来了市场规模的扩大、商品贸易的增长。现代新式轮运业成为拓展市场规模、促进贸易增长的有力工具和保障设施。1877年芜海关设立,不仅加强了皖江区域与域外市场的联系,而且突出了芜湖在皖江区域内市场的中心地位。在这样的背景下,现代轮运,因其安全、保险、快捷等技术优势,成为长江远途航运最主要的运输工具,并给传统木船业带来竞争压力。但是,因运输总量的不断增长,传统民船在长江短途航运中仍然有着需求市场。从而在国际贸易—埠际贸易—腹地贸易传递中,出现了轮船与木船接力运输的普遍现象。

这次研讨会一个明显的特点是,所有与会学者不论资历深浅与职称高低,轮流担任报告人、主持人、评议人,研究生与大牌学者皆以论文和报告的学术含金量作为唯一标准,展开平等而充分地交流。

在最后的圆桌讨论中,各位研究者就外语文献的专业翻译、档案资料的鉴别与分析、上海社会科学院图书馆的史料收藏,以及在史料"大爆发"的时代如何追寻史学的意义等问题,继续进行交流。

本次研讨会的召集人和组织者,上海大学文学院王敏教授在总结发言中指出,对于口岸城市外语文献的调查与研究,不单是着眼于新史料的开发,更是试图转换中国近代史研究的视角和光谱。正如毕可思(Robert Bickers)在此前发表的论文中所说,在一个几乎完全"中国中心"的年代,外语文献"或许能为理解中国近代经历的特殊方面提供更扎实的基础",以期"对外国强权的问题和进程——它的实践、文化输入、占有、适应——进行'精确'的探究"。(参见毕可思:《石碑山:灯塔别墅里的生与死》,收入《殖民主义与中国近代社会论文集》,人民出版社2009年版)正是通过仔细审谛中国近代史进程中的西方存在(Western Presence in Modern China History),我们对中国近代历史的脉络与流变,方能做更为深入的把握和更具开放性的解释。

(袁家刚,复旦大学历史系博士研究生、上海社会科学院图书馆文献部馆员)